담은 시집

담은 시집

초판 1쇄 인쇄 2017년 03월 30일
초판 1쇄 발행 2017년 03월 30일
지은이 　조 병 진
편　역 　조 석 현
펴낸이 　손 형 국
펴낸곳 　해피소드
출판등록 2013. 1. 16(제2013-000004호)
주소 　　153-786 서울시 금천구 가산디지털 1로 168,
　　　　　우림라이온스밸리 B동 B113, 114호
홈페이지 　www.book.co.kr
전화번호 　(02)2026-5777
팩스 　　(02)2026-5747

ISBN　978-89-98773-25-0　03810

이 책의 판권은 지은이와 **해피소드**에 있습니다.
내용의 일부와 전부를 무단 전재하거나 복제를 금합니다.

담 은 시 집

조병진 **지음**, 조석현 **편역**

머리말

증조부의 유저인 담은시집에 대해 관심을 가지고 번역을 시도한 것이 어언 10여년이 넘었다. 1995년에 이미 115수 전체에 대해 번역을 하였으나 조사나 연구가 부족하여 오역이 많아 내놓을 수 없을 정도였다. 또 설명이 없이 번역만 할 경우 그 뜻을 충분히 헤아리기 어려운 것도 사실이었다. 그래서 충분하게 주를 달고 나름대로 감상문을 곁들여 다시 내놓게 되었다.

옛 선현의 빛나는 문화예술과 정신을 오늘에 되살리고 널리 펴는 일은 마땅히 후손된 자가 해야 할 일이다. 먼저 자신의 뿌리를 알고 그 문화유산을 물려받아 다시 후손에게 물려주는 것은 이 시대를 사는 우리들의 사명이 아닐까?

우리글이 아닌 한자로 써진 한시(漢詩)라도 소중한 우리 문화유산 중 하나다. 이를 소홀히 하는 것은 보물을 손에 쥐고도 모르는 것과 같다. 또 어떤 이는 이를 읽고 쓰고 알고자 하여도 우리글이 아니라 어려운 경우도 있다.

교육 수준은 높아졌으나 한자 해득 수준은 급격히 떨어져 가고 있다. 이로써 수 천 년 간 한자로 된 우리 문화유산도 점점 사라져 가고 있다. 나 자신도 한글세대다. 그러나 어릴 적부터 한자에 대한 관심이 많았다. 늘 한자를 독학으로 공부하는 아버지를 보아온 탓인지 아니면 타고 난 것인지 모르겠다. 한시도 특별히 배우기보단 늘 이 담은시집을 읽고 읽다가 몸에 배이기 시작했다.

우리글로 번역하는 것도 하나의 창작 과정이 아닐 수 없다. 한시의 운율을 그대로 살릴 수야 없지만 한글의 운율과 정형적인 리듬을 만들고자 하였다. 원뜻을 손상하거나 충분히 전달할 수 없는 부분도 없지

않다고 보인다. 그러나 한자만으로는 그 뜻을 알 수 없는 한글 세대를 위해 번역을 시도하게 되었다. 한자를 해득할 수 있는 이를 위해서 비교할 수 있도록 한자로 된 원문을 함께 실었다. 한자의 발음도 표기하여 도움을 주고자 하였다.

번역엔 늘 오역이 따르기 마련이다. 최대한 오류가 적으려면 많은 고사 성어와 용어, 지명과 인명, 역사와 사실 등을 충분히 알아야 했다. 그러나 모든 지역을 답사하고 많은 등장인물에 대해 알아보는 것은 쉽지 않다. 문헌고증도 쉽지 않다. 다행히 최근에 인터넷이 발달되어 관련 정보를 얻는 데 많은 도움을 줬다.

시의 제목을 잘 찾을 수 있도록 번역문과 원문으로 된 제목 찾아보기를 부록으로 실었다. 또 등장된 지명과 인물도 찾아보기 쉽게 하였다. 지명은 가능한 주소와 위치를 표시하여 실제 찾아갈 때 도움을 주도록 하였다.

지은이 담은 조병진(澹隱 曺秉鎭)은 학문과 시문이 뛰어났다. 그러나 어지러운 시대를 만나 출사하지 않고 은거하였다. 세조의 폭정에 벼슬을 버리고 낙향한 집현전 부제학 조상치(曺尙治)의 후손이다. 저의 증조부이다. 재주와 학덕이 높았다 한다. 아버지의 말에 의하면 학문이 뛰어나 모르는 것이 없을 정도라 주위에서 조맹자(曺孟子)라 칭송하였다 한다.

담은은 만년에 존제산 밑인 보성군 율어면 장동리 오루굴에 은거하였다. 김람골에서 살다가 오루굴엔 1909년 가을부터 4년간 살았다. 다시 1929년 봄에 오루굴에 담은정을 짓고 은거하였다.

이 담은시집은 담은정을 짓고 살면서 대략 회갑(1937년) 때부터 임종 때까지 약 10여 년 간에 지은 시를 담고 있다. 제4수에 아이(1927년생 조규화)가 열 살이라 했으니 1936년이다. 18수의 천식정은 1938년 임태정이 중수하고, 67수의 장제수(보성강 저수지)는 1937년 준공된다.

담은시집은 1943년 5월에 베낀 것으로 권두에 쓰고 있다. 그러나 며느리의 죽음(1944.8.25)을 추도하고 있는 107수는 1944년 8월 이후에 쓴 것이 확실하다. 그리고 112수의 조선독립은 1945.8.15이고 113수 건국은 1945.9.6이다. 결국 1945.12.15 임종하기 직전인 1945년 가을까지 시를 썼음을 알 수 있다. 적어도 107수부터는 책을 제본한 후 가필한 것이 아닌가 하는 생각이 든다. 특히 109수부터는 글씨체 자체가 아주 다르다. 가필을 더욱 확실하게 말해 주는 것 같다.

사실상 114수 '추우(秋雨)'로 끝을 맺고 있다. 114수 이후의 마지막 장은 앞에 나온 시가 중복되어 나온다. 글씨체는 109수 이전과 다시 같다. 98수와 100수는 동일하나 99수 대신 '자한(自恨)'이라는 새로운 수가 있다. 이 수를 115수로 삼았다. 지은이도 빠진 115수 '자한'을 넣고자 중복을 무릅쓰고 마지막 장을 넣고 제본했는지도 모른다. 시 자체도 '자한'은 결코 버릴 수 없는 중요한 시다.

아버지의 말씀에 의하면 담은공은 평소에 매우 건강하였다 한다. 꾸준한 수도의 결과가 아니었나싶다. 그러나 노구에 병이 전혀 없을 수는 없으니 병석에서 쓴 72수, 74수, 108수 등이 보인다.

담은공은 남모르는 도를 닦고 있었다. 21수, 43수를 보면 그것이 선도수련이었음을 짐작케 한다. 43수에 보면 감람굴 살 때부터 도를 닦기 시작했다하고 1909년(33세) 가을부터 4년간 존제산 오루굴에 은거했다고 한다. 이 4년간이 집중적으로 도를 닦는 기간이 아니었을까 하는 추측을 낳게 한다.

존제산 밑 감람굴, 오루굴, 석호산 등에서 도를 닦았고 담은정에서 20여년을 은거하며 전원에서 자연과 함께 살게 된다. 그러나 아들이 현명치 못하여 가산을 차츰 기울어 가고, 처와 며느리가 죽는 등 우환이 닥친다. 며느리가 죽은 것을 보고 추도하는 시(107수)에서 이미 자신의 죽음을 예견한다. 아버지의 증언에 따르면 해방이 되던 해 겨울

1945.12.15 무릎을 세워 책을 받치고 책을 보다 그대로 입적하였다 한다. 책을 계속 보고 계신 줄로만 알았다 한다. 평화롭게 육의 껍질을 벗었다. 좌탈입망(坐脫立亡)하는 선사들의 입적처럼 '좌탈(坐脫)'하게 된 것이다.

이 담은시집은 담은정시집(89명의 시인이 담은정시와 담은정팔경시에 대해 화답한 시집)과 함께 제 아버지 경파 조규호(炅坡 曺圭浩)가 6.25전란 중에서도 책궤에 담아 땅속에 묻는 등 정성을 다해 보존해 와서 오늘날 햇빛을 보게 되었다.

번역을 하다 21수에 와서 크게 흥분하였다. 집안에 내려오는 도(道)의 맥이 있었다. 한자에 대해 친숙함을 느끼고 한시를 좋아하게 된 것도 우연이 아니었는가? 깊은 밤 번역이 막힐 때 증조부께서 일러 주신 것 같은 느낌을 받을 때도 있었다.

참된 도를 찾아 나서는 삶도 닮았다. 다행히 지천명(知天命)의 나이에 '하늘의 뜻'을 깨닫게 된 것도 우연이라 생각되지 않았다. 증조부님의 시를 서툴게나마 증손이 정성을 다해 번역하고 선조를 새롭게 조명하는 것은 후손의 당연한 도리다.

이 책은 저를 지금까지 바르게 길러주신 아버지, 어머니께 바친다. 그리고 사랑하는 아내에게 고마움을 표한다. 또 우리 가문의 미래로 참되고 착하고 아름답게 자라고 있는 은결, 영종에게 조상이 남긴 빛나는 문화유산을 물려주고 싶다. 담은공에 다음 시를 바친다.

慕澹隱公	모 담 은 공
隱居五柳寂茅中	은 거 오 류 적 모 중
雲白風靑喜客從	운 백 풍 청 희 객 종
硯浮詩香山入裏	연 부 시 향 산 입 리

亭遊歌詠野之中　　정유가영야지중

一終學道非成意　　일종학도비성의
萬竟祈天未得功　　만경기천미득공
六十年前何測量　　육십년전하측량
回庚星後曾孫崇　　회경성후증손숭

담은공을 추모하며

오루굴 고요한 띳집 숨어 사는 데
구름 희고 바람 푸르러 기쁘게 손님된다.
산속 들어 시 향기는 벼루 위에 뜨고
들로 떠나 노래 소리 정자 위에 논다.

한 평생 도 닦아도 뜻을 못 이루었고
수많은 기도에도 공을 못 얻었구나.
육십년 전 어찌 헤아릴 수 있었으리
육십년 뒤 증손 높이 받들어 모실 줄

　원고를 완성한 지 어언 1년이 지났다. 몇 십 권만 제본하여 꼭 필요하거나 관심있는 지인과 가족과 일가친척 등 몇몇 분들에게 보내 드렸다. 크게 호평을 해 주고 관심을 가져준 몇 분들에게 감사드리고 싶다. 또한 보람도 컸다.
　특히 2008년 봄에 갑자기 세상을 여의신 선친께서 제일 기뻐하시고 열심히 하셨다. 제 증조부 시의 원문과 제 번역을 하나하나 붓글씨로 쓰시고 몇 권의 책으로 엮으셨다. 유품을 정리하던 가운데 저의 다전

시집까지 필사하시고 필을 꽂아둔 것이 발견되었다.

  선친은 숭조정신이 남달랐고 일생 이를 실천하셨다. 그래서 생전에 또 다른 증조부의 시문집인 「담은정시집」을 번역해 드리고 싶었는데 미처 손도 못 대고 그렇게 건강하시던 선친을 잃게 되니 하늘이 무너지는 것 같다. 언제나 계실 것만 같았는데 머리를 해머로 치는 것 같았다. 언제나 마지막까지 후원을 아끼지 않는 지음을 잃은 슬픔까지 더해졌다. 불효가 사무친다. 다음 애도의 시를 바친다.

| 輓先親 | 돌아가신 아버님을 애도하며 |

天涯當落震	하늘 갑자기 우레 치니
芝谷滿雨鳴	지산골 빗소리 가득 운다.
何處去東星	오리온 어느 곳 가시는가?
曷時來北城	북쪽 저자 언제 오셨던가?

儉勤眞慧行	근검으로 참 밝게 행하고
善義直正生	선의로 곧고 바로 사셨다.
不孝莫臨憶	더 이상 할 수 없는 불효에
胤殘後悔泓	남은 장자 후회만 깊다.

  제본에 이어 지금 자가 출판에 이르기까지 또 많은 세월이 흘렀다. 모든 것을 자력으로 하였다. 이제 정식으로 널리 독자 제현을 만날 수 있는 기회를 만남은 큰 행복이다.

2017. 3. 15
해운 조석현 서

덧붙이는 글

담은의 도시(道詩)에 대하여

해운 조석현

1. 담은(澹隱)

담은(澹隱) 조병진(曺秉鎭 : 1877.5.23 ~ 1945.12.15)은 조선조 후기와 어두운 일제 강점기를 살면서 산야에 묻힌 선비다. 노사(蘆沙) 기정진(奇正鎭 : 1798 ~ 1879)의 학맥을 이은 월파 정시림(月波 鄭時林 : 1839 ~ 1912)에게서 성리학을 배웠다. 31세 때 석호산(石虎山) 가까이 미력면 용정리 춘정부락으로 이사를 온 69세의 월파를 찾아가 학문을 배운 것으로 보인다. 이때 선도의 맥도 이어받지 않았을까?

조담은은 세조의 왕위 찬탈에 벼슬을 버리고 초야에 묻힌 구은동(九隱洞)의 은사(隱士), 창녕 조 씨 중시조(中始祖) 집현전 부제학(副提學) 조상치(曺尙治)의 후손이다. 또한 의(義)와 경(敬)으로 고결하고 강직하게 산 대쪽 선비 조식(曺植)의 후예다.

향리(鄕里)에서는 담은을 모르는 것이 없다 해서 '조맹자(曺孟子)'라 칭송하였다. 맹자는 이미 '백성이 주인'이라는 철학을 가지고 있었다. 조식도 이를 언급하여 상소를 올려 조정을 깜짝 놀라게 한 바 있다. 조맹자라 높이 부르는 것은 선비의 격이 높다는 것과 강직함을 동시에 이르는 것으로 생각된다.

그러나 이 글에서는 선도(仙道)의 도사(道士)인 점에 초점을 맞추고자 한다. 담은의 남모른 진면목(眞面目)이다. 담은은 원래 기본적으로 유사(儒士)였다. 시문과 학문이 탁월했다. 그러나 출사(出仕)하지 못했다. 세상은 어지러웠다. 어질고 똑바로 나라를 다스리는 이는 없고 나라는 망했다. 중시조 정재공(靜齋公)이 구은동에서 숨을 때는 사직이나마 이어 갔지만 이제 조선의 맥이 끊겼다. 여기서 벼슬하고 출세하는 것은 '일제의 주구(走狗)'가 되는 것 이외에 무엇인가? 의(義)가 아니다. 이런 배경에서 담은은 자연히 자연 속에 숨었다. 남모르는 선도 수도(修道)를 하고 있었다.

담은은 율어 오루굴에 1909년 가을부터 4년을 살다 1929년 봄에 담은정(澹隱亭 : 보성군 율어면 장동리 산 3번지)을 짓고 은거하였다. 이 담은정에서 만년 16년을 보내며 「담은시집(澹隱詩集)」과 「담은정시집(澹隱亭詩集)」을 남긴다. 족보에서는 훈몽서(訓蒙書)도 지었다하나 필자가 찾지 못했다.

2. 도시(道詩)

담은은 선도(仙道)의 도, 담은의 도를 시로 읊는다. 이를 필자는 「도시(道詩)」라 부르려 한다. 선사(禪師)의 시를 '선시(禪詩)'라 부르듯. 담은의 시를 보면 담은은 선도를 닦는 도사(道士)임이 분명하다. 담은이 남긴 115수는 대부분 도시(道詩)라 할 만하다. 그 중에서 13개의 수는 도를 직접 언급하고 있다.

담은은 오루굴에서 자연과 도와 시에 취해 살고 있다. 그래서 제1수 '고요하게 살며'에서는 '스스로 은근히 / 시 짓기 즐긴다.'한다. 제2수

'정자에 올라 읊다'에서는 이렇게 읊는다.

　　이 땅은 신령을 / 기다릴 만하니
　　시 취한 늙은 이 / 사철 즐겨 산다.

　신령을 기다리는 곳에 사나니 시 취한 담은 자신이 신선이 되고 싶은 소망을 나타낸다. 바로 앞 절에서는 '골짜기 뒤덮은 꽃 / 전할 수 없어라'라고 하고 있다. 은자의 산골짜기에 홀로 아름답게 피는 꽃, 골짜기에 오지 않는 다른 사람들에게 어찌 전하리? 담은 도(道)도 그렇다. 실제 경험하고 수도하지 않고 어찌 알 수 있으리?

　담은의 도는 숲속을 덮은 안개, 는개와 같다. 제 3수 '생각나서'를 보자

　　굳센 절개로 산등성 지키나 / 참 자취는 보이지 않는다.

　　맑은 새벽 앉아서 / 살며시 문을 여니
　　는개는 비취빛으로 / 숲속을 거의 다 덮었다.

　자연을 읊었다. 사실 담담하게 숨은 담은(澹隱)의 도를 읊은 것이라고도 볼 수 있다. 굳센 절개로 오루굴을 지키고 있으나 참 자취는 보이지 않는다. 내 도가 이렇다고 내세우는 것이 아니다. 자연과 시 속에서 도를 엿볼 뿐이다. 이것이 바로 담은의 도시(道詩)라 생각된다.

3. 춥고 배고픈 도(道)

　　초야에서 도를 닦는 일은 춥고 배고프다. 가엾지만 꿋꿋하다. 다음에 소개하는 제 5수 '눈 오는 밤'은 매우 서정적이다. 어두운 밤 자욱이 눈꽃이 만송이 피어 날리고, 푸른 잣나무가 절개를 지키고, 매화는 갓 피어 흰빛을 다툰다. 춥고 배고픈 참새는 즐거운 곳으로 돌아가지도 않고 꿋꿋이 바람을 쐰다. 의연한 참새, 도 닦는 도사, 담은이로다.

　　봄은 아득 / 비는 자욱
　　밤이 되자 / 눈 만송이

　　오랜 잣은 푸름 지켜 / 굳센 절개 알고
　　갓 핀 매화 흰빛 다퉈 / 뛰어난 공 있다.

　　양지에서 나는 초목으로 / 농민으로 농사를 짓고
　　어두운 시절 초야에서 / 나는 도를 닦는다.

　　가엾지만 꿋꿋하구나! / 춥고 배고픈 참새여!
　　즐거운 곳 돌아가지 않고 / 오히려 바람을 쐬나니

4. 살찌는 도(道)

　　고기와 새 느긋이 / 하늘기운 즐기고
　　샛바람에 홀로 서니 / 만물이 빛나구나

　　(중략)

영화와 이끗은 / 내 따르는 일이 아니니
정말로 도의 맛이 / 이내 몸 살찌우구나

　모든 자연은 도를 따른다. 사람만 영화와 이끗을 좇아 도에서 멀리 떨어진다. 큰 병이다. 오직 담은만은 도와 자연을 따르니 살이 포동포동 찌는구나. 지금에서 와서 도(道)로 이내 몸이 살찌우는 자 그 얼마인가? 보통 도를 닦는다하면 정신이나 마음을 생각하는데, 여기 '몸'이라 일컬은 것에 유의한다. 선도의 도는 이내 '몸'을 닦는 실제적인 것이다. 이 몸을 떠나 몸밖에 마음도 정신도 없다. '몸'과 '맘'은 원래 하나다. 이를 필자는 '뫔'이라 부른다.

　이 몸이 중요하다는 실질적인 자세는 다른 수에서도 보이니 72수 '병석에서 아이더라 운을 떼라 하고'에서는 이렇게 말한다.

병들어 정신이 어지러워 / 약을 씀이 밝으니
세상에 있는 내 몸 / 중하지 어찌 가벼우리.

　담은공은 선친의 말씀에 의하면 평소 매우 건강하셨다한다. 선도 수련의 딕이라 여겨진다. 그러나 세월은 어찌할 수 없는 지 병석의 시는 위의 수 말고 74수(병석에 정양이 찾아와 기뻐서 – 안종남)가 한 번 더 보인다.

5. 멀리 떨어지지 않는 도(道)

　도(道)란 무엇일까? '길 도'라고 새기느니 도(道)는 말 그대로 '길'이다. '사람이 가야할 진정한 길을 가는 것'이 도이다. 그 길을 가다가 다

른 갈림길을 가지 않고 큰길[大道], 한길[一道]을 간다. 길에서 멀리 떨어지지 않고 가는 것이 도이니 8수 '김수재에게 줌'에서는

    또한 다른 갈림길 / 생기지 않게 하나니
    큰 도는 나에게 / 멀리 떨어지지 않게 한다.

멀리 떨어지지 않는 도, 도를 닦아도 한결같은 것은 아니다. 우리 인생이 그렇듯. 잘 될 때도 있고 못 될 때도 있다. 그래서 109수 '음국정 옛터를 지나며'에서는

    내 도는 날에 따라 / 잘 되었다 못 되었다하고
    하늘의 때는 몇 주기 / 번갈음이 있었는가? 라고 말하기도 한다.

6. 신선의 도(道)

신선은 늙음을 뿌리치는 '저로(抵老)'이다. 20수 '되는대로 지음'에서

    해아래 쑥은 / 구름 그림자에 잘리고
    글 선비 늙음 뿌리치고 / 유건을 쓴다.

'쑥'은 신선이 산다는 봉래산의 봉래(蓬萊)를 비유한다. 그 쑥이 '근심, 걱정, 세월'의 구름 그림자에게 잘린다. 쑥밭에 그림자가 지는 모습을 잘린다고 재미있게 표현하고 있다. 그러나 담은은 신선의 도를 닦으며 늙음을 뿌리치고 선비 정신을 곧추 세우는 유건(儒巾)을 쓴다. 선비이면서 신선의 도를 닦는 담은이 잘 나타나 있다.

22수 '지은당에 대해 지음—정재순호'에서는
오롯 목숨 늘릴 약 / 항상 먹을 줄 알아
다른 날 은둔의 땅 / 같이 돌아가리라.

선도에서는 채약(採藥)을 하니 신선이 되는 약이고 목숨을 늘리는 약이다.

7. 단전호흡

1) 봄기운을 전하리[春色傳]

담은이 단전호흡, 선도수련을 해 왔다고 확실히 이야기한 수는 21수 '속마음을 이야기함[述懷]'이다. 담은은 말년 운이 어려웠다. 어진 자식은 없고 가세는 기울었다. 일을 꾀하여도 바탕이 없었다. 오로지 단전호흡에 더 매진한다.

오랜 뜻 못 이루고 / 벼슬 없는 한숨 뿐
오직 단전 지키기 / 오로지 다그칠 뿐

묘한 이치 따라서 / 항상 다시 돌리면
앞으로 큰 열매가 / 봄기운을 전하리.

단전에 집중하고 기운을 돌려 주천(周天)하는 선도 수련의 모습이 자세히 기술되어 있다. 원래 뜻은 출사(出仕)였지만 초야에 묻혀 도를 닦고 있다.

2) 음양호흡으로 원기를 키우니

단전호흡은 어떤 것이었을까? 음양호흡을 했다. 42수에서는

　　음양 숨쉬기로 / 원기 키우고　　　[呼吸陰陽元氣大]
　　밝비인 해와 달 / 도의 마음 길러　[虛明日月道心長]

날숨[呼]은 양(陽)이고 들숨[吸]은 음(陰)이다. 호흡으로 음양의 조화를 이뤄 '타고난 기운'인 '원기'를 크게 키운다. 숨이란 맘과 몸의 중간에서 연결하여 맘과 몸을 튼튼케 하는 기묘한 힘이 있다. 그래서 호흡수도를 한다. 수도의 본가(本家)인 불가(佛家)에서는 숨에서 맘으로 간다. 선가(仙家)에서는 숨에서 몸으로 가고자 한다. '집안[家]'마다 '살림살이'가 다르다.

숨이 몸과 맘의 중간에서 서로 연결하듯, 기(氣 : 숨의 정수)도 정(精 : 몸의 정수)과 신(神 : 맘의 정수)을 연결한다. 그래서 단전호흡에서는 정기신(精氣神)을 수도한다고 한다. 몸-숨-맘, 정-기-신 이 모두가 긴밀히 연결된 하나다. '몸'과 '맘'은 글자도 거의 같다. 한 글자로 '뫔'이라 부르는 이유다. 이 '뫔'으로 가는 '길'이 곧 '도(道)다.

'명(明)'자는 일(日 : 양)과 월(月 : 음)이 합해진 글자이다. 음양이 합해 조회롭게 밝은 것이다. 맘은 본래 '터엉' 비었으니 '허(虛)'다. 그러나 그냥 비어있는 것만이 아니라 소소영영(昭昭靈靈)하게 밝으니 '허명(虛明)'이라 부른다. 우리네 마음을 허명한 해와 달과 같이 하니 바로 '도심(道心)'이다. 해와 달은 밝게 비추나 담담이 그저 비출 뿐. 자신을 드러내니 않고 무위(無爲) 무욕(無慾)이니 곧 담담이 숨은 '담은(澹隱)'과 같다.

3) 오래 단전 지키니

84수 '중양절에 만나 마시며'에서는 유가(儒家)의 학문은 늙어도 다 이루지 못하나 단전은 오래 지켜서 진정 떠나지 않는다고 한다.

늙어도 다 못 이뤄 / 어찌 나다 하리오.
오래 단전 지켜서 / 진정 떠나지 않네

4) 비로소 이뤘네.

25수 '석호산에 올라'에서는 이렇게 말한다.

신령을 부르니 / 다행히 돌보고
한 삼태기 옮길 기운이 있나니 / 비로소 이뤘네.

신령에게 기도하면 응답이 있고 돌보아 준다고 한다. '신통(神通)'한 부분을 엿보게 한다. 지극한 것이 '신(神)'이고 지극하면 통[窮卽通]하여 '신통(神通)'하게 된다. 이를 다른 이들이 어찌 알리? 필자의 경험에 의하면 '순극(純極 : 순수하고 지극)'하면 신령과 통한다.

그리고 노구(老軀)에도 선도의 수련으로 기운이 나서 삼태기에 흙을 날려도 기운이 빠지지 않는다. 정기(精氣)가 차서 건강함을 알 수 있다.

신 불러 기도하는 부분은 제 30수 '수중산을 지나 와룡지에 기원하며'에서도 있으니 '신 불러 지켜주니 탈나지 아니하고[頌神守護無傷敗]'라 한다.

여기 저기 시에서 보면 담은의 단전호흡은 꾸준히 진행되어 상당한 경지에 이르렀으며, 신령과 통하여 알게 되는 상황이 된 것으로 보인다.

8. 세상에 전하지 않는 도(道)

담은은 선도의 도를 이루었다. 그러나 아무에게도 전할 수 없다. 제2수 '정자에 올라 읊다'에서 골짜기 가득한 꽃을 전할 수 없듯이.

43수 '감람골 옛터를 지나며 감회에 젖어'에서는

꽃 없는 늙은 나무 / 얼마나 흘렀을까?
내 도를 닦기 시작이 / 일찍이 옛일 되고
이지러진 달 다시 / 둥긂을 어찌 알리

세월이 무상하구나. 31세에 석호산에서 월파 스승을 만나 도를 닦기 시작했다.(36수 석호시사 모임 : '내 이 곳에서부터 / 도 닦기 시작했고') 그 일도 옛 일이 되었다. 감람골 꽃 없는 나무. 봄이 와도 다시 꽃이 피지 않는다. 한번 간 청춘도 다시 오지 않는다. 무릇 땅에서 온 것은 다 땅으로 간다. 다 스러져 가나니.

그러나 도를 닦음은 하늘을 닮아감이니. 하늘 도를 닦는 것이니. 하늘의 이지러진 달이 다시 둥글 듯. 내 몸은 노쇠해도 내 속사람은 다시 보름달처럼 차오르니. 그 소식을 어디서 찾으리?

48수 '오루굴에 대해 지음'에서 보자. 무릉도원을 땅에서 찾을 수 없고 하늘에서 찾는다고 분명하게 말한다. 땅의 도가 아니고 하늘의 도

이기 때문이다. 봉래산 신선의 섬이 세상에, 땅에 없다. 어찌 세상에 전하리. 세상 사람들이 알 수 없어라.

  무릉도원 찾는 길 / 하늘에 별도로 있고 [覓路桃源天別有]
  봉래산 찾는 신선 / 세상에 전하지 않는다. [求仙蓬島世傳虛]

9. 내 도(道)는 누구와 이야기할까? [誰與談]

담은의 도를 누구도 알아주지 않는다. 전하지 못한다. 그러나 누구에게든 이야기하고 싶은 것이 인지상정 아닐까? 81수 '가을밤 책읽기'를 보자.

  가을바람 쓸쓸이 불어 / 마른 풀에 서리 내리고
  하나님 궁전은 높디 높고 / 달은 하늘 가득 찼다.

  만 가지 얽힘 모두 사라져 / 마음 바름 얻고
  뭇 말씀 오래 새겨 / 맛이 달구나.
  세상 사람들 모두 / 다른 길을 가나니
  내 도는 의지 없으니 / 누구와 이야기할까?

  가을 밤 하늘이 준 영(靈)과 통하고 있다. 가을 하늘 달처럼 모든 번뇌, 얽힘 사라지니 원래의 바른 마음을 얻는다.[心得正] 이런 바른 마음을 지니고 하늘의 길을 간다. 그러나 다른 사람들은 모두 욕심에 가려 다른 길을 가고 있다. 그러니 세상 누구와 내 도를 말할 수 있으리.

  세상 사람들이 다 다른 길로 간다는 표현은 53수 '죽곡강회-안규용'에서도 나온다.

세상 사람들 모두 / 왼섶을 따르나니
　　세상에서 그 누가 / 치의를 옳다하리

　　녹아드는 연기는 / 홍교 끊으려하고
　　아까워라! 내 길은 / 돌아갈 곳 없으이.

　왼섶은 북쪽 미개한 오랑캐들이 오른섶 위에 왼섶으로 여민데서 미개하고 잘못됨을 의미한다. 우리나라도 고려 이전까지는 왼섶이 많았다. 현재는 남자는 왼섶, 여자는 오른섶이다. 섶으로 본다면 여자가 옛 문반(文班)이다. 실용적으로는 옛적에 무인은 왼섶, 문인은 오른섶이 맞다. 활을 쏠 때 오른섶일 경우에는 손이 섶에 걸린다. 무인과 남자의 옷은 왼섶을 할 수 밖에 없었다. 오른 손잡이가 대다수인 동이족 무인은 당연히 왼섶이었다. 치의(緇衣)는 회색빛 괴색 옷으로 중이 입은 옷을 뜻하나 여기서는 학문, 진리, 도를 상징한다.

　이어 109수 '음국정 옛터를 지나며'를 보자.

　　내 도는 날에 따라 / 잘 되었다 못 되었다하고
　　하늘의 때는 몇 주기 / 번갈음이 있었는가?

　　옆 사람에게 설명해도 / 마음 상하는 일이고
　　해 비끼는 밤 골에 / 나그네의 말이 머문다.

　음국정(飮菊亭)은 1907년 설주 송운회(雪舟 宋運會)가 세운 정자다. 필자는 그 정자 자리를 파악하지 못했다.

담은 도는 옆 사람에게 말하고 설명해도 마음만 상하는 일이다. 그 일을 지금 우리는 하고 있다. 물질 문명에 현혹되어 도가 점점 더 멀어지는 현대. 더 마음 상하는 일이 될 지도 모른다. 그러나 도의 맥은 인연 따라 숨어 숨어 이어져 온다. 또 이어져 가리라.

10. 후천에 내 도(道)가 크리래[吾道泰]

그러나 담은은 희망을 버리지 않는다. 59수 '시천지나 정사 주인 찾아 - 이교천'을 보자. 때를 만나지 못한 잠룡(潛龍)은 물속에서 비룡(飛龍)을 꿈꾼다. 좋은 때 만나면 내 도가 크리라[若遇世平五道 '泰']

마구간 있어도 / 마음은 달리네.
물속 잠긴 용은 / 때를 못 만났네.

좋은 때 만나면 / 내 도가 크리라
큰 뜻 펼치려나 / 글쓰기 둔하다.

클 '태(泰)'자에 주목한다. 같은 뜻의 클 '태(太)'로 쓰지 않았다. 앞에서 인용한 '잠룡(潛龍)'노 주역에서 온 바, 주역의 '지천태(地天泰 : ䷊)'의 뜻을 쓰고자 함으로 본다. 하늘이 위에 있지 않고 내려오고, 땅이 위로 오르니 상하의 기운이 교류하고 서로 소통된다. 물[陰의 대표]의 기운이 내려오고 불[陽의 대표]의 기운이 오른다. 수도의 요체 '수승화강(水昇火降)'을 뜻하기도 한다. 무릇 선도 수도는 곧 수승화강이 아닌가? 수승화강이 잘 될 경우에 몸도 맘도 건강하고 사회도 건강하니 태평하다. 위에 있는 힘 있는 자가 겸손하고 아래를 보살핀다. 아래의 약한 자는 위로 발전해 가니 그보다 더 좋은 태평성대가 어디 있는가?

이상향이다.

52수 '산양문회(山陽文會)안에 대해 지음'에서 '태(泰)'자도 같은 뜻이다.

땅이 열리는 산양 / 태평한 운 돌아들고　[地闢山陽 '泰' 運回]

산양(山陽)은 보성의 옛 지명이다. 천지개벽이 되고 '지천태'세상이 될 운이 돌아든다는 것이다. 지금 여러 우여곡절은 있지만 크게 보면 여성의 지위가 정상화되고 있다. 민주주의가 꽃피워 나간다. 백성이 잘 사는 방향으로 나아가고 있다. 이것이 곧 '지천태'의 세상이 펼쳐지고 있음을 보여준다. 조선 후기 '김일부' '강증산' 등 선각자들이 이미 천지개벽과 후천 세상의 도래를 이야기했다. 한 치의 오차도 없음을 알아야 한다. 담은도 이를 잘 알고 있었다. 그 사실은 다음 112수 '조선독립'에서 잘 보여준다.

하늘 큰 기운은 / 후천 개벽 돌아든다 ['泰' 氣天方午未回]

여기서 클 태를 단순히 '큰'으로 새기지 않는다. '지천태'의 태로 새겨 '후천의 큰 기운'이라 새긴다. 이는 뒷 글의 '오미회(午未回)'가 있음이다. 역(易)을 접하지 못했더라면 '오미회'의 뜻을 건지지 못했을 것이나. 오(午)는 칠화(·七火)로 선천말(先天末), 미(未)는 십토(十土)이다. 화(火)의 기운이 금(金)으로 바뀌는[금화교역(金火交易)] 상극(相剋)을 토(土)는 조정하게 된다. 이로써 후천 세계가 열리니 '오미'로 돌아드는 것은 후천 세계로 들어감을 말한다.

11. 사생달관(死生達觀)의 도(道)

담은의 수도 결과는 어찌했는가? 노구에도 삼태기에 흙을 날라도 기운이 빠지지 않을 정도의 육체적인 건강을 얻었다. 그러면 정신적인 경계는 어떠하였는가? 제41수 '김영학에게 드림'을 보자. 사생달관(死生達觀)의 경지다.

죽고 삶이 도로서 / 슬픔 아니 느노니 [死生由道不曾哀]

일반적으로 신선은 오래 사는 사람을 이야기 한다. 그러나 담은은 아니라고 부정한다. '만 가지 시름없이 사는 것'이 신선이라 한다. 모든 이들이 꿈꾸는 장수(長壽)는 오래 사는 것이 아니라 '오복(五福) 고루 갖춤'이라 한다. 오복을 현대식으로 풀면, 잘 사는 것(웰빙), 복록이 있는 것, 건강, 이웃에게 덕을 베푸는 것[이웃사랑], 천수를 누리고 잘 죽는 것일 것이다.

제 66수 '생일에 속마음을 이야기함'에 잘 나타나 있다.

세상 사람들 모두 / 오래 살기 바라나
내 생각하기로는 / 안 그렇다고 하네.
오복 고루 갖춤이 / 바로 장수함이요
만 시름 오고가면 / 왜 신선이라 하리.

담은은 실제 오래 살지 못했다. 69세에 생을 마쳤다. 오래 사는 것을 바라지 않는다고 '생일날 속마음을 이야기'한 그대로이다. 생사의 경계를 뛰어넘고 시름, 생각을 끊은 적멸(寂滅)의 경지에 들어갔다. 그 경

계가 어찌 선사(禪師)에만 국한되리오? 도사(道士)의 진면목은 그의 입적(入寂) 순간에도 드러난다.

해방이 되던 그 해 12월 15일. 담은은 조용히 평화롭게 '좌탈(坐脫)'하였다. 평소처럼 오른 발을 왼 발 위로 꼬아 세워 책을 읽은 자세 그대로 책을 든 채. 선친께서는 책을 읽고 계신 줄로만 알았다한다. 오복 중 '고종명(考終命)'을 보여 준다. 중생은 정신이 혼미하여 죽으니 그대로 윤회한다. 성인은 맑은 정신으로 밝게 죽으니 해탈한다. 정기(精氣)가 꺼져 가는 죽은 순간 '깨어 있음'은 곧 '신기(神氣)'가 강해 내명(內明)함을 알 수 있다. 또한 실제로 생시나 사후에 외부로 방광(放光)을 하기도 한다.

담은이 예지력도 갖추고 있음이 분명하다. 제 107수 '며느리를 추도하며'에서는 자신의 죽음을 미리 알고 있음을 보여준다. 1944.8.15 며느리(필자의 할머니 양승남)가 죽자 '내 재앙 반드시 외려 남았다'고 하고 있다. 또 '남은 자식 제사나 이을까 생각이 많다'도 했는데 당시 11살 저의 선친을 두고 한 말이다. 선친께서 그토록 지극 정성 봉제사(奉祭祀)했으니 바람대로 이루어졌다.

담은은 오루굴에 떳집, 담은정(澹隱亭)을 엮으면서 '정자는 없어져도 사람이 어질면 반드시 수명이 길다'고 했다. 담은의 육은 가고 없지만 그 뜻을 이은 사람이 있으면 담은의 도(道)도 수명이 길다고 생각된다. 그 뜻을 기리고, 펼치고, 이어가는 것도 정신을 드높이는 봉제사라 믿는다. 증손인 제가 미력하나마 담은의 뜻을 밝히고자 여기 둔필을 든 것도 이와 같은 이유이다.

차례

1. 고요하게 살며   幽居   32
2. 정자에 올라 읊다   亭上吟   34
3. 생각나서   有所思   36
4. 아이를 가르치며   送子讀書   38
5. 눈 오는 밤   雪夜   40
6. 눈 오는 밤 벗을 만나 자면서   雪夜友人會宿   42
7. 영남으로 가는 장홍을 보내며   送張洪歸嶠南   44
8. 김수재에게 줌   贈金秀才   46
9. 존제산에 올라   登尊帝山   48
10. 양로당에 부쳐   寄養老堂   50
11. 뜻하지 않게 지음   偶題   52
12. 벗을 모암으로 보내며 박규덕   送友人歸帽巖 朴奎悳   54
13. 광주 충원에 부쳐 난국계   寄光州忠院 蘭菊稧   56
14. 환갑산지 조병돈   晬宴 曺秉敦   58
15. 덕산정사 이락천   德山精舍 李樂川   60
16. 강론 자리에서 부름   講筵口呼   62
17. 정월 대보름 임태영에 답함   上元日答任泰榮   64
18. 천석정에 대해 지음 임태정   題泉石亭 任泰禎   66
19. 동강 낚시터 염병섭   東江釣臺 廉秉燮   68
20. 되는대로 지음   漫題   70
21. 속마음을 이야기함   述懷   72

22. 지은당에 대해 지음　정재순호　　　　　　題芝隱堂　鄭在舜號　74
23. 향교에 칭찬하는 시를 써 줌　박원수　　　贈校宮贊揭　朴源壽　76
24. 송해광을 생각하며　영건　　　　　　　　追憶宋海狂　榮健　78
25. 석호산에 올라　　　　　　　　　　　　　登石虎山　80
26. 환갑잔치　문용호　　　　　　　　　　　睟宴　文溶鎬　82
27. 조병인을 생각하며　만주에 사는　　　　　追憶曺秉寅　寓滿洲國　84
28. 적벽을 지나며　동복에 있는　　　　　　　過赤壁　在同福　86
29. 석호산 가래나무 살피고 오는 길에 느낌 있어　石虎山省楸歸路有感　88
30. 수중산을 지나 와룡지에 기원하며　　　　過水中山祈請臥龍地　90
31. 제야　　　　　　　　　　　　　　　　　除夜　92
32. 그 둘째 수　　　　　　　　　　　　　　其二首　94
33. 환갑잔치　김경제　　　　　　　　　　　睟宴　金敬濟　96
34. 만주에 있는 경환에게 부쳐　　　　　　　寄滿洲國璟煥　98
35. 평안북도로 떠나는 규화에게 줌　　　　　留贈圭華赴平北道　100
36. 석호 시사 모임　　　　　　　　　　　　石湖禊會　102
37. 이병곤 만사　　　　　　　　　　　　　輓李秉坤　104
38. 봄비　　　　　　　　　　　　　　　　春雨　106
39. 가을밤 유신정에서 벗과 자면서　　　　　秋夜與友人宿柳新亭　108
40. 농가　　　　　　　　　　　　　　　　田家　110
41. 김영학에게 드림　　　　　　　　　　　寄贈金永鶴　112
42. 박태규와 남당포에 가서 등룡도를 바라보며　與朴泰珪往南塘浦望騰龍島　114

43. 감람골 옛터를 지나며 감회에 젖어　　　　過柿木里舊墟感古 116
44. 벗을 찾아 선둘을 지나며　임치선　　　　過立石里訪友人　任治善 118
45. 물염정에 대해 지음 동복에 있는, 앞운을 따라 題勿染亭 在同福用前韻 120
46. 두산을 생각하며　조병윤　　　　　　　追憶斗山　曹秉倫 122
47. 모후산에 올라　동복에 있는　　　　　登母后山　在同福 124
48. 오루굴에 대해 지음　　　　　　　　　題五柳村 126
49. 정자앞 감국　　　　　　　　　　　　亭前甘菊 128
50. 조병희 자리에서 만주의 벗을 만나　　曹秉喜席上逢滿洲國友人 130
51. 빙월정에 대해 지음　안두산　　　　　題氷月亭　安斗山 132
52. 산양문회안에 대해 지음　　　　　　　題山陽文會案 134
53. 죽곡강회　　　　　　　　　　　　　竹谷講會　安圭容 136
54. 영모제에 대해 지음　반곡리에 있는　題永慕齋　在盤谷里 138
55. 벽시계에 대해 읊음　　　　　　　　詠壁上時計 140
56. 비를 만나 복내장 약방에서 자며　손무열　遇雨宿福市藥堂　孫武烈 142
57. 망미정에 대해 지음　박참판 양정　　　題望美亭　朴參判陽亭 144
58. 임태균 만사　담양에 사는　　　　　　輓任泰均　寓居潭陽 146
59. 시천 지나 정사주인 찾아　이교천　　過詩川訪精舍主人　李敎川 148
60. 봄날 대원사에서 놀며　　　　　　　春日遊大原寺 150
61. 정재순 만사　　　　　　　　　　　輓鄭在舜 152
62. 벌교포를 지나며　　　　　　　　　過筏橋浦 154
63. 향교의 가을 제삿날　　　　　　　　鄕校秋享日 156

64. 안성거 만사 　　　　　　　　　　　　　　輓安聖擧 158

65. 월계화를 노래함 　　　　　　　　　　　　詠四季花 160

66. 생일에 속마음을 이야기함 　　　　　　　晬辰述懷 162

67. 정자천을 지나 장제수를 바라보며 　　　過程子川望障堤水 164

68. 작천역을 지나며 　　　　　　　　　　　　過鵲川驛 166

69. 산앙정에 대해 지음　박죽천 　　　　　　題山仰亭　朴竹川 168

70. 벗을 만나 마시다 　　　　　　　　　　　　友人會飮 170

71. 국화를 꺾어 임성오에게 주며 　　　　　　採菊寄贈任聖五 170

72. 병석에서 아이더러 운을 떼라 하고 　　　病枕呼兒拈韻 172

73. 가뭄을 걱정함 　　　　　　　　　　　　　憫旱 174

74. 병석에서 정양이 찾아와 기뻐서　안종남 　病枕喜靜養來訪　安鍾南 176

75. 낚시터 주인에게 장남삼아 지어줌　염병석 　戲贈釣臺主人　廉秉奭 178

76. 산촌의 일을 바로 읊음 　　　　　　　　　山村卽事 180

77. 세상을 한탄함 　　　　　　　　　　　　　嘆世 182

78. 봄을 보내며 　　　　　　　　　　　　　　餞春 184

79. 세세시도에 대해 시음　규화가 만주에 있을 때 부쳐 옴
　　　　　　　　　　　　題世界圖　圭華在滿洲時奉送 186

80. 장수 수첩에 대해 지은 뒤　김형호 　　　題壽帖後　金滎浩 188

81. 가을밤 책읽기 　　　　　　　　　　　　　秋夜讀書 190

82. 담양으로 돌아가는 임수재를 보내며 　　送任秀才歸潭陽 192

83. 금강산 전도에 대해 짓고 난 뒤 　　　　題金剛山全圖後 194

84. 중양절에 만나 마시며　　　　　　　　　　　　重陽會飮 196
85. 조성역을 지나며　　　　　　　　　　　　　　過鳥城驛 198
86. 존제산에서 약초를 캠　　　　　　　　　　　　帝山採藥 200
87. 영벽정에 대해 지음　능주에 있는　　　　題暎碧亭　在綾州 202
88. 대곡을 지나 숨어사는 종인을 만나　병익　過臺谷訪宗人幽居　秉翼 204
89. 작천으로 돌아가는 임태영을 보내며　　　送任泰泳歸鵲川 206
90. 영산홍　　　　　　　　　　　　　　　　　　　暎山紅 208
91. 만주에 있는 손자 아이를 그리며　　　　　　憶滿洲孫兒 210
92. 고흥군을 지나 숨어사는 송계은을 찾아　외삼춘 아들
　　　　　　　　　　　　　　　過高興郡訪宋啓殷攸居　外從 212
93. 청류재에 대해 지음　　　　　　　　　　　　　題聽流齋 214
94. 대흥리 지나 홍순학을 찾아　　　　　　　過大興里訪洪淳鶴 216
95. 덕암재에서 자고　　　　　　　　　　　　　　宿德巖齋 218
96. 호의 운에 화답　장흥군 남쪽으로 돌아감　和朴樵南號韻　迋南長興郡 220
97. 만주에서 온 아들을 기쁘게 만나　　　　　　喜逢滿洲遊子 222
98. 염진홍 만사　　　　　　　　　　　　　　　　輓廉鎭洪 224
99. 이씨 화수계 자리에서 부름　　　　　　李氏花樹稧席口呼 226
100. 조규심 만사　　　　　　　　　　　　　　　　輓曺圭心 228
101. 남극정에 대해 지음　　　　　　　　　　　　　題南極亭 230
102. 임남애의 호의 운　태영　　　　　　　　任南崖號韻　泰泳 232
103. 대곡리를 지나 종인 병식을 찾아　순천　過大谷里訪宗人秉湜　順天 234

104. 우산을 지나 은자를 찾아갔으나 만나지 못함　　過牛山訪隱者不遇 236

105. 장인 묘를 이장하며　고흥군 대강리　改葬外舅聘士　高興郡大江里 238

106. 칠산리를 지나　동복에 있는　　　　過七山里　在同福 240

107. 며느리를 추도하며　　　　　　　　　　追悼亡子婦 242

108. 꾀꼬리 소리를 들으며　　　　　　　　　　　聞鶯 244

109. 음국정 옛터를 지나며　　　　　　　過飮菊亭故墟 246

110. 경치를 보며 바로　읊음　　　　　　　　　　卽景 248

111. 부인 장례를 추도함　　　　　　　　　追思夫人葬 250

112. 조선독립　　　　　　　　　　　　　　朝鮮獨立 252

113. 건국후 벌교시 시사에서 추월시　建國後筏橋市詩社秋月詩 254

114. 가을비　　　　　　　　　　　　　　　　　秋雨 256

115. 스스로 한이 되어　　　　　　　　　　　　自恨 258

부　록

시세목 찾기(한글)　　　　　　　　　　　　　　260

시제목 찾기(한자)　　　　　　　　　　　　　　266

인물 찾기　　　　　　　　　　　　　　　　　　272

지명 찾기　　　　　　　　　　　　　　　　　　276

주제별 찾기　　　　　　　　　　　　　　　　　280

1. 고요하게 살며

온종일　산 어귀 비인 듯 고요코
성긴 솔 외론 대 초막집　감싼다.

눈 익은 길 위로 꽃 세계 보이고
베개 밑　샘물은 논고랑　흐른다.

매화나무 학은 노 저으라 하고
뽕밭 비둘기는 씨 뿌리라 한다.

그 사이 늙은 이 생각이　있어서
스스로 은근히 시 짓기 즐기네.

幽居　　　　　(유거)

永日山門靜若虛 (영일산문정약허)
疎松孤竹護茅廬 (소송고죽호모려)
杖頭路熟看花界 (장두로숙간화계)
枕下泉通灌稻渠 (침하천통관도거)
梅鶴報人歸海棹 (매학보인귀해도)
桑鳩催種帶春鋤 (상구최종대춘서)
其間惟有溪翁識 (기간유유계옹지)
爲我慇懃寄好書 (위아은근기호서)

【 주 】 * 모려(茅廬) : 띳집, 초막집 곧 여기서는 담은정(澹隱亭) * 장두로(杖頭路) : 지팡이를 짚을 때 지팡이 머리위로 보이는 길. 늘 다니던 길 * 계옹(溪翁) : 계곡 늙은이. 여기서는 은거하는 '담은' 자신 * 위아(爲我) : '나로 하여금 하게 한다'는 뜻이나 실제 시인 자신이 학과 비둘기에게 의탁(依託)하여 자문자답(自問自答)으로 '스스로 좋아서 한다.'는 뜻 * 서(書) : 글. 시(詩)자가 적합하나 압운(押韻)자로 사용

○ 압운(押韻)은 평성(平聲)인 어운(魚韻)이다.

【감상】담은시집에 수록된 첫 수의 시이다. 보성군 율어의 오루굴 뒷산에 은거하면서 고요하게 사는 시인의 정취가 잘 나타나 있다. 하루해가 다 가도록 산 어귀는 찾는 이 없고 텅 비어 고요하다. 시인의 마음처럼. 자연스레 자라 드문드문 성긴 솔과 외롭게 보이는 대나무는 초막 주위를 에워싸고 있다. 고즈넉한 풍경이다. 산 어귀로 난 늘 다니던 눈에 익숙한 길은 꽃들이 피어 저들의 세상을 이루고 있다.

베개를 베고 정자에 눕는다. 베개 밑 정자 아래로 흐르는 샘물은 논고랑으로 흘러 들어가고 있다. 샘물이 졸졸 흐르는 소리가 직접적으로 표현되어 있지는 않으나 충분하게 소리가 들리는 듯하다. 시인이 보고 있는 경치가 멀리 가까이서 점점 펼쳐지는데, 매화나무와 뽕나무에 있는 학과 비둘기는 봄이 됐으니 어부와 농부에게 노를 젓고 씨를 뿌리라 재촉한다.

1, 2연의 경(景)에 몰입(沒入)한 시인은 3연에서는 대상과 의탁한 정(情)으로 들어가서 묻고 4연에서는 시인 자신이 답하면서 정감과 뜻을 표현하고 있다. "알았다. 알았다(識). 다 생각이 있다(惟)."면서 계옹(溪翁)인 나는 네가 보채지 않아도 남모르게 붙들고[寄] 시를 쓴다. 봄을 맞아 어부는 노를 젓고 농부는 씨를 뿌리고, 은자는 숨어서 고요히 살면서 열심히 시를 짓는다. 시인의 은근한 자부심이 엿보인다.

2. 정자에 올라 읊다

존제산 앞 몇 칸 띳집에
지팡이 나막신 걸어두고 스스로 노는 이 됐다.

한창 때 누린 뜬 영화는 산굴에서 피는 구름이요
보통 사람들 맑은 뜻은 구름에서 나온 달이라

집 근처 심은 버들 봄 먼저 와 있고
골짜기 뒤덮은 꽃 전할 수 없어라

이 땅은 신령을 기다릴 만하니
시 취한 늙은 이 사철 즐겨 산다.

亭上吟　　　（정상음）

數間茅棟帝山前 (수간모동제산전)
自是遊人筇屨穿 (자시유인공극천)
半世浮榮雲出岫 (반세부영운출수)
一般淸意月來天 (일반청의월래천)
宅邊種柳春先到 (택변종류춘선도)
峽裡網花人不傳 (협리망화인부전)
此地仙靈如有待 (차지선령여유대)
四時寓樂醉翁篇 (사시우락취옹편)

【 주 】 * 유인(遊人) : 노는 사람 곧 은자(隱者) * 공극천(筇屐穿) : 지팡이 나막신 구멍 뚫어 걸어두고. '나가지 않고' * 반세(半世) : 한창 때 * 망화(網花) : 그물처럼 펼쳐진, 뒤덮인 꽃 * 인부전(人不傳) : 다른 사람들에게 전하지 못함. 사람이 알지 못함. 직접적으로는 꽃소식이나 내면으로는 은거 소식 * 우락(寓樂) : 즐기며 임시로 (시에 의지하여) 살다 * 취옹편(醉翁篇) : 실제는 취편옹(醉篇翁 : 시에 취한 늙은 이)의 뜻이나 운자(韻字)를 맞추기 위해 순서를 바꿈

○ 압운(押韻)은 평성(平聲)인 선운(先韻)이다.

【감상】존제산 품 안에 몇 칸 초막으로 지은 정자가 있으니 그 주인 성품 닮은 담은정(澹隱亭). 고요히 숨어 살며 번거로운 세상에 별로 나갈 일 없다. 정자 한 쪽에 나막신을 꿰어 걸어 놓고 지팡이를 세워 놓았다.. 스스로 할 일 없는 사람 되어 정자에서 논다. 사실은 시에 취해 있다.

한 때 좋을 때도 있었지만 뜬 구름 같은 것. 욕심 없이 맑은 뜻은 그 구름 속에 나온 달처럼 맑고 밝다. 일반인은 출세를 바라는 선비나 힘 있는 권세가들과 다르다. 욕심이 적고 착하게 살려하고 천심(天心)을 가졌다. 영화를 보겠다고 욕심 부리는 자들이 구름이라면 그들은 그 구름을 헤치고 나온 달이다.

정자 부근의 버드나무에는 파릇파릇 새 싹이 돋아난다. 제일 먼저 봄이 왔다는 것을 알겠다. 골짜기 주위에는 그물처럼 꽃들이 펼쳐져 군데군데 피어 있나. 사람이 오지 않는 골짜기. 다른 사람들에게 이 꽃소식을 이이 전하리. 시인의 도(道)도 알아주지 못해 안타깝다는 뜻이 꽃소식으로 아름답게 표현되어 있다. 신령을 기다리는 곳이라는 것은 시인이 자신이 신선이 되고 싶은 소망을 나타낸다.

우리는 다 나그네와 같다. 시인은 시를 즐기고 기다리면서 이 지구별에 잠시 머물 뿐이다.

3. 생각나서

오루굴은 옥녀봉 바라보고 깊이 묻히고
초꼬지불은 불꽃 다 뛰고 산 종소리 듣는다.

한평생 그린 범은 끝내 얻기 어렵고
십년을 찾은 용 또한 따르지 못하네.

먼 길 달려 나가고 싶어도 나가지 못하는 늙은이 마음
굳센 절개로 산등성 지키나 참 자취는 보이지 않는다.

맑은 새벽에 앉아서 살며시 문을 여니
는개는 비취빛으로 숲속을 거의 다 덮었도다.

有所思　　　(유소사)

五柳村深對玉峯 (오류촌심대옥봉)
書燈跳盡聽山鍾 (서등도진청산종)
一生畵虎終難得 (일생화호종난득)
十載尋龍且莫從 (십재심룡차막종)
伏櫪老心騁遠道 (복력노심빙원도)
守崗固節晦眞蹤 (수강고절회진종)
悠然開戶淸晨坐 (유연개호청신좌)
烟雨平林翠幾重 (연우평림취기중)

【 주 】 * 산종(山鍾) : 유신리 마애여래좌상(유신리 125)이 있는 옛 절 존제사(尊帝寺 : 미륵사에 이어 현 일월사)의 종 * 복력(伏櫪) : 엎어진 마판(馬板 : 마구간에 까는 판자) 달리지 못하고 숨겨지거나 갇혀진 신세 * 수강(守崗) : 산언덕을 지킴. 여기서는 오루굴 산골에서 은거 * 회(晦) : 그믐. 어둡다. 어두운 세상이라 참 자취를 몰라 줌 * 개호(開戶) : 지게문, 외짝 문을 염. 원문 글자를 잘 알아보기 힘드나 남아있는 형상이나 뜻으로 '호(戶)'자로 추정 * 연우(烟雨) : 는개. 무우(霧雨)

○ 압운(押韻)은 평성(平聲)인 동운(冬韻)이다.

【 감상 】 담은정에서 시인은 새벽까지 어두운 초꼬지 불을 마주하고 책을 보고 있다. 옥녀봉을 마주 대하고 있는 오루굴 산골은 어둠 속에 깊이 묻혀 있다. 초꼬지불은 불꽃 뛰기를 다하고 고요히 오루굴 너머 옛 절에서 나는 종소리에 귀 기울인다.

어지러운 세상이라 평생 출사도 못하고 벼슬 없는 서생. 은거하며 닦는 도(道)도 세상에서는 따라주기 어렵다. 늙은이 마음이야 말 달려 멀리 나가고 싶지만 마구간 깔판처럼 엎디어 달리지 못한다. 이 오루굴 산등성이에서 절개를 지키고 있다. 어두운 세상에서 그 참 자취를 그 누가 알아주리.

살며시 지게문을 연다. 는개가 숲속을 거의 다 푸르스름하게 뒤덮는다. 참 자취가 보이지 않듯 숲도 그러하구나. 3,4구는 완벽한 대구(對句)를 이루고 있고 5,6구도 내용상 내구도 유수격(流水格)을 갖추고 있다. 1연(聯)은 수련(首聯)으로서 기(起)에 해당하니 배경과 생각에 들어가는 감상이입(感想移入)이 그려진다. 2연에서는 함련(頷聯)으로 승(承)해 해당하니 지난 생애의 감상의 내용이 펼쳐진다. 3연 경련(頸聯)에서는 전(轉)으로 시인의 지금 심정이 그려지고 4연 미련(尾聯)에서는 결(結)로서 아직도 때가 아님을 는개가 숲을 뒤덮는 것으로 표현하고 있다.

4. 아이를 가르치며

밝고 밝은 성인의 가르침 진실로 푸르게 드리워
그 얼마나 스승님을 따르고 모셨던가?

사수 깊은 원천은 나오는 곳이 있고
자양 큰 길은 진정 갈라지지 않는다.

손자가 열 살이나 되어 늦게 다시 이름을 떨치니
우리 아이 아침 저녁으로 눈 비비고 본다.

부귀는 반드시 노력 뒤에 얻어지니
짧은 시간도 정말 아깝구나.

送子讀書　　　(송자독서)

昭昭聖訓簡靑垂 (소소성훈간청수)
往侍師門杖屨隨 (왕시사문장구수)
泗水深源來有處 (사수심원래유처)
紫陽大路正無岐 (자양대로정무기)
阿蒙刮目三朝對 (아몽괄목삼조대)
孫復成名十載遲 (손부성명십재지)
富貴必從勞後得 (부귀필종노후득)
令渠頂惜寸陰時 (영거정석촌음시)

【 주 】 * 장구수(杖屨隨) : 지팡이와 신이 따름. 신발이 닿도록 따르다 * 사수심원(泗水深源) : 공자가 사수 근처에서 가르침. 공자 학문을 가리킴 * 자양대로(紫陽大路) : 송대(宋代) 주희(朱熹)가 자양산(紫陽山)에서 학당(學堂)을 세움. 주자 학문을 가리킴

○ 압운(押韻)은 평성(平聲)인 지운(支韻)이다.

【 감상 】 이 4수는 가정사를 노래하고 있다. 가르침에 대한 내용으로 '촌음을 아껴 공부하라'는 금언(金言)이 있다. 7구는 그대로 가훈이나 생활 신조로 삼아도 좋을 내용이다. 밝고 밝은 성인의 가르침은 참다운 스승과 그 스승을 진실로 따르고 모시고 배우고 본받을 경우에 참답게 드러난다. 공자님 말씀이나 학문은 깊은 샘물과 같아 그 깊은 근원이 있다. 주자님 학문은 큰 길과 같아 올바르고 갈래가 없다. 손자가 열 살이나 되어 늦게 학식이 갑자기 늘어 이름을 떨친다. 다른 사람들이 놀라서 눈을 비비고 본다. 부자가 되고 귀하게 되는 것이 그냥 얻어지는 것이 아니다. 열심히 노력한 뒤에 되는 것. 정말 짧은 시간도 헛되이 할 수 없다.

학문을 권하는 주자(朱子)의 권학문(勸學文)과 주제가 비슷하다

소년은 늙기 쉽고 배우기는 어려우니	少年易老學難成
아주 짧은 시간도 헛되게 보내지 말라	一寸光陰不可輕
연못의 봄풀이 꿈에서 깨기도 전에	未覺池塘春草夢
섬돌 앞 오동잎은 가을 소리를 내구나	階前梧葉已秋聲

우리는 모두 부귀를 바라지만 그에 합당한 노력을 하고 있는 지는 되돌아보아야 할 일이다. 부귀는 반드시 노력 뒤에 얻어지는 것이니 노력이 없으면 부귀도 바랄 수 없고 욕심일 뿐이다. 여기서 손자는 엮은이의 큰 아버지 조규화(曺圭華 : 1927.11.23 ~ ?)로 보인다. 관련된 시는 35수와 91수에도 나온다. 아버지 말에 의하면 매우 똑똑하셨다 하는데 평안북도로 해서 만주로 간 뒤 아직까지 소식이 없다.

5. 눈 오는 밤

봄은 아득 비는 자욱
밤이 되자 눈 만송이

오랜 잣은 푸르름 지켜 굳센 절개 알고
갓 핀 매화 흰빛 다퉈 뛰어난 공 있다.

양지에서 나는 초목으로 농민은 농사짓고
어두운 시절 초야에서 나는 도를 닦는다.

가엾지만 꿋꿋하구나! 춥고 배고픈 참새여!
즐거운 곳 돌아가지 않고 오히려 바람을 쐬나니

雪夜　　　　　(설야)

春陰漠漠雨濛濛 (춘음막막우몽몽)
入夜飜成雪萬叢 (입야번성설만총)
老栢守靑知勁節 (노백수청지경절)
新梅鬪白有奇功 (신매투백유기공)
陽生草木民農作 (양생초목민농작)
時晦江山吾道窮 (시회강산오도궁)
憐爾屹于飢凍雀 (연이흘우기동작)
不歸樂處尙呼風 (불귀락처상호풍)

【 주 】 * 몽몽(濛濛) : 가랑비가 와 흐릿함. 자욱함 * 노백(老栢) : 오래된 잣나무. 지은이를 상징 * 투백(鬪白) : (매화가 눈과) 흰빛을 다투어 냄 * 연이흘우(憐爾屹于) : 우뚝 솟은 의연하고 꿋꿋한 모습이 불쌍함 * 기동작(飢凍雀) : 굶주리고 얼어붙은 참새. 시인 자신의 처지

  ○ 압운(押韻)은 평성(平聲)인 동운(東韻)이다.

【 감상 】 찬 겨울비가 자욱하니 내리니 봄을 기다리나 봄은 아직 올 생각도 없는 듯 아득하기만 하다. 밤이 되니 눈으로 변해 몇 천만 송이 송이송이 어둠 속에서 휘날린다. 다른 모든 나무는 다 잎이 져 버렸다. 오랜 잣나무만 눈이 내리는 겨울에도 아직도 푸르러 절개를 지키고 있다. 매화나무엔 매화가 갓 피었다. '누가 더 희냐'하고 내기라도 하듯 눈과 흰빛을 다투고 있다. 그 공이 대단하고 참 신기하기도 하다. 검은 밤, 푸른 잣, 눈 같은 흰 매화와 매화 같은 흰 눈송이가 정말 아름다운 풍경을 자아낸다.
　양지 밭에서 나는 초목으로 농민이 농사를 짓듯 나는 어두운 시절을 맞아 초야에 묻혀 도를 찾고 닦고 있다. 저 눈 밭에서 찬바람을 피하지 않고 꿋꿋하게 쐬면서 서 있는, 굶주리고 얼어붙은, 불쌍하지만 의연한 저 참새처럼. 눈과 바람은 어려운 처지와 시대를 나타내고 있다. 그러나 눈 속에서도 잣나무는 푸르고 새 매화는 새로운 가능성을 보인다. 춥고 배고픈 참새는 즐겁고 따스한 곳이 있으련만 돌아가지 않고 바람을 마주 대하고 눈 밭에 서 있다.
　1,2,4연은 모두 서경(敍景)을 그리고 있다. 1연은 순수한 아름다운 경치가 캔버스의 바탕화면처럼 펼쳐진다. 2연은 그 위에 푸른 잣과 흰 매화가 그려진다. 절개를 알고 흰빛을 다투는 서정(敍情)이 표현된다. 4연은 주제연으로서 어려운 처지에도 굴하지 않고 바람을 맞닥뜨리는 의연한 참새가 지은이를 대변하고 있다. 주제어는 '상호풍(尚呼風)'이다. 아름다운 서경시이지만 서정시의 면모를 잘 보여주고 있다.

6. 눈 오는 밤 벗과 만나 자면서

찬 비 잠깐 개더니 눈이 하늘 가득
산그늘 지는 이 밤 웃음꽃이 피었어라.

이른 봄 창가 매화 온갖 새 맵시내고
옛 정 못 잊어 쑥이 난 사립문 밖엔 벗이 왔다.

세상 변함이 어찌 세월 탓이랴
마음 밭 굳게 지키면 숲 속 샘처럼 변함없으리.

가장 좋은 곳에서 만나 백아의 거문고 안고 타니
나를 알아주는 소리 뜻 둥글둥글 맞구나

雪夜友人會宿　　(설야우인회숙)

凍雨纔晴雪滿天　(동우재청설만천)
山陰此夜喜開筵　(산음차야희개연)
梅窓春草多新態　(매창춘초다신태)
蓬戶人來有舊緣　(봉호인래유구연)
世路變遷何日月　(세로변천하일월)
心田固守是林泉　(심전고수시임천)
逢場最好牙琴抱　(봉장최호아금포)
知己音中意轉圓　(지기음중의전원)

【 주 】 * 재청(纔晴) : 잠깐 개임   * 희개연(喜開筵) : 즐거움이 꽃피는 자리. 8구와 같이 뜻이 맞아 기쁜 자리   * 봉호(蓬戶) : 쑥이 자라나 있는 사립문. '쑥이 난 사립문' * 임천(林泉) : 숲 속에 있는 샘. 숲 속 샘은 물의 근원이며 변함없음.   * 아금(牙琴) : 백아(伯牙)의 거문고. 열자(列子)의 탕문편(湯問篇)에 나오는 말로 춘추시대 백아의 거문고 소리는 오직 종자기(鍾子期)만이 알아줌   * 의전원(意轉圓) : 뜻이 서로 맞아 모나지 않고 둥글게 돌아감. 이 시의 주제어

○ 압운(押韻)은 평성(平聲)인 선운(先韻)이다.

【 감상 】 벗과 우정을 그린 시다. 벗이 누구인 지는 구체적으로 알 수 없으나 뜻을 알아주는 절친한 벗인 것 같다. 옛 정을 못 잊어 벗이 쑥이 모도록이 나 있는 사립문밖에 와서 부른다. 이른 봄. 창가의 매화는 새악시처럼 온갖 꽃단장을 하면서 맵시를 내고 있다. 찬비가 잠깐 개이더니 눈으로 변해 눈은 하늘 가득 찼다. 산그늘이 지면서 어두워지는 데 벗을 만나니 기쁨이 넘친다. 세월이 흘러 세상이 바뀌고 옮겨진다. 세월 탓인가? 사람 탓 아닌가? 세월이 바뀌어도 벗과 나는 마음의 바탕이 한결 같아 변함없다. 마치 옮겨지지도 않고 항상 샘물이 마르지 않고 솟는 숲 속의 샘 같다. 백아의 거문고 소리를 오직 종자기만이 알아줬다지. 내 뜻을 알아주는 벗과 뜻이 서로 모나지 않고 둥글둥글 맞구나.

 2연은 새 맵시를 내는 매화와 옛 인연을 지키는 동무가 대조적으로 잘 그려지고 있다. 쑥이 자란 사립문은 사람의 왕래가 적음과 시골임을 그리고 매화와 함께 이른 봄임을 보여주고 있다. 3연은 내용상 대구를 이루고 있다. 변하는 세상의 길과 일월, 변하지 않는 마음 밭과 숲 속 샘이다. 도읍지가 변해도 샘은 마르지 않는다. 샘은 물의 근원이고 끊임없이 솟아나는 것. 마르지 않고 변함없는 우정을 상징한다. 또한 임천(林泉)은 산골 숲의 샘으로 은거하고 있는 자신과 벗을 상징한다.

7. 영남으로 돌아가는 장홍을 보내며

봄빛 먼저 띠는 옛 역사 찬 매화
영남으로 가는 그대에게 꺾어 드린다.

돌 누각 달빛 위에 물결 공연히 차고
학골 구름 깊다니 발길만 더디어라

기러기 등 북으로 돌려 얼음 녹는 나라로 가고
말머리 동쪽 가리키며 눈 그친 하늘 보며 가는데

산으로 돌아가 막혀 부르는 노래 숨으니
초야엔 지조 높은 선비 마땅히 많이 묻혀있다.

送張洪歸嶠南　　(송장홍귀교남)

古驛寒梅春色先 (고역한매춘색선)
送君持贈嶠南邊 (송군지증교남변)
石樓月上波空冷 (석루월상파공랭)
鶴洞雲深路謾傳 (학동운심로만전)
雁背北徂冰泮國 (안배북조빙반국)
馬頭東指雪晴天 (마두동지설청천)
歸山且莫歌招隱 (귀산차막가초은)
林下應多高士眠 (임하응다고사면)

【 주 】 * 장홍(張洪) : 호는 월담(月潭). 담은정시집에는 그의 화답시가 64번 째로 실려 있음 * 교남(嶠南) : 영남(嶺南) * 지증(持贈) : 지니도록 선물로 줌. 통상 이별할 때는 버드나무를 꺾어 주나[折柳] 여기서는 한매(寒梅)를 꺾어 줌 * 빙반국(冰泮國) : 얼음 녹는 남쪽나라

○ 압운(押韻)은 평성(平聲)인 선운(先韻)이다.

【 감상 】 벗 월담(月潭) 장홍과 이별하는 시다. 초봄을 기다리는 겨울에 이별이다. 홀로 먼저 봄소식을 알리는 찬 매화 가지를 꺾어 정표로 드린다. 추운 겨울에도 꿋꿋하게 피어 가장 먼저 봄을 알리는 매화가 그대인 듯. 동무와 헤어지려니 돌 누각에 달빛도 공연히 찬 것 같고 갈 길도 산중 첩첩이라 발길 옮기기도 더디다. 기러기는 남으로 보금자리를 찾으러 날아가고 그대는 초야에 묻히기 위해 동쪽인 영남지방으로 말머리를 돌려 간다. 산으로 돌아가 숨으니 그대 같은 훌륭하고 이름 높은 선비들이 초야에 묻혀 지낸 수가 많을 수 밖에. 훌륭한 선비들이 활동하지 못하고 잠자니 그들의 노래가 그쳤네. 불러다 쓰는 이도 없으니 참으로 안타깝다.

2연은 경(景)이되 이별의 정(情)을 표현하고 있다. '돌 누각에 달빛이 교교한데 물결만 공연히 차다'의 '공(空)'에서 더욱 그렇다. 이별하기 싫나니 갈 길도 험하고 더 더딘 것 같다. 또한 1연의 찬 매화도 이별하는 벗의 절개와 쓸쓸한 이별의 정을 대신한다. 2연과 3연의 대구가 빛난다. 3연 5구 하늘의 기러기와 6구 땅의 말이 남으로 동으로 가는 모양이 그림처럼 잘 그려져 있다. 통상 이별의 장소는 '남포(南浦)'요 정표로 주는 것은 '버들'이라. 버들은 새 잎 나면 나를 기억하라는 뜻. 하여 당나라의 시인 저사종(儲嗣宗)은 '남포의 버들은 가지가 없다'[南浦柳無枝]고 했다. 여기서는 오래된 역(驛)과 한매(寒梅)가 대신하고 있다. 겨울을 이기고 봄소식을 전하는 '한매(寒梅)'는 지조가 굳은 은자의 절개를 상징한다. 숲으로 돌아가는 지조가 높은 고사(高士)에게 줄 만하다.

8. 김수재에게 줌

눈 온 뒤 찬바람 대가지 흔들고
아침 오니 나룻배 강 위로 미끄러진다.

시는 남에서 더욱 노닐고
북학이 일어나니 덕업 막 새롭다

이부의 절임 부추 능이 맛이 쓰고
한의사의 침은 오롯 치료한다.

또한 다른 갈림길 생기기 않게 하나니
큰 도는 나로 인해 멀리 떨어지지 않는다.

贈金秀才　　　(증김수재)

雪後寒風動竹枝 (설후한풍동죽지)
朝來江上小舟移 (조래강상소주이)
詩篇尤壯南遊日 (시편우장남유일)
德業方新北學時 (덕업방신북학시)
吏部薤鹽能喫苦 (이부해염능끽고)
謫仙針鐵在專治 (적선침철재전치)
伊令且莫他岐生 (이령차막타기생)
大道由吾不遠離 (대도유오불원리)

【 주 】 * 시편(詩篇) : 시문. 여기서는 북학에 대비한 남학(南學)으로 중국 남북조시대 때 주로 남쪽에서 발달한 노장사상을 중심으로 문화와 예술을 중시한 학파로 시인과 문학자 속출 * 북학(北學) : 영.정조 이후에 청의 학술과 문물을 배워 실사구시(實事求是)의 고증과 상공업을 중시한 이용후생(利用厚生)으로 민생문제 해결에 주력한 실학(實學)중 하나 * 이부(吏部) : 조선시대는 이조(吏曹) * 적선(謫仙) : 유배당한 신선. 하지장(賀知章)이 이태백을 적선인(謫仙人)으로 부른 뒤 이태백의 별칭. 여기서는 신선 같은 신의(神醫)를 이름 * 해(醢) : 염교. 부추. 소금 절임이나 초절임 등을 해서 먹음

○ 압운(押韻)은 평성(平聲)인 지운(支韻)이다.

【 감상 】 김수재에 시를 주기 위해 지은 시로 보인다. 은자인 시인은 오로지 도(道)에서 멀리 떨어지지 않으니 이러한 심정을 그리고 있다. 1연만 경(景)이고 나머지 연은 정(情) 위주다. 주제 연은 4연이고 주제어는 '불원리(不遠離)'다. 도(道)란 길과 같으니 길로만 가야 한다. 사람은 언제나 그럴 수는 없는 법. 어쩌다 떨어지더라도 늘 챙겨 멀리 떨어지지 않고 다시 길로 가야 하니 곧 '불원리'다. 찬바람에 대가지가 살랑댄다. 강 위로 작은 배가 미끄러져 간다. 이 1연의 1구와 2구의 '대'와 '배'는 둘 다 움직이면서 묘한 느낌을 자아낸다.

시는 남쪽에서 성하여 노닐면서 정서를 일으키고 마음을 넉넉케 한다. 경은 북쪽에서 성하여 실사구시와 이용후생의 북학을 일으키니 민생이 풍부해진다. 문관의 인사와 공훈을 맡은 부서인 이부에서 담근 절임 부추는 짜게 구는 부서답게 맛이 짜고 쓰다. 신선 같은 신의(神醫)의 침은 오로지 병자를 치료하는데 쓴다. 이처럼 다 제각기 제 할 일을 제대로 하는데 힘쓰나니. 나는 큰 도에서 멀리 떨어지지 않고[不遠離], 도아래 머물고[道下止], 다른 길로 빠지지 않는다[莫他岐生]

9. 존제산에 올라

높고 높은 뫼 제왕 앉은 듯
사철 구름 껴 짙은 숲 흐려

산은 큰 자라 떠받친 높은 봉래산인 듯
물은 산에 접해 구만리 붕새 날아가는 듯

산 동쪽은 굳게 지켜 두루 뜻 빛나게 하고
산 남쪽은 놀며 배워 아이들 마음 기른다.

글 읽는 선비 춘추의 뜻 오래 품고
망미봉 머리에서 참마음 본받고자 하네.

登尊帝山　　　(등존제산)

維嶽嵩高帝座臨 (유악숭고제좌림)
四時雲氣細濃林 (사시운기세농림)
山因鰲載蓬萊屹 (산인오재봉래흘)
水接鵬圖溟海深 (수접붕도명해심)
東守固成周燮志 (동수고성주섭지)
南遊可學子長心 (남유가학자장심)
書生久抱春秋義 (서생구포춘추의)
望美峰頭願效忱 (망미봉두원효침)

【 주 】 * 존제산(尊帝山) : 높이 704m로 보성에서 2번째로 큰 산. 고려 충렬왕이 이름을 지었다하며 뛰어난 산세로 호남의 명산. 보성 삼경(三景)중 제1경. 남북 이데올로기가 빚어낸 비극의 현장, 소설 태백산맥의 중심무대로 알려진 산 * 오재봉래(鰲載蓬萊) : 멀리 보면 구름같이 보이는데 가까이 보면 바다 밑에 있는데 여기서는 큰 자라가 물속에서 떠받치고 있다고 봄 * 붕도명해(鵬圖溟海) : 붕은 붕새로 장자(莊子) 소요유편(逍遙遊篇)에서 날개가 몇 천리인 줄 모르고 한 번에 9만 리를 날아 6달을 날고 비로소 한번 쉬는 새. 여기서는 물이 먼 바다로 흘러감을 뜻함 * 춘추의(春秋義) : 춘추는 노(魯)나라 편년체 역사를 공자가 사실(史實)을 바탕으로 선악(善惡)을 논하고 대의명분(大義名分)을 밝힌 역사책. '정의를 바로 세우려는 뜻'

○ 압운(押韻)은 평성(平聲)인 침운(侵韻)이다.

【 감상 】 존제산은 담은정을 품에 안고 있는 산이다. 이름 그대로 제왕이 군림하는 듯 높고 늘 구름이 끼어 있다. 산은 물밑에서 큰 자라가 떠받쳐서 떠 있는 높은 봉래산 같다. 산에 흘러나오는 물은 붕새가 남으로 만 리를 날아가듯 흘러나가고 있다.

산 동쪽에서는 뜻을 굳게 지켜 빛이 난다. 산 남쪽에서는 아이들에게 가르쳐 마음을 기른다. 글 쓰는 나는 공자가 세상을 바로 잡으려 한 '춘추'와 같은 올바른 뜻을 오래 품고 아름다운 산봉우리를 바라보면서 그 참됨과 징심을 본받고자 한다.

봉래산은 신선이 사는 산. 신선과 같이 살고자하는 시인의 마음을 표현한다. 시인은 봉래산인 존제산 품에 산다. 이 산은 2번 시와 같이 신선을 기다리는 땅. 붕새는 이상향, 큰 포부를 뜻하고 여기서 붕도(鵬圖)는 "시인이 이루고 싶은 도의 세상"을 암시한다.

10. 양로당에 부쳐

군 서쪽에 있는 작은 양로당
백발 어르신들 모여 편히 쉰다.

상산에 은거하는 네 노인들 신선놀음을 하고
향산에서 자주 만나는 벗들 술을 마시며 논다

은덕 모른 겉치레는 풍속을 어지럽히는데
어질게 벗하니 글의 덕 모인다.

뒷사람들이 만약 이 일을 물으면
이 때를 기리며 편액 시제 가리키겠지.

寄養老堂　　　(기양로당)

養老小堂在郡西　(양로소당재군서)
龜年鶴髮共休棲　(구년학발공휴서)
四居商嶺仙棊對　(사거상령선기대)
九會香山朋酒携　(구회향산붕주휴)
友以輔仁文德聚　(우이보인문덕취)
禮無恩賜國風迷　(예무은사극풍미)
後人若問如今事　(후인약문여금사)
手指此星扁上題　(수지차성편상제)

【 주 】 * 구년학발(龜年鶴髮) : 거북이 나이와 학의 흰머리. 쭈글쭈글한 노인의 살갗과 학처럼 고고하면서도 하얀 머리털 표현 * 사거상령(四居商嶺) : 상산사호(商山四皓). 상산에 은거하는 네 노인들 * 구회향산(九會香山) : 중국 베이징의 향산(향산)은 많은 사람들이 즐겨 찾는다. 향산에서 자주 만나는 사람들. 향(香)은 술이 맛있고 향기롭다는 뜻을 은근히 풍김 * 우이보인(友以輔仁) : 어질게 벗을 사귐 * 은사(恩賜) : 은혜와 은덕을 주다 * 편상제(扁上題) : 편액에 올라있는 시

○ 압운(押韻)은 평성(平聲)인 제운(齊韻)이다.

【 감상 】 양로당이 보성군 서쪽에 있다. 백발의 나이 드신 어른들이 모두 모여 편히 쉰다. 은거하는 노인들이 만나서 바둑을 둔다. 산에서 자주 만나는 벗들이 술을 차고 와서 마시며 논다. 은덕과 은혜를 모르고 겉치레만 하면 풍속이 어지럽혀진다. 그러나 어질게 벗을 사귀니 벗들이 글을 보내 글들이 모인다. 이 글들을 양로당에 편액에 담았다. 이 일을 후세 사람들이 물으면 액자의 시제를 가리키며 기리겠지.

1연은 양로당의 전체적인 풍경을 담담히 그려진다. 이윽고 전개되는 2연에서는 자세하게 바둑 두고 술 마시는 모습이 대조적으로 그려진다. 3연에서는 벗들이 어질게 사귀면서 글을 주고받아 편액에 올린다. 편액을 올리면서 후세를 생각하는 연이 4연으로서 주제 연이다.

이 편액을 보는 후세 사람들이 편액에 쓰인 표제와 글들을 가리키면서 '참 이 때에 일들이 훌륭하다'고 칭찬힐 깃이라고. 이질게 벗하고 온공을 알아야 한다.

어르신 은덕을 모르는 마음에 없는 예의는 겉치레일 뿐이다. 양로당에서 노인들을 공경하고 시를 주고받고 있다. 효와 풍류가 살아 있고 정이 있다. 모든 것들이 형식화되고 형해화(形骸化) 되어버린 지금에서 보면 시인의 말대로 정말 부럽다. 훌륭하다 할 만하다.

11. 뜻하지 않게 지음

고기와 새 느굿이 하늘 기운 즐기고
샛바람에 홀로 서니 만물이 빛나구나.

산은 뿌리 솟은 깃대 벌려 놓고
물은 거울인 양 반듯이 빙 돈다.

목마르지 않게 함은 다 같은 우물이요
삼정승과도 바꿀 수 없는 특별한 낚시터로다.

영화와 이끗은 내 따르는 일 아니니
정말로 도의 맛이 이내 몸 살찌우고나

偶題　　　　(우제)

悠然魚鳥樂天機 (유연어조락천기)
獨立東風覽物輝 (독립동풍람물휘)
山列旗竿根聳出 (산렬기간근용출)
水迴鏡面勢平圍 (수회경면세평위)
無飢八口皆同井 (무기팔구개동정)
不換三公特釣磯 (불환삼공특조기)
榮利非吾隨分事 (영리비오수분사)
頂令道味此身肥 (정령도미차신비)

【 주 】 * 기간(旗竿) : 깃발 * 근용출(根聳出) : 뿌리가 솟아나옴 * 세평위(勢平圍) : 반듯하게 주위를 둘러 쌈 * 불환삼공특조기(不換三公特釣磯) : '삼공'은 삼정승(三政丞)을 말함. 고려가요 이규보의 어부가에는 '만사무심한 낚싯대 하나, 삼정승과도 못 바꿀 이 강산이라'[萬事無心一釣竿 三公不換此江山]라고 함

○ 압운(押韻)은 평성(平聲)인 미운(微韻)이다.

【 감상 】 물의 고기와 하늘의 새는 물에서 하늘에서 하늘의 기운대로 헤엄치고 날면서 느긋하게 즐기고 있다. 조용한 산골이라 아무도 없다. 혼자 봄바람을 맞으며 보고 있으니 봄빛에 만물이 빛난다. 산자락 밑에는 뿌리가 드러난 나무뿌리가 깃대인 양 벌려져 있다. 물은 거울인양 산 주위를 빙 돌며 반반하게 흐르고 있다. 자연은 이렇듯 말없이 제대로 돌아가고 있다. 제 역할을 하고 있다. 그리고 여덟 식구 목마르지 않는 것은 다 같은 한 우물이다. 이것은 삼정승의 특별한 낚시로도 바꿀 수 없다.

내일은 전혀 영리와 관계가 없는 일, 진정한 도의 맛이 이내 몸 살찌운다. 새와 고기도 천기를 즐기고 산의 나무뿌리는 솟고 물은 주위로 평평하게 도느니. 다 자연의 이치를 따른 것이라. 우물 하나로도 목마름을 없앤다. 사사로움이 없이 모두의 목을 축이나니. 누구도 이것을 바꾸려 하지 않는다.

이렇듯 나는 자연의 도에 따른다. 영리를 쫓지 않은 참 도를 지킨다. 바뀌지 않고 번지 않는다. 내 마음이 풍요롭다. 그 도의 맛이 살을 기름지게 하는 것 같다. 언제나 도와 함께하고 도를 즐기며 사는 시인의 모습을 엿볼 수 있다. 우연히 새와 고기를 바라봐도, 산을 보고 물을 보아도, 늘 시인은 도를 생각한다.

각박하고 경쟁이 치열한 이 시대. 정말 영리를 따르지 않고 도에 따라 사는 이가 그 몇이나 되는 지. 정녕 '도'로 살찌우는 사람이 그립다.

12. 벗을 모암으로 보내며 – 박규덕

아침 오니 비 내려 말굽 먼지 젖고
돌기둥 많은 산에서 벗을 보낸다.

서로 짝을 찾는 꾀꼬리 소리요
이미 마음을 준 모래톱 갈매기로세

호숫가 푸른 풀은 수심을 일으키고
고개 너머로 넘어간 구름 꿈길에도 자주 뵈네.

술잔을 물리치지 못해 마구 취해 오는데
그대는 꽃 지는 봄에 어디로 가는가?

送友人歸帽巖　　(송우인귀모암)

朝來雨浥馬蹄塵 (조래우읍마제진)
叢圭山中送一人 (총규산중송일인)
聲氣相求黃鳥界 (성기상구황조계)
心情已許白鷗濱 (심정이허백구빈)
湖邊靑草牽愁出 (호변청초견수출)
嶺外掃雲八夢頻 (영외소운팔몽빈)
莫辭離盃頂盡醉 (막사이배정진취)
君行況屬落花春 (군행황속낙화춘)

【 주 】 * 모암(帽巖) : 율어면 선암리에 있는 마을. 율어에서 제일 높은 산골 마을 * 우읍(雨浥) : 비 적셔 * 총규(叢圭) : 기둥 모양의 돌무더기 * 성기상구(聲氣相求) : 짝을 찾아 부르는 소리 * 백구(白鷗) : 갈매기 * 영외소운(嶺外掃雲) : 고개 너머로 넘어간 구름

○ 압운(押韻)은 평성(平聲)인 진운(眞韻)이다.

【 감상 】 이별의 시로 유명한 '왕유(王維)'의 '송원이사지안서(送元二使之安西)'의 다음 시와 느낌이 유사하다.

위성 아침 비 가벼운 먼지 적시고 객사의 푸른 버들 더욱 빛난다.

그대여 다시 한 잔 더 들게나 양관 나서면 권할 이 없으니

渭城朝雨浥輕塵　客舍靑靑柳色新

勸君更進一杯酒　西出陽關無故人

여기서는 객사가 아닌 돌무더기가 서 있는 산중에서 벗을 보내고 있다. 벗은 율어에서는 제일 높은 산마을 '모암'으로 떠난다. 헤어질 생각을 하니 호숫가 푸른 풀에도 수심이 인다. 재 너머로 그대가 떠나니 재 넘어간 구름도 꿈길에 자주 보인다.

꾀꼬리는 서로 짝을 찾느라 울어댄다. 이미 마음 준 갈매기는 모래톱에서 노닌다. 그런데 우리는 이제 서로 헤어져야 한다. 헤어지기 아쉬워 마시는 이별의 술잔. 사양치 못하고 마셔대니 마구 취해 오는데.... 그대여 꽃 지는 이 봄에 어디로 가는가? 이별하는 벗은 정말 절친한 사이인 것 같다. 짝을 부르는 꾀꼬리와 같이 그립다. 서로 마음을 준 모래톱 갈매기와 같다. 꿈길에도 자주 보인다. 아 이제 그대가 떠나니. 봄마저 가는가? 꽃마저 진다. '낙화춘(落花春)'은 이 시의 주제어이다.

1연은 이별의 장소다. 나머지 3연은 정(情)을 듬뿍 머금은 경(景)이 펼쳐지는데 각 연의 색상이 흥미롭다. 2연은 황색과 흰색, 3연은 청색과 흰색이 대비를 이루고 4연은 모두 붉은 색이다.

13. 광주 충원에 부쳐 - 난국계

서석대는 높고 높아 하늘이 쪼아 세우고
빛고을 인물은 땅이 모여 키운다.

뭇 어진 이 시 지으니 푸른 산 무겁고
선비의 남긴 충정 밝게 드러나네.

붉은 꽃 비치는 물 글에 올라 빛나고
수레 멈추는 낙엽 다투어 시 읊는다.

신선 사는 곳 멀리 보니 구름숲 가로 막고
찾아가 받들지 못하니 아득한 내 정이로다

寄光州忠院　　(기광주충원)　　- 蘭菊稧 (난국계)

瑞石嵩高天琢成 (서석숭고천탁성)
雄州人物地種生 (웅주인물지종생)
群賢修稧青山重 (군현수계청산중)
絶士遺忠白日明 (절사유충백일명)
暎水朱華登筆彩 (영수주화등필채)
停車紅葉入詩聲 (정거홍엽입시성)
仙區遙望雲林阻 (선구요망운림조)
訪載無便悠我情 (방재무편유아정)

【 주 】 * 난국계(蘭菊禊) : 시사(詩社), 시동인회 명칭 * 서석(瑞石) : 무등산에 있는 수정병풍 돌기둥 서석대(瑞石臺) 또는 무등산의 별칭 * 수계(修禊) : 시를 지음 * 웅주(雄州) : 영웅이 많은 고을, 곧 광주 * 영수주화(暎水朱華) : 물에 비치는 붉은 꽃 * 정거홍엽(停車紅葉) : 너무 아름다워 수레를 멈추게 하는 고운 단풍 * 조(阻) : 멀리 가로막다.
○ 압운(押韻)은 평성(平聲)인 경운(庚韻)이다.

【 감상 】 광주 시사에 대해 읊은 시다. 광주에서 무등산은 광주 어머니 산, 진산(鎭山)이다. 무등산 산정 부근 수정병풍 서석대(瑞石臺)의 돌기둥은 그야말로 하늘이 쫀 듯 아름답다. 빛고을 광주(光州)는 땅의 덕을 받아서인가 뛰어난 충신(忠臣), 절사(節士)가 많다. 충장공 김덕령, 금남공 정충신, 경렬공 정지, 구성 전상의 등 나라를 지킨 유명한 장수들이 많다.
정자문화도 발달하였다. 면앙정,명옥헌,송강정,식영정,환벽당,취가정,독수정 등 정자에서 송강 정철, 면앙정 송순, 서하당 김성원, 제봉 고경명, 석천 임억령 등 시인 문장가들이 다투어 시를 읊었다.
광주 부근 창녕 조 씨 유적으로는 정철, 송순, 고경명, 기대승 등과 교유한 조여심을 기리기 위해 지은 소산정과 만옹정이 있다. 또 이웃마을인 조 씨 집성촌 잣정 마을에는 죽림(竹林) 조수문(曺秀文 : 1420-?)이 창건한 조 씨 가문의 사숙(私塾) 죽림재(竹林齋)가 있다. 조수문은 점필재 김종직으로부터 "호남진유(湖南眞儒)"라 칭송받았다. 호남유림 배출의 산실이 이 죽림재는 6대손 삼청당 조부(三淸堂 曺溥)가 1623년 중간하였고 1948년 복원되었다. 한마을 가문 선대 명인들의 역사를 500년을 넘도록 이렇게 잘 보존하고 선조를 공경하고 학문을 논하는 가문의 사숙(私塾)으로 이어온 예도 드물다 하겠다.
이러한 광주에서 시사로 난국계가 열리는 데 찾아가 함께하지 못함이 안타깝다.

14. 환갑잔치 - 조병돈

꿋꿋한 나무 봄이 오니 옛 정이 나고
아들 손자들 가지 잎처럼 푸르구나.

거북과 연같이 깨끗하고 오래 살기 바라니
집오리 떠도는 집안은 즐겁기만 하여라.

활과 화살 문에 달고 기리는 날에
피리 불고 마루에 앉아 권주가를 부르니

꽃피는 집, 술은 반쯤 남았는데 바람은 발을 걷고
떠들썩하게 축하하고 떠나보내고 맞이한다.

晬宴　　　　(수연)　　　　- 曺秉敦　　(조병돈)

鐵樹春回感舊情 (철수춘회감구정)
孫枝子葉綠陰成 (손지자엽녹음성)
龜蓮歲上祈延益 (귀련세상기연익)
鳧藻家中樂太平 (부조가중락태평)
弧矢懸門追慕日 (호시현문추모일)
塤篪共榻唱酬聲 (훈지공탑창수성)
華堂酒半風簾捲 (화당주반풍렴권)
賀鷰語鸚支送迎 (하연어앵지송영)

【 주 】 * 조병돈(曺秉敦) : 호는 회천(晦泉), 담은정시집에는 17번째로 그의 담은정화답시가 있음 * 손지자엽(孫枝子葉) : 자손들을 나뭇가지와 잎으로 비유 * 구련세상(龜蓮歲上) : 거북과 연꽃같이 깨끗하고 오래 사는 나이. 거북은 장생(長生)을 연꽃은 청정(淸淨)을 은유 * 부조(鳧藻) : 오리와 말 * 훈지(壎篪) : 질나발과 젓대 피리 * 화당(華堂) : 꽃피는 집. 꽃처럼 화사한 집 * 하연어앵(賀鷰語鸚) : 제비처럼 재잘거리며 축하하고 앵무새처럼 반복하여 화답하여 말함

○ 압운(押韻)은 평성(平聲)인 경운(庚韻)이다.

【 감상 】 철과 같이 단단하고 꿋꿋하게 살아와서 회갑을 맞으니 옛 정이 새롭게 느껴진다. 자손들은 나뭇가지와 잎처럼 무성하게 자라 녹음을 이루고 있다. 연꽃처럼 더러운 세상에 물들지 않고[處染常淨] 거북처럼 오래 살기를 바란다. 집오리와 말들이 떠도는 집안에 즐겁고 태평하기만 하다. 활과 화살 문에 걸어놓고 기리는 날. 마루에 같이 앉아 질나발과 젓대 불고 권주가를 부른다. 꽃피는 봄날 화사한 집에 술은 아직도 반쯤이나 남았다. 바람은 발을 말아 올린다. 떠들썩하게 놀다가 제비처럼 재잘거리며 축하한다. 앵무새처럼 똑같이 화답하고 손님들을 떠나보내고 맞이한다.

환갑 잔치를 읊은 시다. 회갑을 맞는 벗과 자손들은 그 모습이 나무의 가지 잎으로 표현되었다. 시인의 시선은 마당, 문, 마루, 반쯤 남은 술, 발과 바람 등으로 옮긴다. 멀리서 점점 잔치의 핵심으로 이동한다. 압권은 7연이다. 꽃피는 집 화사한 집 회갑잔치에 성대한 잔치. 술이 절반이니 남았고 잔치에 초대받지 않는 바람도 잔치에 끼고 싶은가. 발을 말아 올리면서 엿보며 끼어 달라 한다. 벌써 먼저 가는 손님도 있지만 이제 오는 손님도 있다. 손님마다 "축하한다."고 한마디씩 하면 똑같은 말로 "고맙다"고 인사한다. '하연어앵(賀鷰語鸚 : 제비처럼 재잘거리고 앵무새처럼 반복하는 것)' 용어는 적확(的確)하다. '첨삭일구(添削一句)'도 허용되지 않는다.

15. 덕산정사 - 이락천

가뭄 흉년 어지러운 세상에 띳집을 짓고
이곳에 은거하며 밭갈이 대신 가르친다.

대학자 가르치는 집 피도 자라지 않게 하지만
산골물은 손 끝 차가워 세수할 때마다 즐거워라.

대밭 연기구름은 산 밖에 있고
이슬비에 뽕과 삼은 맑기만 하여라.

시천은 크게 흐르나니 마르지 않고
각자 마셔대도 충분히 다 마시겠네

德山精舍　　(덕산정사)　　李樂川 (이락천)

地破天荒茅棟成 (지파천황모동성)
隱斯敎授代其耕 (은사교수대기경)
澗阿永尖槃中樂 (간아영첨반중락)
庠舍難容稷下生 (상사난용직하생)
竹樹烟雲山外在 (죽수연운산외재)
桑麻雨露眼前晴 (상마우로안전청)
詩川不竭源流大 (시천불갈원류대)
羣飮充量各一名 (군음충량각일명)

【 주 】* 덕산정사(德山精舍) : 복내면 동교리 축치 마을에 1930년 낙천(樂川) 이교천(李敎川)이 학문연구와 제자들 강학을 위해 건립 * 이락천(李樂川) : 한학자 성주(星州) 이 씨로 간재(艮齋) 전우(田愚) 문하에서 수학하고 지은이 스승인 월파(月坡) 정시림(鄭時林)과 교유. * 지파천황(地破天荒) : 땅이 갈라지고 하늘이 거침 곧 가뭄 흉년, 어지러운 세상 * 간아영첨(澗阿永尖) : 산비탈 석간수가 너무 차가워 손끝이 길게 아림 * 상사(庠舍) : 학교. 은(殷)나라 주(周)나라 때 향학(鄕學) * 상마(桑麻) : 뽕나무와 삼 * 시천(詩川) : 냇가 이름. 현 보성군 복내면 시천리. 처음 지명은 시래(詩來)였으나 학문이 성해 인재가 많이 배출되어 예의에 밝아 시례(詩禮)로 부름. 번창하여 살치[矢峙], 외시(外詩), 내시(內詩), 다락(多樂)으로 나뉨. 현재는 '다락'을 제외한 3마을은 주암댐 건설로 이주하고 수몰

○ 압운(押韻)은 평성(平聲)인 경운(庚韻)이다.

【 감상 】덕산정사에서 한학 등 학문을 가르치는 한학자 이락천의 강직함과 풍부한 학문 등이 그려져 있다. 1연은 도입부인데 가뭄 흉년에 경작대신 가르친다고 나온다.

2연은 교수의 칼날 같은 가르침이 학교 주변의 경치에 스며있다. 경중정(景中情)이 잘 배어있다. 학교 아래에는 피가 자라는 것을 용납하지 않는다. 농사지을 땐 벼가 아닌 피는 다 뽑아 버리나니 가르침에도 어떠한 잘못도 용서하지 않는다. 언덕 비탈길 석간수는 차가워 손끝이 오랫동안 아리고 세수하면 정신이 버쩍 든다. 신생님의 추상같은 가르침과 같다.

2연과 3연은 7언 율시(律詩)답게 완전한 대구를 이루고 있다. 특히 3연은 물 흐르듯 자연스럽게 내용까지 대구를 이루고 있다. 5구의 산밖에 연기구름에 가려진 대밭은 뿌옇고 6구의 뽕과 삼은 비에 씻겨 깨끗하다. 5구는 교수의 가르침을 받지 못하는 것을 상징하니 밝지 못하고 6구는 교수의 가르침을 받으니 맑고 밝다.

16. 강론 자리에서 부름

해바라기 정사는 티끌 없이 밝고
글 배우는 아이는 옛 길 따른다.

난정에 모일 때보다 봄 외려 이르고
녹동에 남긴 규범 예 또한 이룬다.

자연 사랑을 정말 고치지 못하고
비바람 가득 찬 성에서 홀로 거문고 탄다.

덕산은 높이 솟아 푸르고 시천은 흰데
읊조리며 목욕하고 나니 절로 즐거움 솟네.

講筵口呼　　(강연구호)

精舍無塵向日明　(정사무진향일명)
講論才子履先程　(강론재자리선정)
蘭亭會事春猶早　(난정회사춘유조)
鹿洞遺規禮且成　(녹동유규예차성)
銷地烟霞眞痼癖　(소지연하진고벽)
滿城風雨獨絃聲　(만성풍우독현성)
德山聳翠詩川白　(덕산용취시천백)
詠浴歸來樂意生　(영욕귀래락의생)

【 주 】 * 정사(精舍) : 이락천(李樂川)의 덕산정사 * 난정회사(蘭亭會事) : 난정에 모인 일. 353년 3월 3일 중국 절강성 소흥시 회계산(會稽山)에서 사안(謝安), 지둔(支遁) 등 41인이 난정에서 모임. 제를 지내고 시를 짓고 문집을 만들고 왕희지가 서를 지음. 당시 허무주의를 비판하고 현실에 대한 낙관적인 자세 중시 * 녹동유규(鹿洞遺規) : 녹동에 남긴 규범은 영암군 덕진면 영보리 합경당에 보관되어 있는 녹동서원의 목판과 고문서류. 조선 후기의 서원과 사회상과 인물 등을 알 수 있는 자료 * 소지연하진고벽(銷地烟霞眞痼癖) : 소지(銷地)는 연기나 안개가 땅에 깔려 사라지는 모양. 연하(烟霞)는 안개와 이내 즉 한가로운 자연 풍경. '연하고질(烟霞痼疾)'은 자연을 깊이 사랑하는 버릇을 고질병처럼 고치지 못함

○ 압운(押韻)은 평성(平聲)인 경운(庚韻)이다.

【 감상 】 덕산정사는 해를 향해 티끌 없이 서 있고 강론하는 어진 자들이 옛 길을 따른다. 강론하는 자리에 참석하니 중국 난정에서 문인들이 모인 봄보다 시기는 이르다. 녹동에서 글을 남겼듯 여기서도 다시 남기게 됐다. 덕산정사의 이락천은 한말 어지러운 시대에 간재 전우(艮齋 田愚 : 1841 ~ 1922)의 문하다. 하지만 현실 참여보다는 외롭게 도를 지키는 길 [去之守義]을 택했다. 은거하여 자연을 사랑하며[3연] 푸르게 높게 서 있는 덕산처럼 우뚝 서서 혼자 의롭게 살았다. 시천이 하얗게 흘러내리듯[4연] 학문을 가르치면서.

노사 기정진(蘆沙 奇正鎭 : 1798-1879)의 제자 보성출신 일파 정시림(月坡 鄭時林 : 1839-1912)과도 교유하였다. 그는 시래(詩來)마을 지명처럼 '시를 가지고 와서 시천이 희게 흐르듯 흐르는 물처럼 가르쳤으니' 그 이름 그대로 "교천(敎川)"이다. 시로 목욕하여 읊고 나니 즐거움이 샘솟으니 [樂意生] 그의 호 "낙천(樂川)"이 실현됐다. 시인은 4연에서 이를 재미있게 잘 드러내고 있다.

17. 정월 대보름 임태영에 답함.

화롯가 재를 불어 한기를 몰아내고
친구 집에 여럿이 모여 엄숙히 관을 쓰고 있다.

맛있는 죽 소반에 올려 집 제사를 지내고
발을 걷고 보니 나무엔 은꽃 가득

봄의 따스함이 비로소 강산 속에 스미는데
밤 달빛은 시와 술 사이 비껴 비치며 끼어든다.

고인의 귀중한 뜻 회상하면서
다만 몇 마디 말로 평안함을 아뢴다.

上元日答任泰榮 (상원일답임태영)

管灰吹煖送餘寒 (관회취난송여한)
會此朋党濟濟冠 (회차붕당제제관)
膏粥登盤當戶祭 (고죽등반당호제)
銀花滿樹捲簾看 (은화만수권렴간)
春陽始布江山裡 (춘양시포강산리)
夜月偏明詩酒間 (야월편명시주간)
感憶故人珍重意 (감억고인진중의)
但將數語報平安 (단장수어보평안)

【 주 】 * 상원일(上元日) : 정월 대보름 * 임태영(任泰榮) : 호는 설심당(雪深堂). 담은정시집에 9번째로 그의 화답시가 있다. * 붕당(朋堂): 친구 집 * 제제관(濟濟冠) : 관을 쓰고 여럿이 엄숙하게 모여있는 모양 * 호제(戶祭) : 집안 제사 * 은화(銀花) : 은꽃. 눈꽃[雪花]. 나뭇가지에 꽃처럼 쌓인 눈

○ 압운(押韻)은 평성(平聲)인 한운(寒韻)이다.

【 감상 】 정월 대보름에 임태영의 제사에 참여한 것 같다. 1연은 제사가 시작되기 전 준비하는 풍경이다. 정월 대보름 한겨울이라 난로를 불어 더 열기를 낸다. 제사를 지내기 위해 의관을 갖추고 모여 있다.

2연은 이제 제사가 시작된다. 기름지고 맛있는 죽을 소반에 올려 제사를 지낸다. 발을 걷고 보니 나무에는 눈이 가득 내려 눈꽃이 피어있다.

3연에서는 제사는 끝나고 난 풍경이 나온다. 봄의 따스한 기운이 비로소 강산 속에 퍼지지 시작한다. 음복(飮福)을 하고 시를 읊는다. 달빛도 한 축 끼고 싶은가. 발 사이로 달빛이 들어와 시와 술 사이로 한쪽 편으로 비스듬하게 비치며 끼어든다.

3연의 표현이 아름답고 특히 5구는 '음풍농월(吟風弄月)'의 표현으로 매우 뛰어나다. 달은 초청하지 않았거니 대놓고 끼어들 수는 없다. '은근슬쩍' 대발 사이로 비스듬히 비치며 끼어든다. 4구에서 '은화(銀花)'를 '발 사이로 내다보는데'[簾看] 5구에서는 '달빛이 스스로 시와 술사이로 비스듬히 비친다.'[편명(偏明)~간(間)]

율시(律詩)의 묘(妙)로 일컬어지는 대구(對句)를 살펴보자. 2연에서 고죽(膏粥)과 은화(銀花), 등(登)과 만(滿), 반(盤)과 수(樹), 당(當)과 권(捲), 호(戶)와 렴(簾), 제(祭)와 간(看)이 대구를 이루고 있다. 내용적으로도 집안의 풍경과 집밖의 풍경으로 대를 이룬다. 3연도 대구를 이뤄 봄이 강산에 스며들기 시작하고 달은 집안으로 비친다.

18. 천석정에 대해 지음 - 임태정

작은 샘은 돌 틈으로 솟고
이름난 꽃 얻어 마음대로 심었다.

꿈 깨어난 창에 희미한 달 비치는가?
취해 읊으니 쌀쌀해 이른 가을 올까 두렵다.

땅거미 내리니 새는 나무에서 울고
봄비는 천석의 물이끼를 새로 더 적신다.

요즘은 숨은 지조있는 선비 부르는 것 들을 수 없고
기이한 재주 품은 그대 때 못 만나니 한이로다.

題泉石亭　　　(제천석정)　　　　任泰禎 (임태정)

小泉瀉出石門開 (소천사출석문개)
又得名花任意栽 (우득명화임의재)
夢覺窓疑微月在 (몽각창의미월재)
醉吟衣㤼早秋來 (취음의겁조추래)
夕陰始降禽鳴樹 (석음시강금명수)
春雨新沾魚上苔 (춘우신첨어상태)
今世稀聞招隱操 (금세희문초은조)
恨君不遇抱奇才 (한군불우포기재)

【 주 】 * 천석정(泉石亭) : 임진왜란 때 의병장 삼도 임계영의 후손 임두현이 1908년경 지은 보성군 조성면 귀산리에 있는 정자. 1938년 임태정이 중수하여 귀산정(歸山亭)으로 개칭. 정원과 60여 평의 연못이 있음 * 의겁(衣怯) : 두려움에 싸임. 겁이 남 * 석음(夕陰) : 해진 후 어두워지는 저녁그늘. 땅거미 * 신첨(新沾) : 새로 물기를 더함 * 어상태(魚上苔) : 물고기 노는 샘가의 물이끼. 천석(泉石)의 이끼 * 희문(稀聞) : 듣지 못함 * 초은조(招隱操) : 지조 있는 숨은 선비를 부름
○ 압운(押韻)은 평성(平聲)인 회운(灰韻)이다.

【 감상 】 임태정의 천석정에 대한 시에 대해 압운자를 그대로 맞춘 화답시 같다. 1연은 천석정의 풍경이다. 천석(泉石) 이름 그대로 돌 틈에서 샘물이 솟는다. 이 자연에 또 이름난 꽃을 구해 마음대로 심는다. 자연스럽게 그렇게 천석과 어울리게 심으니 샘물과 꽃이 한데 아우러진다.
꿈에서 깨어나니 창가가 어스름하게 비치는 게 희미한 달이 있는가. 취해서 시를 읊으니 쌀쌀한 게 먼저 가을이 와 버린 것 같다. 어둡고 불투명한 세상 외롭고 쓸쓸함이 느껴진다.
어두워지니 숲속에 새가 운다. 시절이 어두우니 민생들이 살기 어려워 눈물이다. 천석도 잦은 봄비에 축축이 젖어 이끼가 끼어 있다. 또 봄비가 내려 더 적시니. 그렇지 않아도 살기 어려운 세상 더 힘든 일들이 생기듯. 마음대로 심은 이름난 꽃은 누가 알아주는가? 지금은 숨어서 지조 지키는 선비를 불러 쓰지도 않는 세상인 데. 때를 만나지 못한 그대. 기막힌 재주를 가지고도 써 먹지 못해 한만 쌓이노니.
2연에서 몽(夢)은 꽃을 심고 기다리는 꿈인가? 깨어나 창을 봐도 그저 희미할 뿐. 가을이라도 올 듯 쌀쌀하기만 하고. 어두워지니 새는 울고 비는 추적추적 더 내린다. 어지럽고 어두운 세상 인재를 쓰지 않나니. 그대는 '뛰어난 재주 안고[抱奇才]' 한(恨)만 맺힌다.

19. 동강의 낚시터 - 염병섭

낚싯대에 실비 내려 바람결에 흩날리니
동대에 머무는 즐거움 성기지 않게 일어난다.

새벽에 초죽으로 불을 지펴 바위 기대어 자고
봄을 수놓은 복숭아꽃은 온 마을 뒤덮었다

달 밝은 모래톱엔 새 벗 삼아 날아들고
산 그림자 거꾸러지는 낚시터에 앉아 고기를 기다린다.

푸른 오동구릉 아래엔 긴 강이 흐르고
나무꾼에게 마땅히 이 현판 글 전하리.

東江釣臺　　(동강조대)　　　　　廉秉燮 (염병섭)

寓樂東臺興不疎 (우락동대흥불소)
一竿雨細又風餘 (일간우세우풍여)
曉燃楚竹依巖宿 (효연초죽의암숙)
春網桃花占里居 (춘망도화점리거)
沙上明月來伴鳥 (사상명월래반조)
磯頭山到坐觀魚 (기두산도좌관어)
桐岑不老長江在 (동잠불노장강재)
樵客應傳此額書 (초객응전차액서)

【 주 】 * 동강조대(東江釣臺) : 염병섭(廉秉燮)이 지은 정자 * 염병섭 (廉秉燮: 1882.12.15 - 1950.2.12) : 파주염씨 충경공 21세손. 호는 동강(東江). 자는 낙현(洛現). 보성 봉덕방(鳳德坊) 오산리 출생. 효성이 지극하고 재주가 뛰어났으나 출세하지 않고 후학을 가르침. 동강(桐江)변에 '동강조대'를 짓고 소요. '동강유고(東江遺稿)가 있음 * 초죽(楚竹) : 조릿대

○ 압운(押韻)은 평성(平聲)인 어운(魚韻)이다.

【 감상 】 염병섭의 동강조대(東江釣臺) 원운(原韻)을 보자

동강에 낚싯대 드리우고 여러 생각 잠겼소	一釣東江萬念疏
오랜 세월 속에 슬픈 아쉬움 가시지 않네	百年邱壟愴望餘
매화 국화 피고 지고 세월은 가고	春梅秋菊天然歷
바위벽 구름 메고 전원에 사나니	岩壁雲擔籍外居
솔그늘 바둑판 걷고 꾸벅 조는 나그네	碁罷松陰眠瘦鶴
갈대 달빛에 배 돌며 고기와 놀고	船回荻月獻遊魚
나그네 세상흥망 물을진댄	客來時問興亡事
춘추의 글귀로 말하리	說興麟經一部書

3구는 당송팔대가(唐宋八大家)의 한사람인 유종원(柳宗元)[773 ~ 819]의 다음과 같은 "어옹(漁翁)" 1연을 재탄생시킨 것 같다.

| 늙은 어부 밤엔 서쪽 바위 밑에서 자고 | 漁翁夜傍西巖宿 |
| 새벽에 맑은 물 긷고 대섶을 때어 밥 지었네 | 曉汲清湘燃楚竹 |

동강에서 자연과 밋 심는 즐거움을 표현하고 있다. 낚싯대에 실비기 바람에 흩날리니 그 즐거움 적지 않다. 봄이라 복숭아꽃 온 마을 다 피었거니 밤낚시를 즐기나니. 새벽에 불을 지피고 바위에 기대어 잤다. 모래톱엔 달 밝아 새 날아든다. 고기 물기를 기다리는 자갈밭머리에 산 그림자가 거꾸로 비친다. 오동구릉은 늙지 않고 힘차게 뻗었으니 긴 강이 흐른다. 이 현판의 시 마땅히 나무꾼에게 전한다.

20. 되는대로 지음

붉은 샘 푸른 벽 좋은 이웃 되니
백발의 이내 몸 비스듬히 눕는다.

문 활짝 열어놔도 손님 아니 오고
상머리 그림은 세상과 친하지 않네.

마음 굳센 송백은 풍상 잔뜩 머금고
눈앞의 뽕과 삼은 비이슬에 새롭다

해아래 쑥은 구름 그림자에 잘리고
글선비 늙음 뿌리치고 유건을 쓴다.

漫題　　　　(만제)

紅泉翠壁好爲隣 (홍천취벽호위린)
頹臥其間白髮身 (퇴와기간백발신)
門外羅張賓不到 (문외라장빈부도)
床頭金畵世無親 (상두금화세무친)
心堅松栢風霜飽 (심견송백풍상포)
眼接桑麻雨露新 (안접상마우로신)
日下蓬萊雲影斷 (일하봉래운영단)
書生抵老載儒巾 (서생저로재유건)

【 주 】 * 봉래(蓬萊) : 쑥. 신선이 산다는 봉래산. 여기서는 외형적으로는 쑥이고 의미는 '늙지 않는 신선' * 운영단(雲影斷) : 구름 그림자가 자름. 근심 걱정이 수명을 단축함 * 재유건(載儒巾) : 선비들이 쓰는 유건을 머리에 얹음. 선비의 정신을 곧추 세움
○ 압운(押韻)은 평성(平聲)인 진운(眞韻)이다.

【 감상 】 되는대로 붓 가는대로 지었다는 시다. 주제어는 물론 주제연인 마지막의 마지막 구 '재유건(載儒巾)'이라 할 수 있을 것 같다. 황토색 샘 바닥으로 붉은 빛을 띠는 샘. 푸르른 이끼로 푸르른 암벽이 서로 비추며 좋은 짝을 이룬다. 나도 그들과 함께 하고파 가만히 비스듬하게 몸을 기대어 본다. 내 몸이 산수의 일부가 된 듯이. 혼자 자연 속에 파묻혀 있자니 대문을 활짝 열어놔도 아무도 찾는 이 없다. 아무리 좋은 그림도 세상 사람들이 보지 않는다. 소나무 잣나무는 바람과 서리에 견디어 푸르다. 눈앞의 뽕잎과 삼잎은 비와 이슬에 씻겨 깨끗한 새 모습이다. 해아래 쑥은 구름 그림자가 지나가며 자르고 있다. 글선비는 늙음을 뿌리고 활기차게 유건을 쓰고 정신과 마음을 가다듬는다.
시 전체가 대구가 된 느낌이다. 2, 3연의 대구 이외에도 1연은 내용상 긴밀한 관련이 있다. 4연 조차도 내용상 대구를 이루고 있다. 2, 3연은 분명 경(景)을 노래란다. 2연은 '세상에서 알아주지 않는 은둔'을, 3연은 '은자의 지조와 깨끗한 마음' 을 노래한다. 7구의 '쑥'은 신선이 산다는 봉래산의 '봉래'로 표현하여 '영원히 늙지 않고 살고자 히는 소망'[8구의 '저로(抵老)'에 해당]을 담았다. 이를 자르는 '구름 그림자'는 '근심 걱정과 세월'을 은유한다. 쑥밭에 구름 그림자가 비치고 비치지 않는 모습을 '쑥[불로(不老)의 상징]이 잘린다.'고 표현하여 독특함을 준다. 다음 구절의 '늙음을 뿌리치고[抵老]'와 잘 맞아 떨어지고 있다. 서생은 선비정신을 곧추세우고 신선의 도를 닦는 시인은 "늙음을 뿌리치는 독특한 유건"을 쓴다.

21. 속마음을 이야기함

온갖 서리 속 한 잎 또한 기이한 인연
말년 어려운 운이 스스로 한이로다.

일을 꾀하려 해도 받아줄 바탕 없고
맘 깊이 호소해도 하늘의 뜻이로다.

오랜 뜻 못 이루고 벼슬 없는 한숨 뿐
오직 단전 지키기 오로지 다그칠 뿐

묘한 이치 따라서 항상 다시 돌리면
앞으로 큰 열매가 봄기운을 전하리.

述懷   (술회)

自恨生逢運末年 (자한생봉운말년)
萬霜一葉亦奇緣 (만상일엽역기연)
雖謨身事容無地 (수모신사용무지)
欲訴心情信有天 (욕소심정신유천)
久屈可嘆衣白布 (구굴가탄의백포)
固窮只有守丹田 (고궁지유수단전)
從知妙理常循復 (종지묘리상순부)
碩果將來春色傳 (석과장래춘색전)

【 주 】 * 용무지(容無地) : 받아줄 바탕이 없음   * 욕소심정(欲訴心情) : 마음 속 깊이 뜻을 호소하고자 함   * 신유천(信有天) : 진실로 믿을 수 있는 건 하늘뿐임. 하늘의 소관. 하늘의 뜻   * 구굴(久屈) : 오랫동안 뜻을 이루지 못함   * 가탄(可嘆) : 가히 탄식. 한숨 뿐   * 백포(白布) : 벼슬 없는 선비. 백의(白衣). 포의(布衣)   * 종지묘리(從知妙理) : 묘한 (기의) 이치를 알고 따름   * 상순부(常循復) : 늘 (기를) 다시 돌리면

○ 압운(押韻)은 평성(平聲)인 선운(先韻)이다.

【 감상 】 시인이 유자(儒者)이면서 다른 도를 닦고 있다. 이 시를 보고 그것이 선도(仙道)요 단전호흡(丹田呼吸)이라는 것을 확실히 알고 매우 흥분하였다. 그 도의 맛을 어느 정도 알고 힘쓰고 있는 엮은이의 그 성향과 가문(家門)이 무관하지 않음을.

선대는 잘 알 수 없으나 증조부님[담은공]이 수도를 하셨음은 이 시와 42수 5구 "음양호흡으로 원기를 키운다."[陰陽呼吸元氣大], 84수의 6구 "오래 단전 지키고 바름 떠나지 않네."[久守丹田正不移] 등으로 분명하다. 43수에서는 '감람골에서 살 때부터 수도를 시작했다.'[迨我始修曾往事]고 한다. 또 36수에서는 '석호산에서 도를 닦기 시작했다'[始聞此地修吾道]한다. 수련의 결과를 엿볼 수 있는 대목으로 25수의 4연 등이 있다.

이 시는 '만상일엽(萬霜一葉)'을 제외하고는 다 정(情)이다. 그 유일한 경(景)도 온갖 어려움을 이긴 자신을 가리키고 있다. 일제 때 암흑시대라 출사할 수도 없다. 재주는 있으나 쓸 기회는 없고 벼슬도 못헤 한숨이다. 가정마저 가난해지고 어진 자식은 없다. 하소연하나 다 하늘의 뜻이라 인력으로 어찌할 수 없다. 오직 굳건히 지키고 할 수 있는 건 단전 지키기이니. 이치를 알고 이를 따라 기를 늘 다시 순환시키면 앞으로 큰 성과 있어 봄빛을 전하리. '봄빛을 전하리'[春色傳]가 주제어인데 그 바른 도가 '좋은 세상 만나면 내 도가 크리라'[59수 若遇世平吾道泰]

담은시집   73

22. 지은당에 대해 지음 - 정재순 호

봄 난초는 난곡에 향기를 남겼으니
한집안 뿌리와 잎 길이길이 새롭다

우리 선생 일찍이 푸른 버들 집 심고
군자의 연꽃 향기 먼지 묻지 않았다

석호산 깊은 땅에 나물 캐는 노래요
정천수 따스한 물고기 잡는 사람들

오롯 목숨 늘릴 약 항상 먹을 줄 알아
다른 날 은둔의 땅 같이 돌아 가리라.

題芝隱堂　　　(제지은당)　　　　　- 鄭在舜號 (정재순호)

蘭谷遺芳芝之春 (난곡유방지지춘)
一家根葉永維新 (일가근엽영유신)
先生柳綠曾爲宅 (선생유록증위택)
君子蓮香不染塵 (군자연향불염진)
石虎山深歌採地 (석호산심가채지)
程川水暖釣漁人 (정천수난조어인)
聊知常服延年藥 (료지상복연년약)
異日同歸四皓隣 (이일동귀사호린)

【 주 】 * 지(芝) : 여기서는 난곡(蘭谷)의 지초이므로 난초(蘭草). 지은당 정재순을 은유함 * 석호산(石虎山) : 보성군 겸백면과 미력면의 경계를 이룬 산(425m). 대인 대관의 명당이라는 소문이 중국까지 알려져 원나라 장군 홀필열이 군대를 보성강변(둔터)에 주둔시킴 * 정천수(程川水) : 석호산 앞을 흐르는 보성강 * 료(聊) : 오로지 * 사호(四皓) : 상산사호(商山四皓). 사로(四老). 진시황 때 상현동산(商縣東山)에 진나라 난리를 피해 숨은 네 은사(隱士)인 동원공(東園公), 기리계(綺里季), 하황공(夏黃公), 녹리(甪里) 등 네 노인. 전부 80세 이상 노인으로 수염과 눈썹이 희어 사호(四皓)로 불리고 바둑을 두는 네 노인으로 그림의 주제로 많이 등장

○ 압운(押韻)은 평성(平聲)인 진운(眞韻)이다.

【 감상 】 석호산은 지은이가 선조의 묘소를 쓰고 자주 드나들던 곳이다. 지금도 묘소가 있는 석호산 아래 둔터에서 보면 보성강 저수지를 만들어 석호산을 돌아서 흐르고 있다. 정재순은 석호산 아래 난곡(蘭谷 : 미력면 도안리 안적 큰안굉이)에 은거하는 은사다. 난곡에는 정길(1566 ~ 1619)이 정착 난곡유장(현 석호정)이 있다. 1수의 '만사'를 보면 지은이의 젊을 적에 이웃에 살던 벗으로 되어 있다. 나이는 적어도 20세 가량 연상으로 보인다. '숨은 향기 풀'[芝隱]의 뜻을 가진 호의 뜻이 1연에 배어있다. 4연을 보면 지은당도 지은이와 함께 선도를 수련하는 도인이 아닌가 한다. 이 시는 운을 따라 지어 지은당에게 준 시로 보인다. 이 시를 보면 1연과 4연을 보면 은둔을 그렸지민 죽음도 임시힌다. 지초는 정재순이고 '봄 되어 난곡에 향기 남겼으니'의 남길 '유(遺)'가 그렇다. '다른 날 네 늙은 이 사는 땅으로 같이 돌아가자'는 것도 '다른 세상에 같이 영원히 살자'의 뜻도 된다. 사호의 사로(四老)는 지금도 바둑을 두는 신선 그림 속에서 살고 있다. 지은당은 사로의 나이 81세에 사호의 땅으로 갔다. 버들이 푸르듯 자손들은 푸르다. 난 골짜기에 봄이면 향기풀의 향기가 남아 있듯이.

23. 향교에 칭찬하는 시를 써 줌 - 박원수

큰 도의 덕이란 것 외롭지 않다하니
향교의 한 일들을 뉘 칭송 아니 하리.

명가의　전적들을 밝혀서　따르노니
성인의　자취 그림 마땅히　우러른다.

궤짝의　보배 구슬 세월을　기다리나
등 없는 어둔 거리 비바람　몰아친다.

착한 뿌리 기르는 그대 오직 있어서
여기저기　기리니 촌 늙은이 놀란다.

　　　贈校宮贊揭　　(증교궁찬게)　　　朴源壽(박원수)

　　　大道不聞德立孤 (대도불문덕립고)
　　　校宮一脉頌誰扶 (교궁일맥송수부)
　　　奇蹤易晦名家籍 (기종이회명가적)
　　　景仰猶存聖蹟圖 (경앙유존성적도)
　　　韞櫝有珠年月待 (온독유주연월대)
　　　昏衢無燭雨風驅 (혼구무촉우풍구)
　　　善根培養惟君在 (선근배양유군재)
　　　到處贊揭驚野父 (도처찬게경야부)

【 주 】 * 박원수(朴源壽) : 호는 송원(松園). 담은정시집에는 51번 째로 그의 시와 글이 있음 * 교궁(校宮) : 향교(鄕校). 보성향교. 1921년 주세령에도 불구하고 향교 제주(祭酒)를 쓰게 만들었던, 일제 강점기 3대 사건 중의 하나인 '보성향교 제주(祭酒)사건'의 발상지. 이 사건은 향교 도유사(都有司)인 유림 총수 양정(陽亭) 박남현(朴南鉉 : 담은정시집에는 담은정차운시와 그의 글이 2번째로 실려 있다)과 그의 아들 박태규 등이 일으켜 보성유림의 정신과 기개를 보여 줌 * 기종(奇蹤) : 뛰어나게 따름 * 이회(易晦) : 어둠을 바꿈. 어둠을 밝힘 * 경앙(景仰) : 환한 태양처럼 우러름 * 유존(猶存) : 지금도 마땅히 (우러름이) 있는 * 온독(韞櫝) : 감춰진 함, 궤짝 * 야부(野父) : 시골 농부. 전부(田夫)

○ 압운(押韻)은 평성(平聲)인 우운(虞韻)이다.

【 감상 】 보성 향교를 기리는 시다. 향교는 유교 정신을 잇고 선비들을 만드는 조선시대의 지방 교육기관으로 역할을 담당했다. 그런 향교에서 후학을 양성하는 그대를 누가 칭송하지 않겠는가?

1연은 향교를 칭찬하는 글을 쓰는 정당함이 그려져 있다. 큰 도 바른 도는 반드시 따르는 자가 있고 알아주는 이가 있다. 유교의 올바른 선비정신을 이어가는 지방의 향교를 모두 칭송한다. 2연은 향교의 교육 내용이 좀 더 자세하게 나와 있다. 옛 선인들의 자취들이 남아 있는 전적들을 자세히 밝혀 마땅히 우러르고 오늘에 되살려 간다. 3연의 5구는 보배를 함에 숨겨 놓고 세월을 기다리고 있듯 향교가 본래의 제 역할을 다 못히여 출사는 못 시키나 후학을 양성하고 선비정신을 기르고 있음을 보여준다. 6구는 일제 강점기를 나타낸다. 등불도 없는 어두운 거리에 비바람까지 몰아치니 아직 희망이 없다. 4연은 향교에서 후진을 양성하는 그대가 오직 있어 이 시대의 사표가 되고 있다. 여기저기서 칭송하는 글들로 나를 놀라게 한다. 나도 정말 놀라서 그대에게 찬계를 지어 보낸다.

24. 송해광을 생각하며 - 영건

이 글 때 못 만나 한 숨 지으니
한평생 재주를 펴지 못함이여!

높은 날개 펼치려도 떠받치는 힘이 없고
좋은 발자취 많은 인연에도 오래 뜻을 이루지 못했구나.

강산을 두루 밟아 시 자취 또렷또렷
끝내 황천 가느니 꿈길이 느릿느릿

이로써 거문고의 지음이 끊기나니
밤중 달이 오르고 멀리 혼자 그리워

追憶宋海狂　　(추억송해광)　　　榮建(영건)

嘆息斯文不遇時 (탄식사문불우시)
一生才氣未施爲 (일생재기미시위)
欲舒高翼無扶力 (욕서고익무부력)
久屈良蹄緣數奇 (구굴양제연수기)
遍踏湖山詩歷歷 (편답호산시력력)
終歸泉壤夢遲遲 (종귀천양몽지지)
牙琴從此知音斷 (아금종차지음단)
卄月中宵遠自思 (입월중소원자사)

【 주 】 * 송해광(宋海狂) : 해광(海狂) 송영건(宋榮建). 담은시집에 담은정시에 대한 차운시와 글이 5번째로 실려 있다. * 구굴(久屈) : 오래 굽혀 뜻을 펴지 못함 * 양제(良蹄) : 좋은 발굽. 여기서는 좋은 시를 남기는 솜씨 * 천양(泉壤) : 저승. 황천(黃泉). 구천(九泉). 구경(九京). 천대(泉臺) * 아금(牙琴) : 백아(伯牙)의 거문고 * 지음(知音) : 백아의 거문고 소리는 오직 종자기(鍾子期)만이 알아줌. 나를 알아주는 소리. 벗. 지기(知己)

○ 압운(押韻)은 평성(平聲)인 지운(支韻)이다.

【 감상 】 담은시집에 담은정차운시를 남긴 해광을 그리는 시다. 달이 떠오는 밤, 나를 알아주는 벗, 나와 같이 재주가 있음에도 때를 만나지 못하고 먼저 구천으로 돌아간 벗을 혼자서 보고 싶어 한다.

이 글을 보고 있자니 때를 잘못 만나서 한평생 재주 기운을 펴지도 못해 한숨만 나온다. 높은 이상의 날개를 푸른 하늘에 펼치고 날고자 해도 떠 받쳐 주는 힘이 없다.

바람이 있어야 날고 공기가 있어야 나는 법. 일본 강점기에 아무리 높은 뜻과 능력이 있어도 출사할 수 없으니 오랫동안 뜻을 이루지 못했다.

두루 강산을 돌아 다녀서 시를 써서 남기니 시 자취가 또렷또렷하다. 마침내 구천으로 돌아가니 그가 꾸던 꿈도 점점 흐려지도다.

나의 뜻을 알아주고 나와 뜻이 통했던 절친한 그대. 먼저 저 멀리 갔으니. 달뜨는 이 밤 먼 달을 보며 나 홀로 보고 싶어라.

다시 돌아오지 못하는 사람. 다 몰라주는 데 내 뜻을 알아주고 나의 진면목을 알아주는 사람. 곁에 없고 또 영원히 볼 수 없다는 건 정말 당해보지 않으면 모르는 가슴을 아리는 아픈 그리움일러라.

이 시정이 마지막 구절인 "입월중소원자사(立月中宵遠自思)[밤중 달이 오르고 / 멀리 혼자 그리워]"에서 잘 표현되어 있다. 물론 주제어는 '원자사(遠自思)'이다.

25. 석호산에 올라

한주먹 호석은 동으로 떨어져
용산을 보노니 기세가 같도다.

웅장한 천봉은 구름밑 서 있고
큰 들을 가르며 가람이 흐른다.

높넓은 우주는 다함이 없는데
덧없는 인생만 어느새 늙었나.

신령을 부르니 다행히 돌보고
기운이 있나니 비로소 이뤘네.

登石虎山　　　(등석호산)

一拳虎石落治東 (일권호석낙치동)
面對龍山氣勢同 (면대용산기세동)
雄壓千峯雲在下 (웅압천봉운재하)
平分大野水流中 (평분대야수류중)
浮生自有光陰老 (부생자유광음노)
高厚曾無宇宙窮 (고후증무우주궁)
幸頌神靈時眷顧 (행송신령시권고)
不虧一簣始成功 (불휴일궤시성공)

【 주 】 * 석호산(石虎山) : 해발 425m의 산으로 보성군 겸백면에 있는 산. 아래로는 보성강이 흐르고 보성강 발전소를 가동하기 위해 보성강 댐을 만들어 보성강 저수지가 만들어짐   * 호석(虎石) : 능원(陵園)에 세우는 석수(石獸)로 범 모양의 돌. 석호(石虎). 여기서는 석호산을 가리킴   * 권고(眷顧) : 돌보아 줌   * 불휴(不虧) : 기운이 빠지지 않음   * 일궤(一簣) : 한 삼태기. 삼태기는 대나 짚으로 엮어 거름, 흙 등을 담아 나르는 그릇

○ 압운(押韻)은 평성(平聲)인 지운(支韻)이다.

【 감상 】 석호산에 올라서 바라보니 웅장한 산세에 평야 지역으로 한 주먹 정도 석호산이 동쪽으로 떨어져 나와 있다. 다른 많은 산들을 바라보니 기세가 이 산과 어슷비슷하다. 좀 더 멀리 보면 사방팔방으로 수많은 봉우리들이 웅장하게 구름 밑에 솟아서 기세등등하게 누르고 있는 듯하다. 바로 앞 큰 들 중간으로 가로 질러 강이 흐르고 있다. 우주는 일찍이 예부터 다함이 없고 항상 그대로 있다. 늙지 않고 이 산과 내도 변함없이 그대로다. 뜬구름 같은 내 인생만 어느덧 세월이 흘어 늙었구나.

그래도 신령을 노래하면 응답이 있어 돌보아 준다. 한 삼태기 흙을 가득 담아 옮겨도 기운이 빠지지 않고 팔팔하다. 이것이 도를 닦아 이루어지기 시작한 것 아닌가? 석호산(425m) 주변에는 천마산(407m) 동소산(464m) 대룡산(440m), 황어산(488m), 금성산(401m), 방장산(536m), 주월산(558m), 초암산(576m), 존제산(704m), 망일봉(652m), 천봉산(609m), 말봉산(584m), 징재봉(550m), 계당산(580m), 벽옥신(470m), 봉화산(465m) 등 수 많은 산과 봉이 그야말로 웅장한 기세로 천봉들이 누르고 있다[雄壓千峯] 지은이는 남다른 도를 닦고 있으니 이 석호산도 그 수련하는 곳이라. 어느새 늙었지만 닦는 도는 경지를 보이기 시작한다. 신령을 부르고 노래하면 응하여 돌보아 준다. 기운도 강화되어 노구(老軀)임에도 삼태기로 흙을 옮겨도 기운이 빠지지 않는다.

26. 환갑잔치 - 문용호

봄 지난 환갑에 춤과 술로 기려
복과 기쁜 일이 곱절 새로 난다

그대의 가는 길 헤아림 어렵고
길이 집지킴은 이웃 덕이로다.

티 없는 땅에서 잔치를 여느니
신선놀음 속에 이내 몸 기른다.

내 시는 홀로서 그대 축하하니
참는 집에서는 참됨을 얻으리.

晬宴　　　　(수연)　　　　文溶鎬(문용호)

彩舞奉觴祈後春 (채무봉상기후춘)
福門餘慶倍生新 (복문여경배생신)
難謀頭髮惟公道 (난모두발유공도)
永保家聲是德隣 (영보가성시덕린)
塵釰山河開樂事 (진일산하개락사)
仙棋日月養閒身 (선기일월양한신)
我詩獨有憑君賀 (아시독유빙군하)
忍以扁堂自得眞 (인이편당자득진)

【 주 】* 채무봉상(彩舞奉觴) : 고운 빛의 비단 옷을 입고 술잔을 올림. 곧 성대한 환갑잔치   * 진일(塵鎰) : 먼지 없는, 속진(俗塵)에서 벗어난   * 편당(扁堂) : 편액이 있는 집

○ 압운(押韻)은 평성(平聲)인 지운(支韻)이다.

【 감상 】 환갑 잔치를 축하하는 시다. 봄이 지난 뒤 환갑이 되어 잔치를 연다. 자손들은 비단옷을 갈아입고 춤을 추고 부모를 즐겁게 하고 잔을 올려 부모님의 은혜에 보답한다. 복이 많은 집안에 환갑잔치를 여니 경사가 곱절로 넘친다. 그대가 가는 참 길은 생각이 있으니 짧은 머리로는 헤아리기 어려우나 집안 명성을 길이 이어가는 것은 다 이웃들의 덕이다. 속진(俗塵)이 덜 하는 이곳에서 즐거운 잔치를 열고 한가롭게 바둑을 두면서 심신을 배양한다. 홀로 시를 지어 그대를 축하하니 인내를 편액으로 삼고 실천하는 집에는 스스로 그 참을 얻으리.

복이 있는 집안이요 이웃에서도 인심을 잃지 않는 집인 것 같다. 참을 인(忍)을 편액(扁額)으로 삼아 이를 실천하고 이웃에게 덕을 베푸니 가성(家聲)을 길이 이어 가는 것이다. 화나는 일이 있어도 내가 화를 참는다. 욕심이 생겨도 욕심을 참으면 그 참됨이 스스로 얻어진다. '인이편당자득진'(忍以扁堂自得眞)이라는 마지막 구는 새겨둘만한 명구(銘句)요 금구(金句)이다. 참은 누가 가져다주는 것이 아니다. 자신의 노력으로 스스로 얻나니 그대로 "자득진(自得眞)"이다.

환갑잔치의 직접적인 묘사는 첫 구의 '채무봉상(彩舞奉觴)'이 거의 전부다. 나머지는 '복문여경(福門餘慶)'이나 '개락사(開樂事)' 등으로 간접적으로 묘사되어 있다. 특이한 것은 환갑잔치 뒤에 바둑을 두고 노나 시사(詩社)는 열지 않은 것 같다. 문용호는 시인(詩人) 문객(文客)이 아니었던 지 담은정시집에도 시는 보이지 않는다. 시를 주고받지 않아 지은이는 홀로 시를 지어 축하한다.

27. 조병인을 생각하며 - 만주에 사는

막막한 만주에서 소식이 끊기었고
만나보고 싶어도 너무 멀어 힘들다.

아들이 돌아와서 다 만나나 했는데
안타까운 형제여! 천리 밖 헤어졌다.

말갈기 봉한 편지 한 번 엎드려 보고
돌아오지 못하니 한 맺힌 불여귀라

은공을 못다 갚고 나 또한 늙어가니
다만 눈물만 남아 소매 적시려 한다.

追憶曺秉寅　　(추억조병인)　　寓滿州國(우만주국)

湖山寞寞斷音容 (호산막막단음용)
欲慰孤魂遠莫從 (욕위고혼원막종)
惜矣弟兄千里別 (석의제형천리별)
幸與歸子一家逢 (행여귀자일가봉)
未歸久抱鵑聲恨 (미귀구포견성한)
一臥便成馬鬣封 (일와편성마렵봉)
未報恩功吾且老 (미보은공오차로)
但將餘淚袖龍鍾 (단장여루수룡종)

【 주 】 * 견성한(鵑聲恨) : 두견새는 억울하게 쫓겨나 죽은 촉나라 왕인 망제의 혼이 두견새가 됐다는 전설어린 새. 촉나라로 돌아가고 싶어 밤낮으로 피맺히게 울어 핏빛으로 피니 진달래가 두견화(杜鵑花)요, 귀촉도(歸蜀途), 불여귀(不如歸)라 불림. 고국을 떠나 이역만리(異域萬里) 만주 땅에서 고국을 돌아가고 싶어 하나 돌아오지 못하니 두견새의 한이라 * 일와(一臥) : 한 번 엎드림 * 편성(便成) : 편지가 만들어진 * 마렵봉(馬鬣封) : 말갈기에 봉해진

○ 압운(押韻)은 평성(平聲)인 동운(冬韻)이다.

【 감상 】 만주에 살고 있으면서 소식이 끊긴 조병인을 생각하며 지은 시다. 쓸쓸하고 막막한 강산 만주에 소식이 끊기었다. 달려가 만나서 외롭게 사는 조병인을 위로하고 싶지만 너무 멀어 그렇게 할 수가 없다.

아들이 만주에서 돌아와서 행여나 온 집안이 다 만나나 했는데. 우리 형제 몇 천리나 떨어져 나뉘었으니 안타까워라.

불여귀(不如歸). 우는 소리의 한을 오래 품고 돌아오지 못한다. 말갈기에 봉해진 편지 한 번 엎드려 보았을 뿐이네.

나는 또 늙어 가니 은혜를 입고 그 공도 다 갚지 못한다. 눈물만 남아 술잔을 든 소매 깃을 적시려 한다.

일제 때 살기가 어려워 만주로 많이 가서 살았다. 시인의 막내와 손자가 만주로 갔고 벗도 갔다. 관련된 시는 34수(막내), 50수(벗), 79수(손자), 91수(손자)가 있다.

'돌아오는 아들'은 막내인 경환(璟煥)인 듯하다. 91수[만주에 있는 손자를 그리며]의 이야기다. "막내가 돌아올 때 손자와 압록강에서 같이 배를 탔다는데 (손자는 오지 않고) 행장 머무름이 이미 오래되었다"고 되어 있다.

그것이 엮은이 큰아버지의 마지막 소식이다.

28. 적벽을 지나며 – 동복에 있는

서늘한 풀과 나무 하늘 해 뉘엿뉘엿
그림 같은 붉은 벽 내에 잠긴 그림자

배 손님 시 읊은데 밝은 달 떠 오르고
스님은 차 다리니 푸른 연기 오른다.

밤 새는 무리지어 남으로 날아가고
봄 제비 집을 지어 벼랑에 매달았다.

망미정 정자에서 노래가 아름답고
천년 전 소동파가 나와 함께 와 있다.

過赤壁　　　(과적벽)　　　　在同福(재동복)

微凉草樹日射天 (미량초수일사천)
丹壁如圖影蘸川 (단벽여도영잠천)
客棹誦詩明出月 (객도송시명출월)
僧爐煎藥紫生烟 (승로전약자생연)
夜鳥成隊星南去 (야조성대성남거)
春鷰爲巢石上懸 (츈연위소석상현)
望美亭中歌望美 (망미정중가망미)
我來千載共蘇仙 (아래천재공소선)

【 주 】 ＊ 적벽(赤壁) : 화순 이서에 있는 섬진강 상류 창랑천(滄浪川)이 흐르는 장학리 노루목 적벽, 보산리 적벽, 창랑리 적벽, 물염 적벽 등 20리에 이르는 수려한 60m ～ 80m 높이의 절벽 경관. 현재는 가장 절경인 노루목 적벽이 동복댐으로 25m 가량 수몰. 1519년 기묘사화에 유배 온 신재 최산두가 중국 적벽에 못지않다 해서 적벽이라 부름 ＊ 망미정(望美亭) : 노루목 적벽 강가에 있는 정자. 지금은 수몰되어 강변에서 이축. 적송(赤松) 정지준(丁之雋)이 병자호란 때 의병을 일으켜 남한산성으로 출병하다 항복소식을 듣고 회군하여 임금을 그리워한다[忘美]]는 뜻으로 짓고 은둔 ＊ 소선(蘇仙) : 소동파. 이름은 식(軾). 송나라 제1의 시인으로 당송팔대가의 한 사람. 그의 적벽부(赤壁賦)가 유명함.

○ 압운(押韻)은 평성(平聲)인 선운(先韻)이다.

【 감상 】 적벽을 찾아 해가 기우니 붉은 벽이 더욱 더 붉다. 그림 같은 절경의 절벽의 그림자가 내에 잠긴다. 뱃놀이에 시를 읊으니 밝은 달이 뜬다. 스님이 차 달이니 푸른 연기 피어오른다. 밤 새는 남으로 날아가고 봄 제비는 제 집을 절벽에 매달아 놓고 주위에서 논다. 망미정의 그 정자를 지은 뜻도 아름답고 노래도 아름다우니 천 년 전 소동파와 함께 노닌다. 4연까지 경 위주로 아름다운 적벽의 광경을 노래하고 있다. 그 속에 지은이는 천 년 전 소동파처럼 뱃놀이를 하고 있다. 소동파는 1082년 황저우에 유배되어 7월에 적벽에서 뱃놀이를 하면서 조조가 주유에게 대패했던 적벽대전을 생각한다. 지은이는 화순 적벽에서 천 년 전 적벽부를 읊은 소동파와 함께 있는 듯 느끼고 있다.

'공소선(共蘇仙)'이 주제어다. 소동파가 이야기 하듯 '우주는 모든 것이 변하고 덧없으니[諸行無常] 그 생명은 무한(無限) 무진(無盡)이니 강 위의 맑은 바람과 산의 밝은 달을 가져도 금할 이 없고 써도 다함이 없으니' 그와 함께 즐기리[共樂]

29. 석호산 가래나무 살피고 돌아오는 길에 느낌 있어

어려서 운영하여 벌써보 늙었구나.
이 땅에서 얼마나 일들이 많았던가.

밤하늘 수를 놓는 별 달에 기도하고
비 서리 온 싸우며 물을 건너 다녔다.

스승의 모든 깨침 참 비결 말씀되고
안목은 밝게 빛나 다행히 연이 닿네.

맑고 높은 그 기세 운맥을 멀리 뻗쳐
향불 살라 천년을 마땅히 전하리라.

石虎山省楸歸路有感 (석호산성추귀로유감)

自少經營已老年 (자소경영이로년)
如何此地事多連 (여하차지사다연)
十祈星月占宵半 (십기성월점소반)
百戰風霜渡水邊 (백전풍상도수변)
切師的見言眞訣 (체사적견언진결)
天鑑昭明有幸緣 (천감소명유행연)
勢淸高其運脉遠 (세청고기운맥원)
亘千香火也應傳 (선천향화야응전)

【 주 】 * 경영(經營) : 기획하고 꾀하여 운영함   * 사다연(事多連) : 일어 잇따라 많음 * 점소반(占宵半) : 밤의 절반의 차지함. 밤하늘을 수놓은 * 적견(的見) : 과녁을 맞추 듯 벗어남이 없이 적확(的確)한 견해, 깨침 * 진결(眞訣) : 참된 비결 * 천감(天鑑) : 안목(眼目) * 선(亘) : 베풀음. 양포(揚布)

○ 압운(押韻)은 평성(平聲)인 선운(先韻)이다.

【 감상 】 석호산을 보살피고 돌아가는 길에 읊은 시다. 석호산은 어렸을 때부터 일을 추진하여 운영하였는데 벌써 세월이 흘러 늙어 버렸다. 이곳에서 얼마나 많은 일들이 연이어 많이 일어났든가. 밤하늘 별과 달에게 일이 잘 되라고 기도하기도 했다. 바람과 서리를 맞으면서 물을 건너다니기도 했다. 석호산 부근에서 스승님을 따라 배웠다. 스승님의 적확한 말씀과 견해는 살아가는 참된 비결이 되었다. 스승님의 안목은 밝고 밝아 좋은 인연이 되었다 석호산에서 스승의 가르침이 있었으니 그 맑고 높은 기상을 멀리 뻗치고 마땅히 후대에 길이 전하리.

지은이는 월파 정시림(月坡 鄭時林 : 1839 ~ 1912)에게 배웠다. 월파는 어려운 일제 때 현실 참여보다 외롭게 도를 지키는 노사학파의 선비다. 월파는 보성군 옥암면 노월리 지금의 보성읍 봉산리에서 출생하였다. 가난한 가운데에서도 일인이나 주위의 도움을 뿌리쳤다. 거경(居敬) 궁리(窮理)를 실천하며 후학들을 양성하며 살았다. 69세(1907년)때 석호산 가까이 미력면 용정리 춘경부락으로 이사를 왔다. 그 때 지은이(나이 31세)가 찾아가 학문을 배웠던 것이 아닌가 한다. 지은이는 석호산의 가래나무를 살피고 돌아오는 길에 석호산 가까이 계신 스승님과 그 가르침을 생각하고 후세에 길이 전해지길 바라고 있다. 맑고 높은 기운과 운맥을 천년을 마땅히 전하라 했는데 100년도 못 된 지금 그런 기운이 벌써 거의 없는 듯하다. 도(道)와 의(義)를 지키는 선비정신이 더욱 아쉬운 때다.

30. 수중산을 지나 와룡지에 기원하며

늙은 산 물에 잠겨 물은 허리띠 둘러
집 문밖 다리에는 고기 가로 떼 지어

고요한 파도 소리 잔 빗방울 듣는데
멀리 뵈는 안산엔 저녁 구름 사라져

신 불러 지켜주니 탈나지 아니하고
주인 찾아 왔으나 고요히 기다릴 뿐

물고기 사고파도 가난해 못내 얻고
해마다 예 지나며 생각만 멀리 달려

過水中山祈請臥龍地 (수중산기청와룡지)

老龍潛水水環腰 (노룡잠수수환요)
魚蛇橫成外戶橋 (어사횡성외호교)
靜聽波聲微雨滴 (정청파성미우적)
遠看珠案暮雲消 (원간주안모운소)
頌神守護無傷敗 (송신수호무상패)
待主來尋有寂寥 (대주래심유적료)
我欲攀鱗貧不得 (아욕반린빈부득)
年年過此思迢遙 (연년과차사초요)

【 주 】 * 수중산(水中山) : 운림리 금천교차로 앞 '섬등' * 와룡지(臥龍地) : 산자락이 용이 누운 것처럼 내려와 물에 잠긴 곳. 1918년 종2품 황봉 빗돌을 세운 겸백면 운림리 숙호마을 앞 수중룡(水中龍) * 노룡(老龍) : 천마산(409.3m) 덕수봉 * 외호교(外戶橋) : 숙호마을 밖 다리 숙호교(宿虎橋) * 주안(珠案) : 구슬처럼 둥근 안산 * 송신(頌神) : 신을 기려 칭송함. 둔터는 조상들의 묘소가 있는 곳이라 조상신을 기리는 것으로 보임. * 반린(攀鱗) : 비늘을 잡아 끌어올림. 곧 고기를 잡음

○ 압운(押韻)은 평성(平聲)인 소운(蕭韻)이다.

【 감상 】 겸백면 운림리 숙호마을 앞 수중산 와룡지는 선산이 있는 미력 둔터와 율어 오루굴 집의 중간에 있다. 시인은 해마다 이 곳을 들리며 물고기를 사고 싶어한다. 찾아간 어느 날 주인은 없고 고요함만 있다.

1연은 서경이 잔잔히 그려진다. 오래된 산줄기가 용이 누운 것처럼 굽이쳐 내려와 물에 잠겨있다. 물은 빙 둘러 허리띠를 두른 듯 산을 감싼다. 다리께로 가니 문밖 다리에는 고기떼들이 다리를 가로질러 가는 모습이 보인다. 2연은 좀 더 미시적으로 깊이 들어가는데... 시인은 정적 속으로 빠져드니... 조용한 가운데 파도소리가 들리는데 잔 빗방울이 듣는다. 주인은 오지 않고 시간은 흘러 저녁이 다 되어 간다. 저 멀리 보니 구슬같이 둥그런 안산엔 저녁 구름이 인다.

집안이 어려워도 조상을 기리고 받드니 돌보아 주어 탈나지 않는다. 조용하고 주인 기다리는 집도 고요하기만 하나. 해마다 여기 지나면서 고기를 사고 싶었지만 가난해 사지 못하고 그냥 생각만 했었지. 마음대로 되지 않는 현실이 마지막 연에 나타나 있다. 이제 시인도 늙은 용과 같다. 주인을 찾아도 주인은 오지 않고. 조상신이 보살펴 주시나 가난하니 물고기 하나도 생각만 할 뿐 얻지 못한다. 생각만 아득하게 멀리 노닌다. '사초요(思迢遙)'는 이 시의 주제어이다. 우리네 삶은 대부분 이렇듯 생각만 거듭하고 현실이 따라 주지 않는 게 현실이다.

31. 제야

쏜살같은 세월에 덧없는 삶 헛늙어
옛 정어린 찬 등불 뜻 잃은 모습이여!

흰머리 그대 있어 도를 닦고 있는데
벼슬없는 흰 옷에 지은 책만 전한다.

해와 달은 다가고 눈은 녹다 남았고
악신들이 싸우니 야속하고 놀라네.

달과 날 다 지나가 머물기 어려우니
새벽종 치기 전에 그대 함께 즐기리.

除夜　　　　　(제야)

浮生虛老隙駒年 (부생허로극구년)
感舊寒燈一悵然 (감구한등일창연)
白髮有公修道矣 (백발유공수도의)
素襟無祿著書傳 (소금무록저서전)
歲功成蜡經殘雪 (세공성사경잔설)
野俗驚魔起爆烟 (야속경마기폭연)
日月旣除難住得 (일월기제난주득)
與君康樂曉鍾前 (여군강락효종전)

【 주 】 * 극구년(隙駒年) : 문틈으로 보이는 달리는 말과 같은 짧은 세월. 쏜살같이 빠른 세월 * 소금무록(素襟無祿) : 벼슬없이 흰 옷을 입은 선비 * 저서전(著書傳) : 족보에서 보면 훈몽서(訓蒙書)를 지었다 하나 현재는 이 '담은시집'과 '담은정시집'만이 전함 * 성사(成蜡) : 납제(臘祭)를 올릴 때가 됨. 곧 연말이 됨 * 마기폭연(魔起爆烟) : 악신(惡神)들이 전쟁을 일으킴. 이 지구상 전쟁 중 80%는 악신들이 일으킨다 함 * 일월기제(日月旣除) : 해와 달이 다 없어지니 곧 한 해가 다 저물어 지나감 * 여군강락(與君康樂) : 그대와 함께 평안히 즐기리.
○ 압운(押韻)은 거성(去聲)인 산운(霰韻)이다.

【 감상 】 추운 겨울 연말은 되고 찬 등불을 바라보자니 옛 정이 느껴진다. 세월이 이리도 빠르던가. 덧없이 세월만 흘러 어느새 백발 되었고. 헛되이 늙기만 한 것인가? 벼슬도 없이 오로지 글쓰기와 도를 닦았으니... 흰 옷과 흰 머리카락 그리고 지은 책만 있구나. 세월은 헛되지 않고 공이 있구나. 해와 달이 다 지나가고 연말이 되었으니. 하늘의 운행은 어김없이 진행되어 겨울이 오고 흰 눈은 내려 녹다 남았다.
세상은 악신들이 전쟁을 일으키니 야속하기만 하고 놀랍기만 하다. 표면적으로는 사람들이 전쟁을 일으키고 싸우는 것 같다. 하나 실제 대부분은(약 80%) 악신(惡神)들이 사람을 조정하여 전쟁을 일으키는 것이다. 시인은 이를 알고 있었다고 보인다. 수도의 결과 신에 대해 어느 정도 알게 된 깃이 아닌가 하는 생각이 든다. 올해도 다 긴 마지막 날 밤. 이제 새벽종이 치면 다시 머무를 수 없다. 도를 닦으며 "그대"와 함께 이 평안함을 즐기리. 2연에서 보면 도를 닦고 있다고 되어있고 '평안함을 즐긴다.' 한다. 여기서 "그대"는 '본래의 진짜 자기 자신'[인신(人神)]으로도 볼 수 있다. 몸은 헛되이 늙어 백발. 세상은 악신들이 날 뛰는 전쟁으로 어지러운데 시인은 도 가운데 있으니 고요하고 평안하고 즐거워라.

32. 그 둘째 수

한평생 짧은 세월 얼레처럼 풀리고
자연히 백발되니 이 노릇을 어쩌나!

보내고 맞는 질서는 하늘가는 길이요
전례없이 뒤집힘은 세파 일어남이라

먼 손님 오래되어 향수로 잠 못 자고
미인은 쉬 늙으니 마땅히 한이 많다.

아득한 구름 밖에 산 종소리 떨어져
문 열고 한번 웃고 호탕 노래 부르리.

其二首　　　　(기이수)

一代光陰奔若援　(일대광음분약원)
自然白髮奈其何　(자연백발내기하)
送迎有序行天道　(송영유서행천도)
飜覆無上揭世波　(번복무상게세파)
遠客久留愁不寐　(원객구류수불매)
佳人易老恨應多　(가인이로한응다)
蒼茫雲外山鍾落　(창망운외산종락)
一笑開門放浩歌　(일소개문방호가)

【 주 】 * 광음(光陰): 해(빛)와 달(그늘)의 뜻으로 흘러가는 시간. 세월 * 원(楥) : 실감개. 얼레 * 원객(遠客) : 먼 (인생의) 나그네 * 창망(蒼茫) : 물 따위가 푸르고 아득함

○ 압운(押韻)은 평성(平聲)인 가운(歌韻)이다.

【 감상 】 31수 제야의 둘째 수다. 세월의 빠르기가 전편에는 '문틈에 닫는 말'로 표현됐으나 여기는 '실타래를 감는 얼레'로 표현되어 있다. 짧기도 하려니와 삶의 유한함이 실이 풀려 나가고 얼마 남지 않는 얼레로 잘 표현된다. 그 하얀 실은 마치 백발이라도 된 양. 얼레의 실의 양[목숨의 길이]은 처음 감을 때 한정시켰고, 얼레는 한번 풀리면 스르르 자동적으로 마지막까지 풀리지 않는가? 2연, 3연, 4연은 모두 대구가 되고 있다. 하늘의 도와 세상사의 일. 먼 나그네와 아름다운 이. 산 종소리와 호탕한 노래.

하늘도[天道]는 하나님의 뜻대로 움직인다. 공의롭고 한 치의 오차도 없다. 정확히 보내고 맞고. 늘 그대로 질서가 있으니 평등하고 허물이 없도다. 하나 세상사란 늘 마음대로 변하고 뒤집히고 험한 세상의 파도가 이는 고통 바다[苦海]다. 하여 늘 불안하고 근심이 많고 탈도 많고 한도 많다. 3연은 그 선천 세상사의 모습이다. 지친 먼 인생의 나그네. 하늘에서 떨어져 나온 지 몇 억 겁인가? 윤회 전생이 오래 되었고 다시 돌아갈 길을 모르니 근심으로 잠 못 이루고나. 육으로 이 세상에 나서 아무리 아름다운 청춘도 쉬 늙고 병들고 마니 이에 집착하는 이의 한도 당연히 많구나.

푸르고 아득한 저 구름 밖으로 산 종소리 흩어진다. 나는 문을 열고 한바탕 호탕한 노래를 부른다. 구름 안은 이 혼탁한 세상이요 구름 밖은 선경의 세계인가. 종소리도 구름 밖으로 울려 퍼진다. 이제 이 몸은 늙어 돌아갈 길 찾는데 돌아갈 길 못 찾네. 근심 걱정일랑 한바탕 호탕한 웃음으로 날려 보낸다. 4연은 청각적이다. 산 종소리를 듣는 시인은 마음의 문을 활짝 열고 하늘 향해 호탕한 웃음소리를 낸다.

33. 환갑잔치 - 김경제

봉두산 산 기운 이 집안 모이고
그중 신선 있어 나날이 길구나.

몸 또한 건강해 천 년 수 누리고
맘 늘 화락하여 집안 향기롭다

마루 같이 앉아 주고받는 노래
이 술잔 감회에 눈물 흘러 적셔

높다란 삼인정 깊이 사는 뜻은
어두운 세상에 그대 처세려니

晬宴　　　　(수연)　　　　　- 金敬濟(김경제)

鳳頭山氣萃斯堂 (봉두산기췌사당)
中有仙翁日月長 (중유선옹일월장)
身亦康寧千歲壽 (신역강녕천세수)
心常和樂一家香 (심상화락일가향)
棣音酬唱同其楊 (태음수창동기탑)
荻淚揮沾感此觴 (아루휘첨감차상)
三忍亭高深寓意 (삼인정고심우의)
知君處世晦聲光 (지군처세회성광)

【 주 】 * 김경제(金敬濟) : 호는 삼인(三忍). 담은정시집에는 그의 시가 담은정팔경시 화답시가 86번 째로 실려 있음 * 봉두산(鳳頭山) : 보성군 조성면에 있는 산(427m). 은곡리 반곡(盤谷 : 서죄골)에는 봉두산 6대 명당 중 하나인 조대관(曺大觀 : 1532 ~ 1615)의 유택이 있음 * 태음(棣音) : 익숙한 소리. * 아루(莪淚) : 다북쑥같은 눈물 * 휘첨(揮沾) : (눈물이) 흘러 적심 * 회성광(晦聲光) : 소리와 빛이 묻히는 어두운 세상
　○ 압운(押韻)은 평성(平聲)인 양운(陽韻)이다.

【 감상 】 김경제는 시인과 같이 시를 지으며 은둔하던 은사(隱士)이며 글벗[文友]같다. 그의 시가 담은정시집에는 담은정팔경시의 화답시로 86번째로 실려 있다. 봉두산 기슭에 삼인정(三忍亭)을 짓고 사는데 환갑잔치를 하면서 축하하여 지은 시다.
　봉두산의 산 기운이 이 삼인정에 다 모여 그 안에 신선같은 그대가 사니 세월이 어떻게 가는 지 모르겠다. 늘 신선처럼 사느니 몸은 건강하여 천수를 누려 환갑을 맞이했다. 마음도 늘 즐겁고 화평하니 집안이 향기롭다.
　'신역강녕(身亦康寧)'과 '심상화락(心常和樂)'은 가히 신선의 생활이요 길이다. 욕심이 없으니 마음이 즐겁고 몸은 건강하고 가족 모두가 화목하다.
　환갑잔치에 같이 앉아 술잔을 주거니 받거니 하면서 익숙한 노래를 부른다. 이렇게 서로 은둔할 수 밖에 없는 설움에 어려웠던 옛 생각이 나서 눈물이 나구나.
　오랫동안 사귀었으니 서로 익히 아는 노래 소리요 노래 소리에 옛 생각이 절로 나고나. 삼인정에서 깊이 묻혀 사는 이 뜻이 어두운 세상의 그대 처세이니 왜 내가 모르겠는가?

34. 만주에 있는 경환에게 부쳐

십년을 만주에서 몸 바쳐 일했는데
모진 고난 헛되어 일 이루지 못했다.

달빛에 마음 달려 항상 꿈결만 같고
편지 오는 날이면 정을 다시 더한다.

막내가 잘 지남은 길 막혀도 아느니
돌아올 때는 또한 문공 승리 있겠지

다른 세상 문명의 소리 다시 들으니
홀로 제문 거문고 안을 한은 없으리.

寄滿洲國璟煥 (기만주국경환)

十年湖海一身輕 (십년호해일신경)
虛度風霜事未成 (허도풍상사미성)
月下心馳常做夢 (월하심치상주몽)
日邊書到更添情 (일변서도갱첨정)
歸時亦有文公霸 (귀시역유문공패)
窮道安知季子榮 (궁도안지계자영)
莫恨齋門空抱瑟 (막한재문공포슬)
文明他世更絃聲 (문명타세갱현성)

【 주 】 * 만주국(滿洲國) : 일본 관동군이 1931년 9월 만주사변을 일으켜 1932년 3월 1일 세운 나라. 랴오닝, 지린, 헤이룽장, 러허 등 4성(省)에 인구 3천만 명에 이름. 1945년 8월 소련 참전으로 멸망 * 경환(璟煥) : 조경환(曺璟煥 : 1917.3.19 ~ 1947.6.29). 자는 중열(仲烈). 지은이 담은(澹隱)의 작은 아들. 곧 엮은이의 작은 할아버지 * 호해(湖海) : 강호(江湖), 세상 여기서는 만주 * 일신경(一身輕) : 일신을 가벼이 함. 즉 몸을 돌보지 않고 열심히 일함 * 문공패(文公霸) : 문공(文公 : BC 697? ~ BC 628)의 승리. 문공은 중국 춘추시대 진(晉)나라 군주로 내란으로 19년간 해외에서 망명생활을 하다 돌아와 춘추시대 제2대 패자(霸者)가 되었음

○ 압운(押韻)은 평성(平聲)인 경운(庚韻)이다.

【 감상 】 시인의 시대는 암울했다. 일제 치하 전란에 휩싸이고 먹고 살기가 어려워 많은 이들이 만주로 갔다. 시대를 비껴갈 수 없었음인가? 막내 자식이 이역만리 만주국까지 갔다. 춥고 힘든 만주국 땅에서 한 몸을 사리지 않고 열심히 일했다. 그러나 10년간이나 온갖 어려움 속에서 힘들게 노력했지만 일은 이루지 못했다. 2연에서는 자식을 그리는 부정이 잘 나타나 있다. 달빛이 비치면 마음은 달리고[月下心馳] 항상 꿈을 꾸는 것 같다.[常做夢] 그러다 편지라도 오는 날이면[日邊書到] 다시 더 보고 싶다.[更添情] 3연에서는 막내의 성공을 기리는 마음을 망명에서 성공하여 돌아온 주 문공에 비긴다. 멀고 먼 길 길은 막히나 편지에 잘 있다 하니 편안히 있겠지. 지금 비록 일을 이루지 못했으나 주 문공처럼 금의환향하겠지. 여기와는 다른 세상 만주에서 잘 있다는 소식 들으니 홀로 제사 지내는 일은 없겠지. 그러나 3연과 4연은 다만 바램이었던가. 막내를 어릴 적 만주로 보내고 고향으로 돌아온 막내를 본 지 얼마 지나지 않은 해방되던 해 지은이는 69세를 일기로 돌아가신다. 그리고 2년도 되지 못해 막내도 31세의 젊은 나이에 후손을 남기지도 못하고 세상을 떠난다.

35. 평안북도로 떠나는 규화에게 줌

작은 등 사이 두고 이별의 정 위로 말
얼굴 마주 보면서 잠 못 이루는 이 밤

나는 학을 부르며 오직 한 산 지키고
너는 기러기 따라 천리 길 떠나구나

힘들고 어려운 길 끼니 잇기 바쁘고
난세의 가족 이별 잊혀지지 않구나.

먼 그 곳의 일기가 고향 같지 않느니
갈대 서리 앉기 전 빨리 돌아 오너라.

留贈圭華赴平北道 (류증규화부평북도)

此夜未眠相對顏 (차야미면상대안)
離情慰語小燈間 (이정위어소등간)
隨鴻爾亦行千里 (수홍이역행천리)
喚鶴吾曾守一山 (환학오증수일산)
亂代分襟心不忘 (난대분금심불망)
窮程謀食事無閒 (궁정모식사무한)
遠方候氣殊鄉土 (원방후기수향토)
莫待蒹霜及早還 (막대겸상급조환)

【 주 】 * 규화(圭華 : 1927.11.23 ~ ?) : 담은의 큰 손자. 곧 엮은이의 큰 아버지. 관련된 시는 이 시와 4수, 79수와 91수 등이 보임. 시들에 의하면 평안북도로 만주로 갔다가 두만강에서 같이 배를 타고 북한으로 간 것으로 추정되나 지금까지 소식이 없음 * 난대분금(亂代分襟) : 전쟁 통에 가족이 헤어짐 * 겸상(蒹霜) : 갈대에 내린 서리

○ 압운(押韻)은 평성(平聲)인 산운(刪韻)이다.

【 감상 】 어지러운 세상 먹고 살기가 힘들어 가족이 헤어지는 안타까움과 가족의 정이 서린 시다.

1연은 헤어지는 전날 밤의 정경이 잘 묘사되고 있다. 작은 초꼬지불을 사이에 두고 위로의 말 헤어지는 아쉬움에 잠 못 이루고 서로 얼굴만 바라본다.

2연은 손자와 시인이 대비된다. 손자는 세상에 뜻이 있음에 뜻을 품고 더 살기 좋은 세상을 향해 떠난다. 담은은 도를 따르며 담은정에서 이 산을 지키고 산다.

떠나는 기러기와 지키는 산, 천 리와 한 산, 동과 정이 잘 어울려 대비되어 더 극명하게 대조를 이뤄 시의 맛을 더 강하게 하고 있다.

지금도 그렇다지만 그 때는 실제로 끼니 잇기가 어려우니 먹고 살기 위해 바쁠 때다. 큰 손자가 똑똑하여 이 곳 궁벽한 산에서 살기엔 성이 차지 않으니. 그래서 당시 희망의 땅이었던 만주까지 가게 된 것이리라.

그 춥고 힘든 이역만리의 땅에서 갈대에 서리가 내리기진 돌아오길 바란다.

그러나 백 년이 다 되어가는 지금도 소식 한 자 없다. 그동안 갈대의 서리는 몇 번이나 내리고 강산도 몇 번이나 변했을꼬? 91수에서 보면 만주에서 나와 북한으로 건너가지 않았나 싶은데 중국을 통해서 소식을 알 수 있는 지금까지도 생사를 모르니.

36. 석호 시사 모임

집집마다 봄나무 늦게 맑게 개이고
풍광이 물결치니 내 소매 맑음이여

깊은 산숲 새들은 벗을 서로 부르고
객마 잠시 머무는 마당에 콩잎 난다

밤나무골 소리는 구름 속에 막히고
석호물의 경치는 눈앞에 펼쳐진다.

내 이 곳에서부터 도 닦기 시작했고
이제 와서 다같이 정 못 나눠 한이라.

石湖禊會　　　(석호계회)

春樹家家納晩晴 (춘수가가납만청)
風光蕩漾我襟淸 (풍광탕양아금청)
友禽相喚山林邃 (우금상환산림수)
客馬暫停場藿生 (객마잠정장곽생)
栗里聲音雲外阻 (율리성음운외조)
石湖景物眼前平 (석호경물안전평)
始聞此地修吾道 (시문차지수오도)
恨未當年共敍情 (한미당년공서정)

【 주 】 * 석호(石湖) : 전남 보성 석호산 아래 둔터 * 계회(稧會) : 시사(詩社) 모임. 백일장 * 풍광(風光) : 경치, 산이나 강의 아름다운 모습, 여기서는 석호의 경치 * 탕양(蕩漾) : 큰 물결이 일렁거림

○ 압운(押韻)은 평성(平聲)인 경운(庚韻)이다.

【 감상 】 석호산은 선친의 묘소가 있고 벗이 있고 스승이 있던 곳. 시사 모임에 가서 보니 석호는 아름다운 데 같이 도를 닦던 동무는 없다.

석호산 자락에 마을이 펼쳐지고 마을 앞엔 강물이 출렁인다. 이른 봄인가 안개 때문인가. 집집의 나무마다 새 싹은 트는데 안개는 늦게 갠다. 석호의 물은 햇빛을 받아 일렁이니 내 소매 깃이 다 맑은 것 같다. 가슴까지 시원하다.

어디선가 새 소리. 깊은 산속에서 벗을 부르는 소리인가. 그 소리를 듣자니 손님의 말이 잠시 머물러 있는 마당 한 쪽엔 콩잎이 새싹을 틔운다. 봄은 마당 앞까지 와 있다.

산새 소리는 들리나 마을의 시끄러운 소리는 구름에 막히고 눈앞엔 평평한 석호의 물 뿐이다. 여기서 도를 닦기 시작했는데 다 같이 모여 정을 나누지 못함이 서운하구나.

시인의 시선은 1연의 마을에서 2연에서 마당 3연에서는 석호의 경치로 이동한다. 즉 시선은 원경에서 근경으로 근경에서 원경으로 이어진다. 2연과 3연은 새 소리와 콩잎, 마을의 소리와 석호의 경치 등 청각과 시각이 어우러진다.

이 석호는 지은이가 처음 도를 닦는 곳이라 했고 스승을 만난 곳이라 했다. 그 스승은 월파 정시림(月坡 鄭時林 : 1839 ~ 1912)으로 추정된다.

석호에서 시사 모임을 갖는데 같이 도를 닦던 사람들이 여기 모두 함께 못해 서운함을 마지막 장에서는 피력하고 있다. '함께 정을 나눔'[共敍情]이 이 시의 주제어이다.

37. 이병곤 만사

근심 구름 저무니 달이 마악 오르고
밤 베개 소식 듣고 깜짝 놀라 꿈 깬다.

이제 그대 떠남이 남의 일 아니구나.
그대 정 남아있어 나 또한 별별 생각

잦은 병 신음하는 가엾어라 늙은 학
불평해 울어 대는 쓰르라미 긴 한 숨

다행히 손자 있어 그 뜻을 이어 가니
앞으로 이 믿음은 후천에 밝혀지리

輓李秉坤　　(만이병곤)

愁雲欲暮月初生　(수운욕모월초생)
夜枕憑聞夢忽驚　(야침빙문몽홀경)
一逝君今無外事　(일서군금무외사)
萬思我亦有餘情　(만사아역유여정)
可憐老鶴唫多病　(가련노학금다병)
長嘆寒蟬鳴不平　(장탄한선명불평)
幸有兒孫能繼志　(행유아손능계지)
將來只信後天明　(장래지신후천명)

【 주 】 * 만(輓) : 상여를 끎. 만사(輓詞). 죽음을 슬퍼하고 아까워하는 시와 노래 * 빙문(憑聞) : (소식 등을) 간접적으로 전해 들음 * 무외사(無外事) : 나와 관계없는 밖의 일이 아님 * 만사(萬思) : 오만가지 온갖 생각. 별별 생각 * 한선(寒蟬) : 쓰르라미. 매미의 일종 * 금다병(唫多病) : 잦은 병치레로 신음하는 * 후천명(後天明) : 다음 세상에서 밝혀져 알게 되리

○ 압운(押韻)은 평성(平聲)인 경운(庚韻)이다.

【 감상 】 이병곤의 죽음을 전해 듣고 지은 시이다. 저물어 가는 하늘 구름에 근심어린 듯 떠 있고 달이 이제 막 떠오른다. 밤 베개 베고 잠을 청하는데 부고를 전해 들으니 깜짝 놀라 꿈을 깬다. 정신이 버쩍 든다.

이제 그대 한 번 가느니 정말 남의 일이 아니로다. 그대가 남긴 정이 있어 나도 오만가지 생각이 다 든다. 안타깝기도 하고 서운하기도 하고 그리고 나도 다를 바 없으니.

잦은 병치레로 시난고난 아파도 아프다는 말도 채 다 못했던 불쌍한 늙은 학과 같은 그대. 쓰르라미만 길게 한숨 쉬며 못마땅해 울어대누나. 다행히 손자가 하나 있어 그 뜻을 충분히 이으리라. 앞으로 이 믿음은 뒷날 명확히 밝혀지겠지.

1연은 부고를 전해들은 상황이다. 저무는 하늘 근심어린 구름 막 떠오르는 초승달이 죽음과 손자로 이어지는 환생 등을 암시한다.

2연은 부고를 전해 듣고 생긴 감회. 생진에 있었던 별별 생각이 다 나고 이건 밖에 일이나 남의 일이 아니다.

3연에서는 늙은 학으로 비유되고 쓰르라미 울음으로 그 심정이 나타난다. 4연은 희망이다. 비록 사라져 가지만 그 뜻은 다시 손자가 틀림없이 이으리라. 틀림없이 내 말이 맞는 것으로 밝혀지리라. 슬픈 만사에서 한 줄기 희망의 빛이라.

38. 봄비

낮게 깔린 구름에 단비는 보슬보슬
죽순얼음 첨 녹고 앞 냇물 불어난다.

고루 적셔 베푸니 집집마다 노래요
소리 없이 적시니 온갖 씨앗 싹튼다.

잠룡이 바다에서 일어나기 시작해
뻐꾸기 우는 소리 다시 듣게 되도다.

병든 지아비 기뻐 맑은 새벽 앉았고
일년 점쳐 점괘로 이슬로 자 얻었다.

春雨　　　　(춘우)

甘雨霏霏雲朶低 (감우비비운타저)
筍冰初解漲前溪 (순빙초해창전계)
均沾施德千家頌 (균첨시덕천가송)
細潤無聲百種齊 (세윤무성백종제)
始識潛龍從海起 (시지잠룡종해기)
更聞布穀向田啼 (갱문포곡향전제)
病夫有喜淸晨坐 (병부유희청신좌)
快得年占摘露題 (쾌득년점적로제)

【 주 】 * 비비(霏霏) : 비가 조용히 내리는 모양. 보슬보슬 * 운타저(雲朶低) : 낮게 드리워진 구름 * 순빙(筍冰) : 대밭 죽순에 남아있는 얼음 * 균첨(均沾) : 고루 더해 적심 * 잠룡(潛龍) : 승천하지 않고 물에 잠긴 용 즉 기회를 기다리는 인재(왕). 주역 건괘 첫 효에서 나온 말 * 포곡(布穀) : 뻐꾸기. 봄철 씨 뿌릴[布穀] 때 뻐꾸기가 뻐꾹뻐꾹[布穀布穀] 운다고 해서 붙여진 새 이름 * 적로제(摘露題) : (점을 쳐서) 이슬 로(露)자를 뽑아들음. 이슬로 자는 은혜를 입는다는 뜻도 있음

○ 압운(押韻)은 평성(平聲)인 제운(齊韻)이다.

【 감상 】 이른 봄. 어려운 시대에도 어김없이 봄은 온다. 단비가 보슬보슬 소리 없이. 대밭 죽순엔 겨우내 얼었던 얼음이 봄비에 처음으로 녹기 시작한다. 봄비는 하늘의 은혜라. 평등하고 평등하니 고루 적시도다. 보슬보슬 내려 소리 없이 스며들어 윤택케 한다. 혜택을 고루 주나 소리도 내지 않는다. 티를 내지 않는다. 하늘께서 하신 바라. 봄을 기다렸다. 드디어 때가 되어 봄비가 내리니 봄이 일어나기 시작한다. '바다에 잠긴 용이 일어나는 것'으로 비유되어 있다. 밭을 향해 뻐꾸기가 울어 댄다. "포곡(布穀) : 뻐꾹) 포곡(布穀 : 뻐꾹)" '어서 어서 씨를 뿌리라'는 소리처럼 들린다.

온 자연이 이렇듯 봄을 재촉하니 어찌 가만히 있을 수 있으랴. 병든 몸을 일으켜 맑은 새벽에 앉아서 정신을 가다듬는다. 맑은 기운에 점을 치니 즐겁게도 "이슬 로(露)"자가 뽑힌다. 봄비는 고루 적시니 '균첨(均沾)'이다. 은혜를 베풀고 또한 베풀었다 한마디 소리도 없다. 그러니 '무성(無聲)'이다. 그리고 아주 정밀하게 스며드니 '세윤(細潤)'이다. 시의 제목처럼 비와 물과 관련된 시상과 단어가 이어진다. 시제 봄비[春雨]=단비[甘雨](←구름[雲])에, 죽순얼음[筍冰]→ 처음녹음[初解]→시내[溪]로 이어진다. 봄비는 균첨(均沾)과 세윤(細潤)으로 덕을 베푼다. 이어 시인은 맑은 새벽에 맑게 깨어 1년 점괘로 이슬 "로(露)"자 뽑고 기뻐한다.

39. 가을밤 유신정에서 벗과 자면서

갈꽃 단풍잎 비쳐 서로 늘어진 길을
물 따라 정자 찾아 천천히 따라 걷네.

중서의 장막에서 몇 년을 고수하다
이 밤은 다행하게 진자 자리 노니네.

이슬 머금은 고기 물 따라 내려가고
성근 별 기러기떼 멀리 천천히 온다.

같이 이루어야 할 우리 일 애달퍼라.
어찌 다시 내일은 각기 흩어져 가리.

秋夜與友人宿柳新亭 (추야여우인숙유신정)

蘆花楓葉映相垂 (노화풍엽영상수)
逐水尋亭緩步隨 (축수심정완보수)
此夜幸遊陳子榻 (차야행유진자탑)
幾年固守仲舒帷 (기년고수중서유)
魚呑白露從流下 (어탄백로종류하)
鴈帶踈星到遠遲 (안대소성도원지)
可惜同襄吾輩事 (가석동양오배사)
更何明日各分離 (갱하명일각분리)

【 주 】 * 진자탑(陳子榻) : 진자의 평상. 진자(陳子)는 명 말기 문인 진계유(陳繼儒 : 1558 ~ 1639)를 높이 불러 '자(子)'를 붙여 가리킴. 남종화의 거두이며 시가(詩歌)에 능했으나 29세 때 의관을 태우고 관직에 나가지 않고 동사산(東佘山)에서 82세까지 은거 * 중서유(仲舒帷) : 동중서(董仲舒 : BC 179 ~ BC 104)의 장막. 그는 제자를 가르칠 때 장막을 치고 가르쳐, 스승의 얼굴을 모르는 이도 있었다 함. 전한시대의 공자라 일컬음. 삼강오륜, 군주권 확립, 유교의 종교화로 유교 개혁 * 동양(同襄) : 같이 이룸

○ 압운(押韻)은 평성(平聲)인 지운(支韻)이다.

【 감상 】 하늘거리는 하얀 갈대와 고운 단풍이 물가에 서로 비친다. 벗을 찾아 물을 따라 걷는 가을 길은 정겹기 그지없다. 물 흐름에 발길을 맡겨 천천히 물을 따라 정자를 찾아 간다. 몇 년을 유학만 공부하다가 오랜만에 벗을 만나 풍월을 읊게 되었네. 이 밤을 벗과 함께 보내면서 시를 읊으니 얼마나 즐거운가. 그런데 벌써 헤어져야 하는가? 밤이슬을 머금은 고기는 물 따라 내려가고 별이 성근 밤하늘에 기러기 떼는 천천히 날아온다. 같이 해야 할 일이 아직도 많은데 이 밤 지나고 나서 다시 헤어져 가야 하네. 유신정에서 같이 잔 벗이 누구인 지는 밝혀져 있지 않다. 그러나 진계유의 비유를 보건대 '같이 시가(詩歌)를 읊으며 은거하는 이' 같다. 진계유는 의관을 태우고 관직을 마다하고 은거하였다. 시인은 위 고사를 들면서 은거하며 같이 시를 짓고 노는 것을 참 다행이라 생각하고 있다. '오늘 밤 우리들이 같이 할 일'[同襄吾輩事]과 '내일 각자 흩어져 갈 일'[明日各分離]은 극명한 대비를 이룬다. 이것은 2연의 '진자의 자리'[陳子榻]과 '중서의 장막'[仲舒帷]와 함께 같은 종류의 대비를 이루고 있다. 1연은 찾아가는 길이요 3연은 땅의 고기와 하늘의 기러기가 각각 헤어져 가는 것을 암시하고 있다. 만남의 기쁨도 잠시, 헤어짐의 슬픔이 앞선다.

40. 농가

축시에 눈 그치려다 인시에 갑자기 오니
우리황제 적전 열려 풍년 들기 기도하네.

날 잡아 들광주리에 부지런히 누에 치고
마지막 김을 매고서 제비오기 기다리네.

옛 곡식 이미 비었고 몸은 또한 굶주린데
새 옷을 입기도 전에 세금은 늘 재촉한다.

만약 나라 태평하고 풍년 드는 세상이면
쉴 때에 서로 불러서 술과 벗하고 마시리.

田家　　　　(전가)

丑雪將窮寅斗回 (축설장궁인두회)
吾皇祈穀籍田開 (오황기곡적전개)
野筐擇日勤蠶沐 (야광택일근잠목)
山耒忘時待鷰來 (산뢰망시대연래)
舊穀已虛身亦餒 (구곡이허신역뇌)
新衣未着稅常催 (신의미착세상최)
若逢國泰年豊世 (약봉국태년풍세)
迨暇相稱朋酒盃 (태가상칭붕주배)

【 주 】 * 장궁(將窮) : (눈이) 그치려 함 * 두회(斗回) : 갑자기 돌아옴. 곧 (눈이) 다시 내림 * 기곡(祈穀) : 곡식이 잘 되기를 (하늘에) 빎 * 적전(籍田) : 임금이 몸소 농민을 두고 농사를 지어, 거둔 곡식으로 (하늘에) 제사를 지내는 제삿논[祭田] * 야광(野筐) : (들에서 뽕을 따는) 광주리 * 잠목(蠶沐) : 누에를 침 * 산뢰(山耒) : 산쟁기. (김을 매는)호미 * 망시(忘時) : 마지막 김을 매는 시기. '망시'는 원래 한자가 없는 순우리말. 여기서는 우리말 소리를 빌어[借音] 한자로 쓴 것 * 태가(迨暇) : 쉴 때에 이르면. 여가가 생기면

○ 압운(押韻)은 평성(平聲)인 회운(灰韻)이다.

【 감상 】 아직은 이른 봄. 눈이 그치려다 다시 갑자기 내린다. 황제(고종)를 비롯해 모두가 풍년들기를 기도한다. 농부들은 들에 나가 뽕을 따서 누에를 치고 모내고 김을 맨다. 춘궁기라. 지난 해 곡식은 벌써 비고 허기가 진다. 아직 길쌈하여 새 옷도 마련하지 못했는데 벌써 세금부터 내라 한다. 배고프고 힘들었던 농민의 삶이다. 부지런히 누에를 치고 김을 매고 열심히 살아도 힘들다. 예나 지금이나 서민들의 삶은 힘드나 보다.

1연은 하늘과 날씨에 관련된 내용이다. 2연은 농민의 삶과 그들의 작은 소망, 3연은 호랑이보다 더 무섭다는 세금에 대한 내용이다. 4연은 시인의 소망이다. 지금은 태평성대가 되었나? 경제발전으로 예전처럼 굶주리지는 잘 않는다. 그러나 도시화 산업화가 많이 진행된 지금 자연과 이웃들은 잊고 있지 않은가? 여가가 있어도 친구를 불러 술잔을 나누는 일 자체가 드물지 않은가? 같이 나누는 삶이 점점 없어져 가는 것이 아닌가?

안전과 풍요. 사람이 바라는 가장 기본적인 것이다. 이는 또 국가가 해야될 가장 기본이다. 그래서 위 시에서처럼 '국태년풍세(國泰年豊世)'는 가장 소박한 바람이다. 거기서 백성의 '민안(民安)'은 온다. 이 "농가"에서는 이러한 희망과 소망을 노래하고 있다.

41. 김영학에게 드림.

잣고개 한가운데에 초가집 한 채 있어
복을 누릴 줄 아니 화가 어찌 더 하리

규범 이미 갖춰서 서로가 전하는데
효자열녀 다 죽어 이것이 운명이라

그때그때 궁달이 어찌 한이 되리오.
죽고 삶이 도로서 슬픔 아니 느노니

이제 눈물 멈추고 돌려 축하 하노니
다행히 보수 남겨 봄에 작은 꽃핀다.

寄贈金永鶴　（기증김영학）

栢峴村中茅一家 (백현촌중모일가)
知應享福禍何加 (지응향복화하가)
典刑已具相傳也 (전형이구상전야)
孝烈全亡是命耶 (효열전망시명야)
窮達隨時那可恨 (궁달수시나가한)
死生由道不曾哀 (사생유도부증애)
我今停淚施爲賀 (아금정루시위하)
寶樹幸遺春小花 (보수행유춘소화)

【주】 * 백현촌(栢峴村) : 벌교읍 척령(尺嶺)리 잣고개 마을. 백제시대엔 청룡리(靑龍里), 조선시대엔 마을 뒷산에서 전동(典洞)으로 넘어가는 고개에 잣나무가 많아 백현(栢峴), 일제 시대엔 척령(尺嶺)으로 불림. 현재 척령(尺嶺)은 '잣'[栢]을 일제가 엉뚱하게 비슷한 음의 다른 뜻 '자'[尺]로 잘못 바꾼 것으로, 맞는 옛 이름인 '잣고개'를 되찾을 필요가 있음. 학포 양팽손은 후손을 위해 명당 터인 낙안 잣고개 마을에 터를 잡았다함 * 전형(典刑) : 예로부터 전해 내려오는 법전. 조상이나 스승을 본받을 규범 * 효열(孝烈) : 효자와 열녀 * 궁달(窮達) : 빈궁과 영달. * 보수(寶樹) : 보배 나무. 곧 가문, 자손을 보배로운 나무에 비유
　○ 압운(押韻)은 평성(平聲)인 마운(麻韻)이다.

【감상】 잣고개 마을에 띳집 한 채. 조용히 분수를 지키며 살아가는 이가 있다. 분수를 지키며 만족할 줄 알아 욕심을 부릴 줄 모르니 어찌 화가 더 미치리. 조상 대대로 내려오는 규범이 이미 다 확립되어 있어 서로서로 전해 내려온다. 그래서 가문에 효자 열녀가 나오는데 이들이 다 죽으니 어쩌나 이것이 다 운명인 것을. 김영학에게 부친 시이다. 그는 잣고개 마을에 초가집을 짓고 살면서 분수를 지키고 검소하게 살았던 사람 같다. 선대로 규범이 갖춰진 집안이라 효자나 열녀도 나는 데 이제 다 가고 없으니 이것도 하늘이 정한 운인가?
　사람은 한 번 왔다 가는 것. 그게 하늘이 정한 길이요 도이니. 나고 죽은 깃으로 크게 슬퍼하지도 않는다. 그린데 그 때 그 때 시운에 따라 가난하거나 높은 직위에 오르는 일 따위에 어찌 크게 매이리오. 죽어서 슬픈 건 자연스런 것. 그러나 이제 눈물을 멈추고 축하하리니. 자식 나무들이 보배스럽게 봄을 맞아 작은 꽃을 피운다. 조상이 나무의 뿌리라면 자손은 잎과 꽃이다. 뿌리가 있는 나무라면 봄을 맞아 잎과 꽃을 틔운다. 사람도 죽어 보이지 않아도 자손이 번창하여 그 맥을 이어 나간다.

42. 박태규와 남당포에 가서 등룡도를 바라보며

하늘 닿은 물빛 모두가 푸르고
눈 가득 연운에 어디가 어딘가?

큰 자라 머리로 삼신산을 이고
만리 부는 바람 붕새 날개 띄워

음양 숨쉬기로 원기를 키우고
밝비인 해와 달 도의 마음 길러

천년 용문사를 다시금 잇고자
여러 소리 빛들 내 도량 키운다.

與朴泰珪往南塘浦望騰龍島 (여박태규생남당포망등룡도)

極目烟雲不識疆 (극목연운부식강)
接天水色共蒼蒼 (접천수색공창창)
三神山泛鰲頭戴 (삼신산범오두대)
萬里風搖鵬翼揚 (만리풍요붕익양)
呼吸陰陽元氣大 (호흡음양원기대)
虛明日月道心長 (허명일월도심장)
千秋更續龍門史 (천추갱속용문사)
八望聲光助我量 (팔성성광조아량)

【 주 】 * 남당포(南塘浦) : 고흥군 대서면 남정리에 있는 포구   * 등룡도(騰龍島) : 여기 시엔 남당포에서 바라다 보이는 섬이라 하나 지금은 대서지구 보성간척지가 되어 찾을 길이 없음   * 극목(極目) : 눈으로 볼 수 있는 데까지 한없이 바라봄   * 삼신산(三神山) : 거북 등위에 있는 전설속의 산 곧 봉래산, 방장산, 영주산. 우리나라에서는 금강산, 지리산, 한라산   * 붕익(鵬翼) : 붕새 날개, 붕새는 장자의 소요편에 나오는 "북쪽의 곤(鯤)이 자라서 된 큰 새" '세속적인 삶(북쪽바다의 곤)에서 벗어나 영적으로 거듭나서(鵬) 하늘나라(남쪽바다)로 가는 인간'을 비유   * 용문사(龍門史) : 용문은 중국 황하 중류의 급한 여울로 잉어가 이곳을 오르면 용이 된다고 함. 입신출세의 관문. 환골탈태의 거듭남을 뜻함

○ 압운(押韻)은 평성(平聲)인 양운(陽韻)이다.

【 감상 】 득량만 바닷가 포구 남당포에 박태규와 같이 등룡도를 바라본다. 하늘이나 바다 다 같이 푸르다. 거기에 바다 안개와 구름까지 끼니 눈 끝까지 바라봐도 어디가 어딘 지 잘 안 보인다. 거듭나서 삼신산에 사는 신선이 되리. 하늘을 나는 붕새가 되어 하늘로 오르리.

음양호흡으로 '본래의 기'[元氣]를 키우고 밝고 비인 해와 달을 보며 도(道)의 마음을 키운다. 그 밝은 성품과 사사로움이 없이 비인 성품은 곧 우리 사람이 가져야할 마음이다. 날숨[呼]은 양(陽)이고 들숨[吸]은 음(陰)이다. 일음일양(一陰一陽)으로 균등하게 정음정양(正陰正陽)을 찾는 것이 "음양호흡"이리.

잉어가 뛰어올라 용이 되는 것처럼 거듭나리. 사방팔방의 여러 빛과 소리의 도움을 받아 내 도량을 키우리. 물고기 곤이 하늘의 붕새가 되고 물의 잉어가 용이 되어 하늘로 오른다. 이는 '땅의 인간이 도(道)를 닦아 거듭나 하늘로 오르는 것'의 상징이리라. 남당포 바닷가에서 도(道)를 노래하고 있다.

43. 감람골 옛터를 지나며 감회에 젖어

이 골 지날 때마다 온갖 수심이 일고
옛 터는 소소하게 눈앞에 아른거려

부자가 한해 내내 여기에서 보냈고
고부가 같은 곳서 아이를 보전했다.

작은 산 돌이 많아 골은 늘 가난하고
꽃 없는 늙은 나무 얼마나 흘렀을까?

내 도 닦기 시작이 일찍이 옛일 되고
이지러진 달 다시 둥긂을 어찌 알리

過柿木里舊墟感古 (과시목리구허감고)

每過此洞萬愁牽 (매과차동만수견)
古蹟昭如在眼前 (고적소여재안전)
子父終年遺戎在 (자부종년유융재)
婦姑同處保孩全 (부고동처보해전)
小山多石村常僻 (소산다석촌상벽)
老樹無花歲幾遷 (노수무화세기천)
迨我始修曾往事 (태아시수증왕사)
那知缺月復生圓 (나지결월부생원)

【 주 】 * 시목리(柿木里) : 보성군 율어면 유신리 감람골. 율어에서 벌교로 넘어가는 길(895번 지방도) 아래 마을로 돌이 많음. 감나무가 무성하고 고목이 많아 감나무골[감람골]이라 부름 * 종년(終年) : 한 해를 다 보냄. 종세(終歲) * 유융재(遺戎在) : 크게 남기어 있음 * 태아(迨我) : 나에게 이르러. 내게 있어 * 나지(那知) : 어찌 알리?

○ 압운(押韻)은 평성(平聲)인 선운(先韻)이다.

【 감상 】 감람골 옛터를 지나며 옛 생각에 감회에 젖는다. 이 골 지날 때마다 만 가지 생각이 다 난다. 그 옛날 자취가 마치 눈앞에 있는 듯 펼쳐진다. 아버지와 아들, 시어머니와 아이들 온 식구들이 여기에서 살았지. 그럭저럭 살고 보전은 했지만 어렵게 살았지. 작은 산등성이에 돌이 많은 골짜기. 밭도 논도 적으니 늘 살기가 어렵고 후미진 산골.

꽃도 피지 않는 늙은 나무는 몇 해를 보내고 있나? 세월도 무상하고 변했다. 내가 일찍이 도를 닦기 시작한 것도 옛 일이 되었구나. 그러나 이지러진 달이 다시 둥글어지는 것을 어찌 알았으리. 세상은 변하고 살기는 어려워도 내 도의 성장은 있었으니… 감람골의 꽃 없는 늙은 나무. 봄이 와도 다시 꽃 피지 않는다. 한번 간 청춘은 다시 오지 않는다. 무릇 땅에서 온 것은 다 땅으로 돌아간다. 다 스러져 가나니.

그러나 도를 닦음은 하늘을 닮아감이니. 하늘 도를 닦는 것이니. 하늘의 이지러진 달이 다시 둥글듯. 몸은 노쇠해도 내 속사람은 다시 보름달처럼 차오르니. 그런 소식을 어찌 알았겠는가?

이지러진 달도 다시 둥그레 떠올라 밝으니, 이 '부생원(復生圓)'은 이 시의 주제어이다. 누구든 하늘 도를 닦으면 그렇게 이지러진 마음도 다시 둥글게 된다. 원래 둥글었던 것. 본 모습을 다시 찾는 것이 도일지니.

그런데 이것을 아무도 아는 이도 없다. 오직 시인만 이를 알고 도를 닦았다.

44. 벗을 찾아 선들을 지나며 - 임치선

해 비낀 돌다리 건너 벗을 찾아 가 묻노니
아이는 머얼리 문밖을 가리키네.

갈매기 노는 따스한 물에 고기 잡고 낚시를 하고
꾀꼬리 우는 깊은 산에서 나물 캐고 나무를 했지

한 밤을 같이 자면서 꽃을 즐기고
두 집에서 버들 나눠 멀리 서로 불렀지.

노년에 다행히 내 소리 알아주는 벗을 만나
달빛 아래서 그대는 거문고 나는 또 통소

過立石里訪友人 (과입석리방우인) - 任治善(임치선)

訪友斜陽渡石橋 (방우사양도석교)
小童指示出門遙 (소동지시출문요)
白鷗水暖漁兼釣 (백구수난어겸조)
黃鳥山深採復樵 (황조산심채부초)
一夜賞花因共宿 (일야상화인공숙)
兩家分柳遠相招 (양가분류원상초)
老年亦幸知音遇 (노년역행지음우)
月下君琴又我簫 (월하군금우아소)

【 주 】 * 입석리(立石里) : 보성군 겸백면 석호1리 선돌(선돌)부락. 마을 서쪽 하천변에 청룡등(靑龍登) 중턱에 큰 바위가 우뚝 서 있으며 이 선돌에 "창녕조씨세기(昌寧曺氏世紀)"라는 비문이 지금도 선명하게 기록돼 있음. 이 바위를 선돌이라 하여 마을 이름을 '선돌'이라 함. 지금도 돌다리는 그대로 있고 선돌은 큰 길가에 섬이 되어 서 있음 * 분류(分柳) : 버들을 나눔. 헤어질 때 버들을 꺾어 주는[折柳] 풍습으로 버들을 나누어 가지고 있음은 '헤어진 상태'를 뜻함 * 지음(知音) : 내 소리(뜻)를 알아주는 절친한 벗. 거문고 명수 백아(伯牙)의 거문고 소리를 종자기(鍾子期)만이 알아줬다는 고사에서 유래.

○ 압운(押韻)은 평성(平聲)인 소운(蕭韻)이다.

【 감상 】 해가 뉘엿뉘엿 햇살이 비끼는데 벗을 만나러 선돌로 간다. 돌다리에 저녁 햇빛이 비스듬히 비친다. 때마침 벗은 없고 작은 아이가 저쪽으로 나가셨다고 문밖을 가리킨다. 만나지 못한 벗을 생각한다. 여름이면 갈매기 노는 물에서 고기 잡고 낚시를 낚았었지. 깊은 산 속에서 나물 캐고 나무를 했지. 같이 잠을 자면서 꽃을 감상했고 서로 떨어져는 서로 멀리 부르며 아쉬워했지.

해질녘 돌다리에 햇살이 비끼니 그 그림자가 길다. 외롭다. 1연은 황혼이니 노년을 암시한다. 노인과 작은 아이. 작은 아이는 멀리 문밖을 가리켜 나갔다 한다. 2연은 완전한 대구다. 강과 산, 고기잡이와 나물 캐기, 낚시와 나무하기 등등. 한 밤을 같이 자면서 꽃을 감상한다. 또 헤어져서는 멀리 서로 불렀다. 늘그막에 서로 알아주는 벗을 만나니 얼마나 좋은가? 백아가 거문고를 타면 오직 종자기만이 알아주었던가? 그래서 종자기가 죽으니 거문고 줄을 끊었던가? 달빛 아래서 그대가 거문고를 타면 나는 퉁소를 부네. 벗과 우정을 노래한 시다. 쓸쓸한 노년에 진정으로 알아주는 벗을 만나는 것은 얼마나 큰 행운인가.

45. 물염정에 대해 지음 - 동복에 있는, 앞 운을 따라

동녘 언덕 우뚝 선 작은 한 정자
조정 신하 풍류는 전원을 즐기는 것

가을밤 배 띄우니 밝은 달뜨고
약초 캐는 봄 산에 흰 구름 높아라.

낚시하다 때 되면 물 길러 밥 먹고
새소리 듣고 꽃 보며 천천히 막걸리 기울인다.

이 해에 벼슬 바라지 않나니
고기 잡는 한량 왜 늘 수고하리.

題勿染亭　　　(제물염정)　　- 在同福用前韻(재동복용전운)

小亭特立一東皐 (소정특립일동고)
朝士風流其樂陶 (조사풍류기락도)
秋夜泛舟明月出 (추야범주명월출)
春山採藥白雲高 (춘산채약백운고)
釣魚汲水時供飯 (조어급수시공반)
廳鳥看花晩酌醪 (청조간화만작료)
不願當年來俗駕 (불원당년래속가)
漁郞何事每多勞 (어랑하사매다로)

【 주 】* 물염정(勿染亭) : 화순군 이서면 창랑리 물염적벽에 있는 정자. 명종 때 물염(勿染) 송정순(宋庭筍 : 1521 ~ 1584)이 관직을 그만두고 여기서 은거하다 외손 나무송, 나무춘에게 전수(傳授) * 기락도(其樂陶) : 도연명처럼 누리는 전원생활의 그 즐거움

○ 압운(押韻)은 평성(平聲)인 소운(蕭韻)이다

【 감상 】

이 시는 물염정을 전수(傳受)받은 창주(滄洲) 나무송(羅茂松)의 원운의 운(韻)을 그대로 써서 지은 시다. 그 원운을 보자.

두어 칸 작은 집 동쪽 언덕에 세우니	數間茅屋結束皐
문 앞은 사안과 도연명 사는 곳 같아라	門巷依然似謝陶
밤이 되니 비 내려 고깃배 젖고	江雨夜來漁艇濕
아침 골 구름 걷히니 옥봉 높아라	洞雲朝散玉峰高
아이들은 낙엽 모아 붉은 밤 굽고	童收落葉燒紅栗
아내는 국화 따서 막걸리에 띄우네	妻摘黃花泛白醪
일찍이 전원의 이 맛을 알았더라면	林下早知如此味
어찌 고된 벼슬살이 매달렸으랴	青袍身勢豈曾勞

원운의 '사안'은 진나라 때 40세까지 동산(東山)에 은거한 명신 사안석(謝安石)이다. 이 시의 시상도 원운과 거의 비슷하다. 송정순의 호와 같이 세상에 물들지 않는[勿染] 순수함을 간직하자는 뜻의 정자. 전원에서 은거하는 신비의 정신이 배어있다. 2연, 3연은 자연과 하나된 전원생활의 즐거움이 잘 그려져 있다. 대구가 아름답다. 달 밝은 가을밤에 물염적벽 강가에 뜬 배. 약초 캐는 푸른 봄 산에 떠오르는 흰 구름. 아름다운 적벽강 한 폭의 수채화이다. 무슨 걱정이 있나? 나 자신도 자연의 일부인 걸. 낚시에 열중하다 보면 배가 고프다. 배고프면 물 길러 밥을 해 먹는다. 아름다운 꽃을 보며 새 소리를 들으며 천천히 기울이는 이 막걸리 맛.

46. 두산을 생각하며 - 조병윤

그 당시 두산은 인재로 촉망받았지
일찍이 청낭을 얻어 문득 깨달았지.

여러 문중 유세해도 뜻을 얻지 못하고
누항에서 가난하게 살고 진정 옮기지 않았지.

어렵게 만나 꽃 앞에서 술잔 들고
옛 자취 높이 있는 정자에서 시를 읊었지.

나를 따라 오른 지 벌써 며칠이었던가?
공덕을 생각하면 실타래 같은 눈물 흐른다.

追憶斗山　　(추억두산)　　- 曺秉倫 (조병윤)

斗山才望重當時 (두산재망중당시)
早得靑囊便覺知 (조득청낭변각지)
遊說諸門皆不遇 (유세제문개불우)
貧居陋巷正無移 (빈거누항정무이)
會緣難對花前酌 (회연난대화전작)
遺跡尚存亭上詩 (유적상존정상시)
從我登臨能幾日 (종아등림능기일)
追思功德淚如絲 (추사공덕누여사)

【 주 】 * 조병윤(曺秉倫) : 호 두산(斗山). 담은정시집에 12번째로 그의 담은정 화답시가 있음 * 청낭(靑囊) : 청낭비결. 화타의 의서인데 화타가 사형당하기 전 오압옥에게 전수. 오압옥의 아내는 의서를 배우면 화타처럼 죽는다 생각해 태워서 전하지 않음 * 유세(遊說) : 각 처를 다니며 자기의 의견을 설명하고 선전함 * 불우(不遇) : 뜻의 일치를 보지 못함

○ 압운(押韻)은 평성(平聲)인 지운(支韻)이다.

【 감상 】 두산이 일찍이 깨달음을 얻었지. 화타의 청낭과 같은 거지. 청낭은 전수되지 않았어. 두산의 뜻도 어느 문중에서도 받아주질 않았지. 그리고 항상 가난하게 살았지. 그래도 옮기려 하지 않았지. 두산을 어렵게 만났지. 때마침 꽃이 피었지. 꽃 앞에서 같이 술잔을 기울였어. 옛 자취가 어린 정자에서 같이 시를 읊었어.

그렇게 나를 따라 다닌 지 그 얼마나 됐던고? 그 공덕 생각하면 눈물이 실타래처럼 흘러. 두산이나 시인이나 다 알아주지 않았던 남다른 뜻을 지녔겠다. 같이 고생하며 설득하고 해도 누구도 알아주지 않았지. 그래서 같이 고생한 것을 생각하면 눈물이 나는 거지.

두산의 글과 시, 담은정팔경시의 화답시가 '담은정시집'에 실려 있다. 시인과 항렬도 같은 종친이며 글벗이기도 하다. 4연에서 종아등림(從我登臨 : 나를 따라 오른 지)으로 쓰는 것으로 봐서는 시인을 따라 다니면서 뜻을 펼쳤던 도반인 것 같다.

여기서 등(登)은 '정자에 오른다.' 로도 볼 수 있겠다. 유적상존(遺跡尙存 : 옛 자취 높이 있는)의 정자는 한 정자가 아니라 여러 정자를 말한다. 곧 여러 문중의 정자를 돌며 시를 읊고 뜻을 피력했다 보인다.

뜻을 같이해 같이 활동했던 시의 벗 두산을 생각하니 두 줄기 눈물이 실타래처럼 흘러내리누나.

47. 모후산에 올라 – 동복에 있는

한 강 에워싼 수많은 봉 층층이 서 있고
아름다운 기운 고루고루 뿌려 푸르스름하다.

계수나무 달은 땅에서 솟아 이제 막 뜨고
구름용은 하늘 향해 바야흐로 날아오른다.

수많은 속세 사람들 지팡이 짚고 오르니
마땅히 신선은 피리불고 돌아간다.

봄잠에 숲에서 해진 줄 몰랐거니
오직 산새가 나를 집으로 내려가라 하네.

登母后山　　　(등모후산)　　　– 在同福(재동복)

千峯層立一江圍　(천봉층립일강위)
佳氣圓融滴翠微　(가기원융적취미)
桂月初明旋地出　(계월초명선지출)
雲龍方起向天飛　(운룡방기향천비)
幾多俗客携筇到　(기다속객휴공도)
應有仙人吹笛歸　(응유선인취적귀)
春睡却忘林日暮　(춘수각망임일모)
幽禽送我下山扉　(유금송아하산비)

【 주 】 * 모후산(母后山) : 전남 화순 동복에 있는 산(919m). 주암댐 담수로 삼면이 푸른 물줄기에 둘러있음. 고려 공민왕이 홍건적의 난을 피해 왕비와 태후를 피신시킨 산이라 해서 모후산이라 부름 * 일강(一江) : 한 강, 여기서는 보성강, 지금은 주암댐이 보임 * 원융(圓融) : 둥글게 녹아 있음 * 계월(桂月) : 계수나무가 있다는 달. * 운룡(雲龍) : 구름 용. 용처럼 틀어 오르는 구름 * 기다(幾多) : 수많은

○ 압운(押韻)은 평성(平聲)인 미운(微韻)이다.

【 감상 】 모후산에 올라 감상을 읊은 시다. 한 강이 에워싼 층층이 서 있는 봉우리. 그 푸르스름한 희미한 기운, 모나지 않고 둥글둥글 모든 것을 감싼다. 아름답다.

계수나무 아래 토끼가 방아 찍은 저 낭만적인 달. 땅에서 막 솟아나 달빛 비친다. 구름은 용트림한 듯 하늘을 나는 듯

수많은 속세 사람들이 산에 오르니 당연히 산에 사는 신선이 숨을 수밖에. 산에 오른 나는 해지는 것도 모르고 봄잠에 취해있다. 저 멀리 산새들이 지저귀며 깨우네. 어두워졌으니 산을 내려 집으로 가라고.

1연은 산에 올라 내려 보는 경치다. 가히 선경이다. 푸르스름한 아름다운 기운이 감싸고 있다.

2연은 뜨는 달과 오르는 구름이 아름답게 대비되어 있다. 자연은 이렇듯 아름다운데 3연은 현실이다.

이 아름다운 산까지 속세 사람들 들끓으니 원래 주인인 신인이 숨을 수밖에. 낮에는 이런 신선의 땅도 사람들 때문에 어지럽혀 지구나.

잠깐 산에 올라 세월을 잊으니. 봄잠 때문만은 아니리. 세월 잊고 산에 있으려 해도 밤이 되니 산새가 나를 집으로 쫓는구나. 낮에는 속세 사람들 신선을 쫓지만 밤에는 산새의 세상이라. 너희는 너희 집으로 가라.

48. 오류골에 대해 지음

기유년 가을 전부터 살기 시작했는데
아직도 호수 비바람 개이지 않을까 걱정

주위 절반 심은 버들 빽빽하게 자라고
그 위에 정자 지으니 계획 서툴지 않았네.

무릉도원 찾는 길 하늘에 별도로 있고
봉래산 찾는 신선 세상에 전하지 않는다.

이렇게 숨어사는 선생을 본받고 싶어
밭두둑서 호미차고 농사지으며 산다.

題五柳村　　　(제 오류촌)

己酉前秋始卜居　(기유전추시복거)
警湖風雨未晴餘　(경호풍우미청여)
半邊栽柳功尤密　(반변재류공우밀)
其上營亭計不疏　(기상영정계불소)
覓路桃源天別有　(멱로도원천별유)
求仙蓬島世傳虛　(구선봉도세전허)
隱斯欲傚先生趣　(은사욕방선생취)
治事田疇帶月鋤　(치사전주대월서)

【 주 】 * 오류촌(五柳村) : 보성군 율어면 유신리 오루굴. 지명은 오류(五柳)선생 도연명을 따른 것으로 보이고 시인은 이곳에 담은정을 짓고 자연과 함께 삶 * 기유전추(己酉前秋) : 기유년(1909년) 이전 가을, 곧 1908년 가을 * 계불소(計不疏) : 계책이 서투르지 않음. 참 잘 생각함 * 치사(治事) : 다스리는 일, 하는 일 * 전주(田疇) : 밭두둑, 밭 경계 * 월서(月鋤) : (초승달같이) 둥근 호미

○ 압운(押韻)은 평성(平聲)인 어운(魚韻)이다.

【 감상 】 오루굴은 담은정이 자리 잡은 곳이다. 시인은 1908년 가을부터 여기에 은거한다. 지금은 집도 없고 오래된 작은 감나무 한 그루만이 담은정지에 서 있다. 오루굴은 깃발이[旗亭]와 서골[書洞] 뒤로 행정구역상으로는 장동(長洞)에 속한다. 시인은 버드나무를 집 주위에 심는다. 버들 다섯 그루를 심고 호로 삼은 오류(五柳)선생 도연명을 본받아. 반 가까이 빙 둘러 버들을 심고 보니 이들이 이렇게 빽빽이 자랐다. 버들을 심고 정자를 세우자 한 생각이 참 잘 되었어.

세상 사람들 도원경을 그리고 무릉도원을 찾지. 그런데 그런 곳이 어디 있겠나? 이 지상에. 하늘에 별도로 있을 테지. 그곳이 곧 천국, 하늘나라 아닌가? 봉래섬 신선을 찾으나 세상에 전하지 않지. 불로장생의 섬도 신선도 이 세상엔 없지 않는가? 이처럼 은거하는 선생의 우아한 아취를 본받고 싶다. 여기서 선생은 도연명이 아닌가? 하는 일이라고는 밭두둑에서 호미차고 거니는 깃뿐이라오.

3연에서는 도원경도 없고 봉래섬도 없다 한다. 신선도 세상에 없다 한다. 그러면서 4연에서는 자신의 숨어사는 전원생활을 은근히 자랑한다. 우아하게 본받아 하는 일이 호미 들고 밭가에서 왔다 갔다하는 것.

자연과 함께하는 것이 신선이 아니고 무엇이랴? 자연과 함께 자연스레 늙어가니 그게 신선 아닌가?

49. 정자앞 감국

돌 쌓아 정자 짓고 밑에는 못을 파고
꽃 심어 향취 나니 한결 빼어나도다.

다투지 않는 봄 생물은 양보할 줄 알고
가을 볕 치우쳐도 늘 기일 지키도다.

바람 차가운 날에는 차라리 향기품고 죽고
이슬 내릴 때에는 잎이 다시 나네.

늙은 처 새벽 거른 술 달기만 하고
나는 술에 취해 도연명 천년 시 읊네.

亭前甘菊　　(정전감국)

累石爲亭下鑿池 (누석위정하착지)
種花成趣一層奇 (종화성취일층기)
不爭春物能知讓 (부쟁춘물능지양)
偏愛秋陽每守期 (편애추양매수기)
寧死抱香風冷日 (영사포향풍랭일)
還生抽葉露和時 (환생추엽노화시)
老妻酵釀多甘味 (노처효양다감미)
醉誦淵明千載詩 (취송연명천재시)

【 주 】 * 감국(甘菊) : 황국(黃菊). 산국보다는 조금 크고 주로 산에서 자라는 들국화. 9-10월에 노란 꽃이 핌 * 종화(種花) : 꽃을 심음 * 편애(偏愛) : 치우친 사랑. (볕이) 고루 비치지 않음 * 영사(寧死) : 차라리 죽음 * 추엽(抽葉) : 잎이 싹틈 * 노화(露和) : 이슬이 서로 엉김 * 효양(曉釀) : 새벽에 술을 거름

○ 압운(押韻)은 평성(平聲)인 지운(支韻)이다.

【 감상 】 정자 앞의 감국을 읊고 있다. 전원생활의 기쁨을 꽃과 함께 한다. 돌을 쌓아 축대를 만들고 밑에는 작은 못을 판다. 못 가에 감국을 심어 꽃이 피니 그 향기가 정자에 가득하다. 봄꽃들은 다투지 않고 차례차례 잘도 피고, 가을 햇볕은 잘 비치지 않아도 어김없이 감국은 시기 맞춰 핀다. 자연의 질서정연함. 욕심 없음. 봄에 나는 생물들. 제 차례가 되면 그저 싹트고 자랄 뿐 다툼이 없다. 가을꽃을 햇볕이 잘 사랑하지 않아 잘 비춰주지 않아도 가을꽃은 어김없이 시간이 되면 핀다. 감국도 피어 향기를 토하다 겨울로 들어가면 차라리 향기를 안고 죽는다. 발버둥치지 않는다. 또 이슬 맺히는 봄이면 싹을 틔운다. 자연의 순리로 차례를 지키며 욕심 없이 사는 모습이다. 감국은 하늘이 정한대로 따르며 산다.

시인도 늙은 처가 새벽에 일어나 걸러준 술을 마신다. 시장한 터인가 정성 때문인가 감국 때문인가 술이 달기도 하다. 술에 취해 도연명의 천년의 시를 읊조린다. 전원생활을 즐기며 시와 함께 자연과 함께 욕심 없이 산다. 인생을 힘께 해 같이 늙이비린 치. 그 치기 정성으로 빚어 준 술 한 잔. 그것도 감국이 노랗게 핀 환한 새벽에 정자에서 마시는 술은 달기만 하다. 그 술이 감국으로 담근 국화주일까? 어쩌면 성숙한 인생으로 담근 술 아닐까? 시인은 그 술에 취한다. 자연에 취한다. 시에 취한다. 도연명의 시처럼 "울밑에 국화 하나 꺾어들고 그윽이 남산을 바라보고. 말을 하려다 말을 잊는가?"

50. 조병희 자리에서 만주의 벗을 만나

일찍이 나라밖 서북 좋다는 애기를 듣고
큰 뜻을 품고 그대는 먼 길을 떠났다.

예부터 그 지방은 북쪽 땅이라 불렀으나
지금 백성 살기가 남쪽 땅 보다 낫다.

한 밤에 만난 인연 더욱 깊어서
십 년을 경영하며 힘써 도왔다.

나를 보고 하는 말이 자연환경이 좋다더니
늙어서는 동녘 귀퉁이 잃는다고 후회하기 시작한다.

曹秉喜席上逢滿洲國友人 (조병희석상봉만주국우인)

曾聞海外漏名區 (증문해외누명구)
萬里君行鵬遠圖 (만리군행붕원도)
從古邦基稱北地 (종고방기칭북지)
至今民業勝南湖 (지금민업승남호)
一宵邂逅緣尤重 (일소해후연우중)
十載經營力有扶 (십재경영력유부)
對我爲言風土樂 (대아위언풍토요)
晩年始悔失東隅 (만년시회실동우)

【 주 】 * 해외누(海外陋) : 나라밖 서북 모퉁이, 곧 만주를 뜻함   * 방기(邦基) : 그 지방 터(자리) * 북지(北地) : 북쪽 지방 여기서는 만주지방 * 민업(民業) : 백성들의 직업, 돈벌이 * 남호(南湖) : 남쪽 지방, 호남지방 * 풍토(風土) : 지역에 따라 서로 다른 특색을 지닌 자연 환경 * 동우(東隅) : 동녘 귀퉁이, 곧 동쪽에 있는 우리나라
○ 압운(押韻)은 평성(平聲)인 우운(虞韻)이다.

【 감상 】 만주지방에 대해서 노래하고 있다. 이제 겨우 백 여 년도 못 되었는데 벌써 잊혀간 땅이 되어버린 그 땅에 대해서.
조병희는 종인(宗人)이자 시 벗. 호는 창산(昌山)이다. 담은정시집에 33번째로 그의 글과 화답시가 나온다.
나라밖 서북지역은 만주국을 말한다. 지금은 중국 땅. 아직도 연변지방엔 많은 우리 조선족이 산다.
당시 일제 때 어려웠던 시절. 먹고 살기가 힘들어 그 먼 만주까지 가는 예가 많았다. 글쓴이의 손자도 그러했고 여기 이 시와 같이 만주로 간 친구도 있다.
춥고 험한 땅 만주. 그곳은 예전부터 북쪽 땅이라 춥고 살기 어려웠지. 그런데 지금은 살기가 오히려 이곳 남쪽보다 낫다고 소문이 났다.
그래서 이역만리 먼 그 곳까지 살려고 떠났지. 살기가 더 낫다 하더니. 우리 그 날 저녁 만난 인연으로 십년을 서로 도우며 살았지. 이제 나이가 드니 살기 좋다던 만주의 자연환경보다 더 그리운 긴 고향이지. 이제 고향을 잃어버린 것 같아 이를 후회하네.
대처에 나가 잘 살아도 나이 들면 태어난 고향이 그리운 건 인지상정. 떠나고 나서 나이가 드니 고향을 잃었다 후회하기 시작한다.

51. 빙월정에 대해 지음 - 안두산

띳집 정자 한 채 강 머리에 서서
빙월 정신으로 옛 귀감 머문다.

사원 원액 이미 내려 여러 사람 입 오르고
공자 말씀 끊임없이 천년을 내려 오구나

앞 돌아드는 물 차고 소리 크고
멀리 뵈는 명산 큰 기운 흐른다.

숲에 비와 먼지 씻고 개어 다시 좋아라.
시와 장고 짝 삼아 해마다 봄놀이 하네

題氷月亭　　(제빙월정)　　 - 安斗山(안두산)

一茅亭子효江頭 (일모정자입강두)
氷月精神古鑑留 (빙월정신고감류)
院額已降騰萬句 (원액이강등만주)
泗源不斷接千秋 (사원부단접천추)
當前曲水寒聲大 (당전곡수한성대)
望裏名山顥氣流 (망리명산호기류)
林雨洗塵晴更好 (임우세진청갱호)
年年詩鼓伴春遊 (연년시고반춘유)

【 주 】 * 안두산(安斗山) : 빙월정을 신축한 안사순(安思淳)으로 추정
* 제빙월정(題氷月亭) : 은봉(隱峰) 안방준(安邦俊 : 1573 ~ 1654)을 기려
12대손 안사순이 1923년 신축, 1981년 홍수로 유실 1983년 복설, 주암댐
건설로 송광면 우산(牛山)리 내우산 마을 오봉(五峰)산 기슭 개미등에 이
설한 정자. 현재는 마을 앞에 고인돌공원이 조성됨   * 빙월정신(氷月精神)
: 빙호추월(氷壺秋月) 곧 '얼음 항아리 가을 달' 같은 청렴결백의 선비정신
* 고감류(古鑑留) : '옛 귀감'은 절의(節義)를 지키고 임진왜란에 스승 박광
전(朴光前)과 함께 창의(倡義)하고 충절을 낱낱이 기록한 호남의 진유(眞
儒) 안방준의 정신임   * 원액이강(院額己降) : 1657년 창건한 대계서원(大
溪書院)은 숙종30년(1704년) 사액(賜額)이 내려짐. 이후 1780년 전소, 1784
년 중건, 1868년 훼철, 2012.10.22 복설   * 사원(泗源) : 사수(泗水)의 원천.
공자가 사수근처에 가르쳐서, 공자 학문의 시원, 맥을 말함 * 곡수(曲水) :
곡수는 보성강   * 명산(名山) : 명산은 북쪽 모후산(母后山)인 듯
  ○ 압운(押韻)은 평성(平聲)인 우운(尤韻)이다.

【 감상 】 띳집으로 지어진 정자 한 채. 강 머리에 서 있다. 추상같은
고결한 선비정신. 찬 얼음항아리에 달 비추듯 여기 정자에 머문다. 사액
서원으로 모두들 입에 오르내린다. 사수 근처에서 공자가 가르쳤다든가.
그 맥이 끊이지 않고 여기까지 이어졌네. 빙월정 휘감아 도는 물소리 크구
나. 멀리 보이는 이름난 산에 큰 기운 흘러드누나. 숲에 비 내리니 먼저
씻어 맑구나. 비 개이고 나니 다시 맑아져 좋구나. 이렇듯 경치가 좋으니
해마다 봄놀이하며 노닌다. 시 한수 읊고 장구치고 어울려 논다. 지금도
주암호와 고인돌공원이 있어 관광지다.
  예전엔 그래도 지금보다 더 풍류가 있었다. 시가 있고 그 정신이 살아
있었다. 물질문명이 더 발달된 지금 오히려 그 정신을 더 잊고 살지 않나
싶다. 빙월정의 빙월정신. 추상같은 고결한 선비정신이 더욱 더 아쉽다.

52. 산양문회안에 대해 지음

땅이 열리는 산양 태평한 운 돌아들고
이 문 하루 종일 정동으로 열렸다.

어진 무리 모이니 잠룡이 일어나고
큰 성인 덕 빛나 봉황 울고 온다.

한나라는 오경박사를 두어 돌 누각에서 논하고
연나라는 천리마를 구하려 황금대를 쌓았네.

지금 성 밑에 군사 없으니
공부 잠시 쉬고 다시 술잔을 들리.

題山陽文會案 (제산양문회안)

地闢山陽泰運回 (지벽산양태운회)
斯門盡日正東開 (사문진일정동개)
群賢類聚潛龍起 (군현유취잠룡기)
大聖德輝鳴鳳來 (대성덕휘명봉래)
漢置五經論石閣 (한치오경논석각)
燕求千里築金臺 (연구천리축금대)
至今城下無兵氣 (지금성하무병기)
絃誦纔休更酒盃 (현송재휴갱주배)

【 주 】 * 산양문회(山陽文會) : 보성은 고려 태조 때부터 산양군(山陽郡)이라 함. 보성향교에서 주관하는 문학 모임. 초대 회장으로 1936년 박남현 참판 취임   * 명봉(鳴鳳) : 봉황은 성인의 탄생에 따라 나오는 신비의 새. 우는 소리는 오음(五音)으로 묘음(妙音)을 낸다 함   * 한치오경(漢置五經) : 한나라에서 동중서의 헌책에 따라 오경박사제도를 주어 유학을 장려함. 오경(五經)은 시경, 서경, 주역, 예기, 춘추의 다섯 경전   * 연구천리축금대(燕求千里築金臺) : 전국시대 연나라 소왕이 제나라에 빼앗긴 땅을 찾고자 곽외에게 인재 등용을 묻자 "천리마를 구하기 위해 죽은 천리마를 산 예를 들어 먼저 자신부터 등용하면 더 좋은 인재가 몰릴 것"이라 얘기함. 이에 황금대를 쌓고 스승으로 예우하니 천하의 인재가 몰려 결국 숙원을 풀었다는 고사   * 현송(絃誦) : 거문고 타고 시를 읊음. 부지런히 학문을 닦고 교양을 쌓음   * 재(纔) : 겨우, 잠시

○ 압운(押韻)은 평성(平聲)인 회운(恢韻)이다.

【 감상 】 산양 땅에서 문회가 열린다. 땅이 열리니 '지천태(地天泰)'의 후천운이 돌아든다. 태평하다. 문은 온종일 동쪽으로 열어 놓고 인재들을 받아들인다. 그동안 숨어 있던 어진 이들이 구름처럼 모인다. 큰 성인 공자의 덕이 빛나니 성인 탄생을 기리는가?

한나라에서는 오경박사 제도를 만들어 학문을 장려했었지. 연나라도 인재를 우대하여 많은 인재가 모이고 그래서 제나라를 이길 수 있었지. 학문을 숭상하고 인재를 우대하고 등용하면 나라가 강성해지고 살기 좋아지지 않는가?

지금 군대가 일어날 필요 없으니 학문에 열중하다 잠시 쉬고 다시 술 한 잔 들면 어떠리. 이렇게 문회를 열어 학문을 장려함은 연나라가 금대를 쌓고 스승을 구함과 같으니. 무릇 학자가 우대받은 이 시대는 태평한 세월이리니

53. 죽곡강회 - 안 규 용

죽곡 맑은 바람이 정말 미약치 않아
어진 무리 와서는 술잔 깃이 날린다.

어지러운 시대에 외려 학문 익히니
근심 떨쳐내고서 에워싼 진을 푼다.

세상 사람들 모두 왼섶을 따르나니
세상에서 그 누가 치의를 옳다하리

녹아드는 연기는 홍교 끊으려하고
아까워라! 내 길은 돌아갈 곳 없으니.

竹谷講會　　　(죽곡강회)　　　　- 安圭容

竹谷淸風正不微 (죽곡청풍정불미)
群賢來坐羽觴飛 (군현래좌우상비)
猶居亂代聞絃誦 (유거난대문현송)
强破愁城解陣圍 (강파수성해진위)
聖遠人皆從左衽 (성원인개종좌임)
世降誰肯誦緇衣 (세강수긍송치의)
虹橋欲斷烟將鎖 (홍교욕단연장쇄)
可惜吾程無所歸 (가석오정무소귀)

【 주 】 * 죽곡강회(竹谷講會) : 죽곡정사(전남 보성군 복내면 진봉리 진척부락)에서 열린 강회. 죽곡정사(竹谷精舍)는 안방준 10대손 회봉(晦峯) (安圭容 : 1873 ~ 1959.8.19)이 1921년 짓고 강학하면서 추상같은 선비정신과 항일정신을 고취시킴. 1934년 지리산에 은거, 일제에 항거하다 옥고를 치룸. 답사해 보니 지금 그 후손 안동교(安東敎) 씨가 잘 보존하고 있었음 * 현송(絃誦) : 거문고 타고 시를 읊음. 부지런히 학문을 닦고 교양을 쌓음 * 좌임(左衽) : 왼섶, 왼쪽으로 옷을 여밈. 왼섶은 수렵시대 주로 무인의 즐겨 입는 옷. 그래서 미개한 오랑캐를 상징한다. 활을 쏠 때 오른섶은 걸리기에 왼섶을 할 수 밖에 없었다 한다. 실제 우리나라도 고려 이전까지는 왼섶, 그 이후에는 오른섶이 많았음. 지금은 남자 옷은 왼섶, 여자 옷은 오른섶임. * 치의(緇衣) : 중이 입은, 물들인 회색에 가까운 괴색의 옷. 여기서는 학문, 진리, 도를 상징.
○ 압운(押韻)은 평성(平聲)인 미운(微韻)이다.

【 감상 】 죽곡정사에서 선비들이 모여 강회를 연다. 그러하니 어진 무리들이 모인다. 일제의 어지러운 세상에 오히려 학문에 정진하여 선비정신과 항일정신을 드높인다. 시대는 어려운 난세. 그러나 학문에 정진하며 억지로 근심을 풀어 놓는다.
세상은 오른섶(선비정신의 상징. 의(義)를 행하고 일제에 항거함)을 따르지 않고 왼섶(선비정신을 망각하고 불의(不義)를 따라 일제에 협조)을 따른다.
세상이 전쟁만 일으키니 왼섶만 따른다 한다. 왼섶의 반대로 오른섶 대신 스님들의 먹물 옷 치의로 대치된다.
이렇듯 세상은 평화와 정의, 선비정신을 멀리하니 홍교(무지개다리)가 연기에 싸인다. 홍교는 '시인이 꿈꾸는 세상'을 상징한다. 무지개 다리가 끊기려하니 내 돌아갈 길 어디이뇨?

54. 영모재에 대해 지음 - 반곡리에 있는

세월 흘러 계유년 봄이 되어 비로소
옛터를 또 고쳐서 새롭게 다시 했네.

처마기둥 두루 쳐 비와 바람 막았고
가상에 콩 차례로 진 치고 산골물은 네가래에 덮였다.

높이 솟은 산은 봉 머리를 이는 듯
서리골 산줄기는 용신이 호위하는 듯

구름 자주 많이 끼니 아름다운 땅 뵈지 않고
가끔 내리는 서리이슬에 멀리계신 부모님 그리워

題永慕齋　　　(제영모재)　　　　- 在盤谷里(재반곡리)

星曆始占癸酉春 (성력시점계유츈)
重修舊址更爲新 (즁수구지갱위신)
簷楹周密除風雨 (첨영주밀제풍우)
邊豆次陳薦澗蘋 (변두차진천간빈)
高出山形擡鳳首 (고출산형대봉수)
盤回村脈護龍身 (반회촌맥호용신)
雲仍多住麗牲地 (운잉다주려생지)
霜露隨時慕遠親 (상로수시모원친)

【 주 】＊ 영모재(永慕齋) : 조성 반곡리에 있는 시향을 지내는 창녕 조씨 재각 ＊ 반곡리(盤谷里) : 현 보성군 조성면 은곡2리. 임진왜란 때 창녕인 조대관(曺大觀(1532 ~ 1615) : 자 사달(士達). 엮은이의 14대 직계 할아버지)의 유택을 봉두산 아래 봉두산 6대 명당 중 하나인 반용혈(盤龍穴)에 정하자(1615.7.20) 후손들이 그 아래 모여 살면서 생긴 마을 ＊ 계유(癸酉) : 계유년 곧 1933년(엮은이 선친께서 태어난 해) ＊ 첨영(簷楹) : 처마와 기둥 ＊ 주밀(周密) : 빽빽하고 촘촘함 ＊ 차진(次陳) : 차례로 진을 침 ＊ 천간빈(蕆澗蘋) : 산골물을 네가래가 덮고 있음 ＊ 봉수(鳳首) : 봉의 머리. 곧 봉두산(鳳頭山 477m)의 머리 ＊ 운잉다주(雲仍多住) : 구름이 자주 많이 낌 ＊ 여생지(麗牲地) : 아름다운 땅이 (구름이 덮여) 보이지 않음 ＊ 모원친(慕遠親) : (돌아가셔서) 멀리 계신 부모님을 그리워하고 사모함

○ 압운(押韻)은 평성(平聲)인 진운(眞韻)이다.

【 감상 】 1933년 봄 서리골 영모재를 다시 고쳤다. 처마와 기둥을 빽빽이 쳤다. 재실 가상엔 콩이 진을 친 것 마냥 차례로 난다. 산골 물엔 네가래가 모도록이 떠서 덮고 있다. 높이 솟은 봉두산은 용의 머리를 쳐든 것 같다. 산줄기는 반회촌의 호위하는 듯 에워쌌다. 늘 구름이 많이 끼니 아름다운 땅이 잘 보이지 않는다. 서리와 이슬이 내릴 때면 멀리 계신 부모님이 더욱 그립다.

1연은 영모재에 대해 그리고 있다. 그리고 2연은 재실 바로 아래 처마 기둥 밑에서 가까이 산골 몰까지. 3연은 멀리 봉두산 머리를 보고 다시 줄기를 따라 반회촌까지 시선이 머문다. 마지막 4연은 경(景)을 끝내고 경에 이은 정(情)으로 부모님을 그리워하는 심정이 그려진다.

구름에 아름다운 땅이 희생되듯 부모님은 늘 자식을 위해 희생해 왔다. 흰 구름에 이어 흰 서리와 이슬. 조상을 모신 영모재에 서리와 이슬이 내릴 때면 부모님이 그립다. '모원친(慕遠親)'이 이시의 주제어다.

55. 벽시계에 대해 읊음

벽시계 배에는 중심 있어 바늘 끝은 둥근 테를 돌고
옥 얼굴은 둥글고 맑은데 다만 먹의 흔적이 있다.

네모난 규표 속에 해 그림자는 옮기고
혼천의 작은 움직임 큰 물결의 원천이네

손짓으로 '수레 멈춰라' 해서 머무르게 할 수 없고
하늘 도는 천체 같아서 일찍이 말이 없다.

집 모퉁이 참새 또한 못 할 줄 잘 알고
"늙은이여 그만두라" 창밖에서 타이른다.

詠壁上時計　　(영벽상시계)

針頭環歷腹心存 (침두환력복심존)
玉面圓澄但墨痕 (옥면원징단묵흔)
圭表方中推日影 (규표방중추일영)
璇璣微動激波源 (선기미동격파원)
指如車制常無定 (지여차제상무정)
運若周天曾不言 (운약주천증불언)
漏雀亦能知得否 (누작역능지득부)
隔窓驚罷老夫魂 (격창경파노부혼)

【 주 】 * 벽상시계(壁上時計) : 벽시계. 일제 때 당시 벽시계는 신기한 최신 문물로 이를 시로 노래함 * 환력(環歷) : 시계의 둥근 테두리를 돎 * 옥면(玉面) : 옥 얼굴. 시계의 유리면을 가리킴 * 묵흔(墨痕) : 묵의 흔적. 검은 색의 숫자판을 가리킴 * 규표(圭表) : 곡척(曲尺)처럼 생긴 막대의 그림자 길이로 태양의 시차(時差)를 관측하는 천문 기기 * 선기(璇璣) : 혼천의(渾天儀). 구형의 겉쪽에 해, 달, 별을 그리고 사각(四脚)틀 위에 올려놓고 돌리며 천체 운행을 관측하는 기계. 혼천시계로 발전 * 지여차제(指如車制) : 차를 멈추어라 가리키는 것과 같음. 곧 흘러가는 시간(시계바늘)을 멈추게 할 수 없음 * 운약주천(運若周天) : 하늘을 도는 천체(해, 달, 별)의 운행과 같음 * 누작(漏雀) : (서북)모퉁이에 있는 참새

○ 압운(押韻)은 평성(平聲)인 원운(元韻)이다.

【 감상 】 벽시계를 보면서 감상에 젖는다. 일제 때 당시 벽시계가 얼마나 귀했을까? 신기하기도 하고.

1연은 요즘도 볼 수 있는 둥그런 벽시계를 잘 묘사하고 있다. '시계바늘이 배의 중심이 있어 돈다'하고 '맑은 시계유리와 안에 있는 검은 숫자'를 '깨끗하고 맑은 얼굴에 단지 묵의 흔적'이라 비유한다. 의인화되었다.

2연은 규표와 혼천의를 묘사한다. 벽시계가 나오기 이전 우리 선조들이 사용했던 해시계이다.

끊임없이 돌고 도는 시계. 멈추게 할 수는 없는가? '수레를 멈추어라'고 (손으로) 수레를 가리키는 것과 같겠지. (아무리 인간이 소원해도) 하늘을 도는 천체는 일찍이 말을 한 적 없다. 그저 묵묵히 돌고 세월이 흘렀다.

그리고 이 심정이 4연에는 모퉁이 참새에게 의탁되어 있다. 창밖에 참새가 물끄러미 보고 있다. 참새조차 잘 안 된다는 것을 잘 알고 "이 늙은이야 (세월을 어찌하랴) 그만두라" 늙은이의 마음을 일깨운다. 시계를 보면서 세월을 붙잡고 싶은 심정 "노부혼"(老夫魂)이 잘 그려져 있다.

56. 비를 만나 복내장 약방에서 자며 - 손무열

자욱한 봄비 먼 산 캄캄한데
저자 중간에는 오가는 사람도 많다.

머리에 쓴 부들삿갓 노인 낚시를 돕고
호미 손에 쥐고 젊은 부인 돌아오네.

향기로운 영약에 마음 상쾌하고
맛있는 막걸리 취기에 꿈결같이 안한하다.

내 지팡이 다시 찾기 기약하니
달 밝은 다른 밤에 빗장 걸지 마소

遇雨宿福市藥堂 (우우숙복시약당)　　　　　- 孫武烈(손무열)

春雨霏霏暗遠山 (춘우비비암원산)
行人多往市中間 (행인다왕시중간)
頭擡蒻笠裏翁釣 (두대약립양옹조)
手持田鋤少婦還 (수지전서소부환)
靈藥吹香心爽快 (영약취향심상쾌)
美醪醺氣夢安閒 (미료훈기몽안한)
吾筇亦有重尋約 (오공역유중심약)
明月他宵莫掩關 (명월타소막엄관)

【 주 】 * 우우(遇雨) : (뜻하지 않게) 비를 만남. 비가 내림 * 복시(福市) : 복내 장. 주암댐으로 수몰되고 지금은 없어졌지만 복내에서 5일장이 섰었음 * 비비(霏霏) : 비가 조용히 내리면서 수증기가 자욱하게 오르는 모습 * 두대약립(頭擡蒻笠) : 머리에 쓴 부들삿갓 * 양옹조(襄翁釣) : (비 오는 날 쓴 삿갓이) 늙은이 낚시를 도움 * 미료훈기(美醪醺氣) : 맛있는 막걸리에 취해 기분 좋은 느낌 * 몽안한(夢安閒) : 꿈결같이 평안하고 한가로움 * 타소(他宵) : (오늘 말고) 다음날 밤 * 막엄관(莫掩關) : 빗장 걸지 않음. 문을 닫지 않음

○ 압운(押韻)은 평성(平聲)인 산운(刪韻)이다.

【 감상 】 복내 장에 갔다가 갑자기 비를 만나 손무열의 약방에서 자면서 읊는 시다. 지금은 시골의 5일장이 다 사라지니 활발하던 복내장도 없어졌다. 그 장터엔 지금 주암댐 물만 넘실댄다. 봄비가 자욱이 내린다. 먼 산이 보이지 않을 정도로. 저자 길거리엔 오가는 사람도 많다. (비가 오면 고기가 잘 물으니) 늙은이들은 삿갓을 쓰고 한가로이 고기를 낚는다. 젊은 아낙들은 (비가 오니) 밭일을 그만두고 호미를 손에 쥐고 집으로 돌아간다. 1연은 멀리 본 경(景)이 그려지고 시장 가운데로 시선이 모인다. 2연은 좀 더 미시적으로 개별적으로 자세히 들어간다. 비가 올 때 노인과 아낙의 상반된 행동이 그려진다. 비가 와서 낚시를 가는 늙은이와 비가 와서 일을 마치고 집으로 가는 젊은 아낙네. 그들의 서로 상반된 행동이 대구(對句)로 그려진다. 다음 3연은 시인 자신에게로 들아온다. 약빙에 유숙하니 향기로운 한약 냄새가 코를 찌른다. 주인이 막걸리를 내놓으니 그 맛있는 향기와 취기에 기분이 좋다. 평안하고 한가롭다. 마치 꿈을 꾸듯.

4연은 3연의 좋은 인연과 경험을 다시 이어가고픈 시인의 심정이 잘 나타나 있다. 달 밝은 밤 지팡이 짚고 다시 올 테니 빗장을 걸어 놓지 마소. 마음의 빗장도 걸지 말고 교유하세나.

57. 망미정에 대해 지음 - 박참판 양정

솔숲 맨 꼭대기 정자가 있으니
마땅히 진사들 모여 좋은 시간 보낸다.

북극성은 북에 있어 뭇별들이 둘레 돌고
큰 바다 동해 해 떠서 온갖 물이 따른다네.

약속 어길까 오직 황혼이 두려우나
분명 가까이 옆에서 얼굴 뵙는구나.

문 기대 기다려도 푸른 소식 못 들으니
봉래산을 바라보니 구름 그 몇 겹인가?

題望美亭　　　(제망미정)　　　　朴參判陽亭(박참판양정)

亭在松林最上峰　(정재송림최상봉)
也應進士好時逢　(야응진사호시봉)
極辰居北群星拱　(극진거북군성공)
大海浮東萬水從　(대해부동만수종)
惟恐黃昏違月約　(유공황혼위월약)
分明咫尺對天容　(분명지척대천용)
倚閭未報琅玕志　(의창미보랑간지)
望裏蓬萊雲幾重　(마이봉래운기중)

【 주 】 * 망미정(望美亭) : 양정 박남현의 정자. 보성 향교가 1602년 망미봉 아래 산록으로 옮겼고 망미정은 망미봉 산정에 있었을 것으로 보임. 망미(望美)는 통상 임금을 그리워한다는 뜻 * 박참판양정(朴參判陽亭) : 양정(陽亭) 박남현(朴南鉉). 보성 향교 도유사(都有司)로 보성 유림의 총수. 팔만석지기 갑부로 일명 '박팔만'. 건준 부위원장인 아들 박태규(朴泰奎 : 1885 ~ 1959)와 함께 보성향교 제주(祭酒)사건을 일으켜 민족혼을 드날림. 담은정시집에 2번째로 그의 담은정팔경시 차운시와 글이 있음 * 진사(進士) : 시(詩)·부(賦)·송(頌) 및 시무책(時務策)들 진사시험에 합격한 선비 * 극신(極辰) : 북신(北辰). 천극(天極). 북극성. 붙박이별 * 성공(星拱) : 별들이 (팔짱을 끼듯) 북극성을 끼고 돌음 * 부동(浮東) : 동해에서 부상(扶桑 : 해가 뜸) * 천용(天容) : (하늘같은) 얼굴. 얼굴을 높여 부르는 말 * 의창(倚閶) : (문에 기대어) 기다림. 의문(倚門)은 어머니가 자식을 기다리는 심정 * 낭간지(琅玕志) : 푸른 (옥같이 귀중한) 뜻, 소망

○ 압운(押韻)은 평성(平聲)인 동운(冬韻)이다.

【 감상 】 보성 향교가 바라보이는 망미봉 아래 망미정. 보성 향교 유림의 산실. 정자는 솔숲 봉우리에 있다. 진사들이 당연히 모여서 논다. 정자 주인 양정 박남현 참판(종2품)은 보성 유림의 총수였으니 모든 유림들이 따랐다. 붙박이별 북극성을 중심으로 뭇별이 따라 도는 것 같다. 동쪽 바다에서 해가 뜨고 물결이 따른 것 같다. 달빛아래 한 약속 지키려 하나 이세 황혼이라. 어길까 두렵다. 분명이 가까이 옆에서 얼굴 뵙는구나.

문에 기대어 기다려도 푸른 뜻을 펼 소식은 없구나. 봉래산을 바라보니 구름이 몇 겹인가? 잘 보이지도 않구나. 제1연은 망미정에 대해 읊고 있다. 제2연은 망미정의 주인 박참판에 대하여, 제3연은 개인적인 만남에 대한 소회가 그려진다. 제4연의 푸른 뜻과 소망은 무엇인가? 멀리 구름으로 뒤덮여 다가갈 수 없는 봉래산 같구나.

58. 임태균 만사 - 담양에 사는

세 사람이 산 아래 뱁새 둥지 같은 집에서
청빈하게 도 즐기며 한 평생 보냈다.

길어야할 어진 이 목숨 왜 이다지 짧고
헤어짐에 평안해야 함에도 인정하는 마음 흔들리나?

고향 꿈에서 구름 흩어지고
벗과 사귐에 해가 느릿느릿

이 땅은 가래나무 살피려 매년 봄 지나가니
지금 보는 바와 같이 앞들을 건넌다.

輓任泰均　　　(만임태균)　　　　寓居潭陽 (우거담양)

三人山下寓鷯巢　(삼인산하우료소)
樂道生涯飮一匏　(낙도생애음일포)
必壽其仁何命短　(필수기인하명단)
能安於分肯心撓　(능안어분긍심요)
雲邊落落鄕關夢　(운변낙낙향관몽)
日下遲遲朋友交　(일하지지붕우교)
此地省楸春每過　(차지성추춘매과)
至今如見渡前郊　(지금여견도전교)

【 주 】 * 임태균(任泰均: : 호는 구담(龜潭). 담은정시집에는 21번째로 그의 담은정괄경시의 화답시가 있음 * 요소(鷯巢) : 뱁새의 둥지. 곧 작고 초라한 집 * 낙도생애(樂道生涯) : 도를 좋아하며 사는 삶. (물질적으로는) 가난하지만 (정신적으로는) 도를 즐기며[安貧樂道] 사는 한평생 * 음일포(飮一匏) : 물 한 바가지를 마심. 공자는 가난하지만 학문을 좋아한 안회를 칭찬하여 "일단사일표음(一簞食一瓢飮)"라 했음. 은사의 삶을 나타내는 대표어가 됨 * 운변낙낙(雲邊落落) : 구름이 흩어져 드문드문 있는 모양. 벗들이 세상을 떠나 벗이 줄어드는 모양 * 지지(遲遲) : 몹시 더디고 더딤 * 향관(鄕關) : 고향의 관문, 고향 땅

○ 압운(押韻)은 평성(平聲)인 효운(肴韻)이다.

【 감상 】 구담 자네가 먼저 가다니. 담양 산 밑 조그만 집에서 셋이 살았지. 한평생을 도를 즐기며 가난을 부끄러워하지 않고 살았지. 그토록 어진 사람이 어인 일인가? 왜 이다지 목숨이 짧단 말인가? 만났다 헤어지는 것. 평안해야 하는데도 내 마음은 왜 이다지 흔들리는가? 자연스럽게 받아 들여야 하는데. 고향땅의 꿈에 구름 흩어지고 자네와 사귈 때 해도 느릿느릿 길었지. 이 땅에 나는 봄마다 가래나무 살피러 지나가네. 자네가 없는 이 들 앞의 길을 지금 건너가네. 자네는 보고 있는가?

고인을 회고하고 있다. 하늘은 (하늘에서 쓰려고) 어진 이를 먼저 데려가나? 어찌 명이 이리 짧은가? (이성적으로는) 헤어짐에 평안한 마음이어야 하는데, 이를 긍정하지 못하고 이 마음 왜 이리 흔들리는가? '긍심요(肯心撓)'는 시인의 마음을 단적으로 표현한다. 그 마음은 3연에서 더욱더 서정적으로 그려진다. 벗들이 하나 둘 먼저 세상을 뜨니 구름이 흩어져 드문드문 되는 것 같네. 안타깝고 쓸쓸하여라. 이러한 마음은 4연에서 더욱 고조된다. 산 자와 죽은 자는 헤어져 만나지 못하니. 나만 혼자 앞들을 건넌다. 이렇게 (자네가) 보는 바와 같이.

59. 시천 지나 정사 주인 찾아 - 이교천

동쪽 강 언덕에 띳집 정사 짓고
거기 사는 주인 풍류 고상하다

오늘 풀 가상에 눈을 치우나니
모두 봄을 앞둔 꽃의 얼굴이다.

마구간 있어도 마음은 달리네.
물속 잠긴 용은 때를 못 만났네.

좋은 때 만나면 내 도가 크리라
큰 뜻 펼치려나 글쓰기 둔하다.

過詩川訪精舍主人 (과시천방정사주인)　　　李敎川(이교천)

一茅精舍結東皐 (일모정사결동고)
居此主翁風味高 (거차주옹풍미고)
俱是前春花上面 (구시전춘화상면)
却爲今日雪邊毛 (각위금일설변모)
驥雖伏櫪心常遠 (기수복력심상원)
龍乃潛宮時未遭 (용내잠궁시미조)
若遇世平五道泰 (약우세평오도태)
懷中書釰作雄豪 (회중서일작웅호)

【 주 】 * 시천(詩川) : 보성군 복내면 시천리 * 정사(精舍) : 덕산정사(德山精舍). 복내면 동교리 축치마을에 1930년 낙천 이교천이 학문연구와 제자 강학을 위해 문인들의 협조로 건립. 1979년 후손과 제자들이 정사 뒤에 영당을 짓고 영정을 모셔 제사 지내고 있음 * 이교천(李敎川) : 호는 낙천(樂川). 간재(艮齋) 전우(田愚)의 문하에서 수학하고 월파(月坡) 정시림(鄭時林)과 교유. 제자로 서예가 송곡(松谷) 안규동 등을 배출 * 풍미(風味) : 산림에 은거한 선비의 고상하고 조출한 멋. 임하풍미(林下風味) * 기수복력(驥雖伏櫪) : 천리마가 마구간에 엎디어 있음. 제주를 펼 기회를 얻지 못함

○ 압운(押韻)은 평성(平聲)인 호운(豪韻)이다.

【 감상 】 낙천을 찾아 시천을 건넌다. 낙천은 덕산 아래 강 언덕에 덕산정사를 짓고 아이들을 가르치며 풍류를 즐기며 산다. 은거하여 사는 은사의 풍미가 고상하다. 아직 잔설이 남아있다. 풀 가에 눈을 치우니 봄을 기다리는 꽃인 양 훤하다. 마구간에 엎드려 있는 천리마같은 내 신세. 멀리 달리고픈 마음만 굴뚝같다. 천리마는 달려야 하고 용은 승천해야 하는 것. 용이 물에 잠겨있음은 때를 만나지 못한 것.

만약 좋은 세상 만나면 내 도가 크리라. 마음에 품은 큰 뜻을 글로 쓰려하나 잘 되지 않는다.

3연은 마구간에 엎드린 천리마 신세. 이 표현은 셋째 수 '생각나서'에서도 "먼 길 딜려 나가고 싶어도 나가지 못하는 늙은이 마음"[伏櫪老心騁遠道]으로 나온다. 은둔하는 선비의 삶. 그 풍미는 고상하다. 하나 마땅히 쓰여야할 곳에 쓰이지 않음은 안타깝다. 천리마는 들판을 마음껏 달리고 용은 구름을 타고 하늘로 가야하는 것.

세상이 평화롭고 태평하면 내 도가 크게 쓰일 테인데. 가슴에 품고 있는 이 큰 뜻과 기상을 글로 나타내려도 붓끝이 무디구나.

60. 봄날 대원사에서 놀며

바른 남쪽으로 옛 절 고치었고
봉산 높이 솟고 물의 근원 길다.

깊은 자물쇠 골 전쟁 피해 멀고
녹음 잠긴 수풀 여름 시원하다.

이름 숨긴 은사 아침 약초 캐고
노승 향 사르며 밤 예불 드린다.

신선 바둑 세계 여기에 있나니
수염 서리 앉은 내 나이 잊었네.

春日遊大原寺 (춘일유대원사)

古寺重修向正陽 (고사중수향정양)
鳳山高擧水源長 (봉산고거수원장)
洞門深鎖兵塵遠 (동문심쇄병진원)
草樹沈陰夏日凉 (초수심음하일량)
隱士避名朝採藥 (은사피명조채약)
老僧拜禮夜焚香 (노승배례야분향)
仙碁世界於斯在 (선기세계어사재)
却忘吾年鬢已霜 (각망오년빈이상)

【 주 】 * 대원사(大原寺) : 보성군 문덕면 죽산리 831에 있음. 백제 503년 아도화상이 창건. 1260년, 1759년 각 중수. 이 시에 의하면 일제 때에도 중수한 것으로 보이나, 여순사건(1948) 때 극락전만 남기고 불타서 1990년 이후 복원. 1993년부터 낙태, 유산 등으로 죽은 태아의 영혼을 위로하는 지장기도도량으로 유명 * 봉산(鳳山) : 천봉산(天鳳山 : 609m), 아도화상이 꿈에 봉황을 보고 찾아 헤매다 봉소형국(鳳巢形局)의 산을 찾아 천봉산(天鳳山)이라 부름

○ 압운(押韻)은 평성(平聲)인 양운(陽韻)이다.

【 감상 】 봄날 대원사에 놀러갔다. 백제시대 아도화상이 창건한 옛 절. 양지 바른 향(向)로 다시 고치었다. 천봉산은 높고 산골 계곡물은 길다. 이렇게 계곡이 깊으니 병화(兵禍)가 멀고 여름조차 시원하다. 숨은 선비, 노승이 이곳에 머무니 세월 가는 줄 모른다. 그러나 이 곳은 안타깝게도 머지않아 큰 병화를 입는다. 여순사건이다. 1948.10.19 여수, 순천 주둔 14연대 일부 좌익 군인이 제주도 4.3사건 진압출동 거부와 대한민국 단독 정부 저지를 위해 반란을 일으켜 이 곳 대원사가 거의 불타고 만다.

1갑자(甲子)가 지난 뒤, 담은의 증손이 대원사를 봄에 들르고선 이렇게 노래한다. 지금은 세월도 잊은 듯 봄이면 벚꽃이 화사하다.

봄 대원사

길 가의 어린 벚꽃 그새 지는데
뒤늦은 산 벚 봄잠 깨어나
수렁이며 분바르기 바쁘다
천봉산 계곡은 캔버스
색색이 고운 물감 골라
여래는 마음대로 뿌린다.

찻잎은 곡우 맞아 직설 틔우는데
초의당 스님 어디 가고
찻상엔 먼지만 인다.
인연은 왜 이다지도 없더냐?
탑은 쌓고 쌓아도 부서지고
오늘도 아기보살 빌고 또 빈다.

61. 정재순 만사

좋은 이웃 벗이 기인 탄식 속에
팔십일세 된 봄 성수를 마친다.

항상 순환하는 우주 이치 따라
영웅들 모두들 먼지로 화했다.

아름다운 땅을 가려서 살면서
안분하는 사람 어찌 없으리오.

지은의 큰 글이 붉게 올라 돌고
석호산의 빛이 더욱 새롭구나.

輓鄭在舜　　（만정재순）

星壽已終九九春 (성수이종구구춘)
良朋永嘆少芳隣 (양붕영탄소방린)
從知宇宙常環轍 (종지우주상환철)
統計英雄俱化塵 (통계영웅구화진)
擇地得佳惟有主 (택지득가유유주)
事天安分豈無人 (사천안분기무인)
大書芝隱紅旋上 (대서지은홍선상)
石虎山光倍一新 (석호산광배일신)

【 주 】 * 정재순(鄭在舜) : 호 지은당(芝隱堂). 하동인. 능주향교 교관(敎官). 22수에 지은당에 대해 쓴 시가 있음. 석호산 아래 안적(安迪)에 은거 * 환철(環轍) : 둥근 수레바퀴가 지난 바퀴자국 * 택지득가(擇地得佳) : 아름다운 땅을 가려 삶. '지은'은 풍광 좋은 석호산 아래 난곡(蘭谷 : 미력면 도안리 안적 큰안굉이)에 자리 잡음 * 홍선상(紅旋上) : 붉은 상여 글[만장(輓章)]의 깃발이 바람에 흔들려 오르는 모습 * 석호산(石虎山) : 보성군 겸백면 화방리 둔터 뒷산(425m)

○ 압운(押韻)은 평성(平聲)인 진운(眞韻)이다.

【 감상 】 젊은 적 이웃에 살던 좋은 벗. 81세에 수를 마친다. 지은당 그대가 가다니 절로 긴 탄식 나오네. 둥근 수레바퀴가 지나가면 어김없이 흔적이 남는다. 수레는 앞으로 가고 바퀴는 돌고 돈다. 이 우주의 시간도 끊임없이 돌고 돈다. 천하를 호령하던 영웅호걸들 다 어디 갔나? 다 한결같이 먼지로 화하고 말았지 않는가?

그렇지만 그대는 아름다운 이 곳에서 안분하며 살았어. '지은' 그대를 기리는 붉은 만장 깃발이 바람을 타고 돌며 펄럭이네. 그대가 가는 지금, 석호산 빛이 더욱 새롭구나.

죽음을 슬퍼하는 만시(輓詩)다. 그러나 천수를 다함인가? 다른 만시에 비해 좀 더 담담이 아름답게 슬픔이 그려진다. 어렸을 적에 이웃에 살았던 좋은 벗. 풍광 좋은 둔터에서 아름답게 살다 갔다. 분수를 지키며 하늘을 섬기며 살았으니 아름답구나.

마지막 4연은 석호산 아래에서 상여가 나가고 만장 깃발이 펄럭이는 모습이 슬프면서도 아름답게 그려진다. 그대가 가는 길. 그대를 기리는 글이 쓰인 붉은 만장. 바람은 휘돌며 올린다.

그대가 가는 날, 그대는 가도 봄을 맞은 석호산 푸른빛이 더욱 푸르구나. 그대와 같이 석호산은 그대가 가든 말든 더욱 더 봄빛을 띠는구나.

62. 벌교포를 지나며

말 뛰고 봉 나는 지령을 모아서
십리 이름난 곳 주막이 모였다.

깊은 절 종소리 날 저물어 가고
바다 바람소리 눈 번쩍 깨인다.

기차 여행에서 늘 날이 저물고
홍교 스님 유적 몇 년 지났던가.

연조나라 선비 슬픈 노래 따라
여기 서로 만나 술을 못 멈추리.

過伐橋浦　　(과벌교포)

馬躍鳳飛萃地靈 (마약봉비췌지령)
名區十里列旗亭 (명구십리열기정)
鳴鐘雲寺山容暮 (명종운사산용모)
伐鼓風般海眼醒 (벌고풍반해안성)
鐵道旅行常過日 (철도여행상과일)
虹橋僧蹟幾移星 (홍교승적기이성)
也應燕趙悲歌士 (야응연조비가사)
此市相逢酒不停 (차시상봉주부정)

【 주 】 * 마약(馬躍) : 부용산(芙蓉山 : 193m)은 약마부정(躍馬浮定 : 도약하려는 말)의 지세라 해 '말이 뛴다.'로 표현 * 벌교포(伐橋浦) : 전남 보성 벌교포구. 벌교는 나중에 돌다리인 홍교로 대체된, 뗏목다리를 1718년에 놓은 데서 유래 * 기정(旗亭) : 술집. 주막(酒幕). 옛날 주막에 깃발을 꽂아 놓은 데서 유래 * 벌고풍반(伐鼓風般) : 북치고 바람 돔. 곧 북치는 소리처럼 바다 물결이 철썩이고 바다 바람이 몸을 감싸 도는 것을 말함 * 홍교(虹橋) : 벌교읍 153에 있는 1737년에 3칸으로 완성된 화강석 무지개다리. 횡갯다리. 길이 27m * 승적(僧蹟) : 홍교는 1729년 선암사의 초안(楚安)선사가 돌다리를 축조했다함 * 연조비가사(燕趙悲歌士) : 우국충정지사를 뜻함. 연조비가(燕趙悲歌)는 주나라 제후국인 연나라와 춘추전국시대 조나라 선비들이 우국충정으로 비분강개하여 부른 슬픈 노래.

○ 압운(押韻)은 평성(平聲)인 청운(靑韻)이다.

【 감상 】 벌교에 갔다 주막에서 나라를 걱정하며 술을 마시며 읊은 노래다. 벌교포는 일제 강점기 당시 항만이 상당히 발달하였다. 이 시에서도 십리에 걸쳐 주막이 즐비하게 늘어 있다고 되어 있다. 벌교 홍교 근처에 야트막한 부용산(芙蓉山)이 있고 부용사가 있었다 한다. 이 절은 징광사(澄光寺) 희오(希悟)스님이 창건했으나 광해군 때 폐사되고, 1900년 송광사 포교당으로 재건했다 한다.

무지개 돌다리로 만든 선암사 초안스님이 만든 지 얼마만인가? 200여년이 흘렀도다. 언니리 조니리 우국지사들처럼 술을 마시며 니리를 걱정하고 있다. 최근세 조정래의 소설 "태백산맥"의 무대로 유명해진 벌교. 이제 지금 그 곳은 "부용산"이라는 슬픈 노래가 회자되고 있다. 가사는 박기동(1917 ~) 시인이 벌교로 시집가 요절한 누이를 부용산에 묻으며 지은 시다. 여기에 월북한 안성현이 작곡하고 빨치산과 민주화운동권이 불러 금지되었다 김대중 정권 때 풀린 곡이다.

63. 향교의 가을 재삿날

이 문 골짝으로 트여 가을되자 시원하고
기름진 쑥과 기장 진정 향기롭다.

천지가 정한 대로 상하 예절 바르고
도 꿰뚫고 드러나니 해와 달이 빛을 잃네.

구름같이 모인 문인들 바야흐로 성현 받들고
산이 감춘 보배기운은 양반마을 생기게 하네.

사당의 뭇 어진 이 여기에서 일어나
크게 길러져서 만세에 떨치리.

鄕校秋享日　（향교추향일）

洞闢斯門秋又凉 (동벽사문추우량)
膏蕭黍稷正芬香 (고소서직정분향)
禮分上下乾坤定 (예분상하건곤정)
道貫顯微日月光 (도관현미일월광)
星聚文方尊聖廟 (성취문방종성묘)
山藏寶氣擅班鄕 (산장보기천반향)
群賢祠院從玆起 (군현사원종자기)
化育洋洋萬世長 (화육양양만세장)

【 주 】 * 향교(鄕校) : 보성향교. 조선조 태조 6년 1397년 창건, 정유재란 때 소실. 선조 35년(1602년) 현 망미봉 아래 보성읍 보성리 126번지에 재건 * 존성묘(尊聖廟) : 문묘를 받듦, 제사지냄. 존(尊)은 술을 손으로 공손히 받드는 모습. 성묘는 향교에 공자 등 5성(聖)과 동국 18현(賢)을 모신 사당 * 천반향(擅班鄕) : (오로지)양반 마을이 들어서게 함 * 군현사원(群賢祠院) : 사당의 어진 이 * 양양(洋洋) : 발전의 여지가 많고 큼

○ 압운(押韻)은 평성(平聲)인 양운(陽韻)이다.

【 감상 】 보성향교에서 문묘에 제사를 지내며 지은 시다. 보성향교는 600여년을 내려와 지방 교육기관과 유교의 맥을 잇는 사당으로 큰 역할을 했다.

일제 때는 "보성향교 제주(祭酒)사건"을 일으켜 일제의 간담을 서늘케 하고 향교 제주만큼은 주세령에도 불구하고 쓰게 한 바가 있다. 곧 보성향교는 보성 유림의 꼿꼿한 선비정신의 기둥이 된 것이다. 이 사건은 의향(義鄕)으로서 보성의 면모를 크게 보인 일이다.

이 보성향교와 관련된 시로는 23수(향교에 칭찬하는 시를 써 줌), 52수(산양문회안에 부쳐), 57수(망미정에 부쳐) 등이 보인다.

뭇 어진 이들이 이 곳에서 길러진다. 보성은 그리하여 충의열사가 많이 배출되어 의향(義鄕)으로 불린다. 임진왜란 때는 박광전(1526 ~ 1597), 임계영(1528 ~ 1597), 최대성(1553 ~ 1598), 안방준(1573 ~ 1654) 등 의병장이 나라를 위해 투신한다. 일제 강점기 때는 니철(1863 · 1916), 서재필(1864 ~ 1951), 안규홍(1879 ~ 1909), 박문용(1882 ~ 1929), 임창모(? ~ 1909) 같은 애국지사들이 배출된다.

또 예향(藝鄕)으로 이름을 떨치니, 보성소리를 이룬 박유전, 정재근, 정응민, 정권진, 조상현과 현대음악의 채동선, 서예에 송운회, 허소, 안규동, 한국화에 이회순, 이범재, 서양화에 양수아 등이 일가를 이루게 된다.

64. 안성거 만사

선비의 이름 이으며 서골에서 계속 살며
어찌 사는 데 필요한 복록은 가볍게 보았나?

세상이 그대를 버려 평범한 마을에서 살고
하늘은 장길을 쓰려 백옥루를 지었도다.

월빙정이 차니 서리 까마귀 조문하고
목미암이 비니 밤 학이 운다.

옛집 서적 남아 향기 있고
보배나무 봄이오니 꽃 다시 밝다.

輓安聖擧　　（만안성거）

累居牛洞繼儒名　（누거우동계유명）
應壽緣何福祿輕　（응수연하복록경）
世棄君平城市卜　（세기군평성시복）
天求長吉玉樓成　（천구장길옥루성）
月氷亭冷霜烏弔　（월빙정냉상조조）
木美菴虛夜鶴鳴　（목미암허야학명）
古家典籍遺芳在　（고가전적유방재）
寶樹春來花復明　（보수춘래화부명）

【 주 】 * 누거우동계유명(累居牛洞繼儒名) : 1614년 안방준(安邦俊 : 1573 ~ 1654)이 안소뫼[內牛山] 마을에 정착한 뒤로 죽산 안씨 우봉파(牛峰派) 후손들이 빙월(氷月)의 선비정신을 이어 살아옴 * 천구장길옥루성(天求長吉玉樓成) : 하늘은 장길(長吉)을 쓰려고 백옥루를 지음. 27세로 요절한 불우했던 당나라 천재 시인 이하(李賀 790 ~ 816, 자 장길)가 임종할 때, 천사가 내려와 "하느님이 하늘에서 당신이 글을 쓰기 위해 백옥루를 지어놓고 기다린다."고 하여, 문인의 죽음을 뜻함 * 월빙정(月氷亭) : 빙월정을 이름 * 목미암(木美菴) : 안방준의 증손 안후상(安後相)이 안소뫼 마을 동쪽 300m 뒤에 지은 서재. '목미(木美)'는 맹자의 '나성우산목미(那聖牛山木美)'에서 따옴 * 전적(典籍) : 안방준이 남긴 책 * 보수(寶樹) : 보배로운 자손들

○ 압운(押韻)은 평성(平聲)인 경운(庚韻)이다.

【 감상 】 안소뫼에 사는 안성거. 유학자로 명성을 이어 대대로 살았다. 살아가면서 마땅히 필요한 복록은 어찌 가벼이 하며 어렵게 살았나? 세상이 그를 버렸도다. 그래서 이곳 평범한 시골에서 살았다. 그렇지만 글재주가 아까워 하늘에서 먼저 데려갔구나. 그대가 없는 집 찬 서리에 까마귀가 오누나. 빈 집엔 밤이면 학이 우누나. 그대가 남긴 책들만 남아 향기를 더하네. 보배같은 자손들이 다시 꽃피우겠지.

안성거는 요절한 천재시인 장길 '이하'의 예를 드는 것으로 보아 문인임에 틀림없다. 그것도 대힌힌 친재 문인 아니었을까? 그러나 90명의 문인이 서로 시로 교류한 '담은정시집'에 그의 이름은 보이지 않는다. 그 때는 이미 그를 하늘에서 데려간 뒤였나?

제2연의 대구가 빛난다. 땅에서 쓸 모 없어 버리나 하늘은 이를 쓰려 불러올린다. 명리에 얽매지 않고 순수하게 살아옴 때문인가? 하늘에서 재주가 아까운 장길을 빨리 불러 쓰듯 그대를 쓰기 위해 먼저 데려 갔는가?

65. 월계회를 노래함

두 그루 세 곧은 줄기 꼿꼿 서서
마디마디 꽃술 맺혀 향기 토한다.

떨어 졌다 다시 피니 봄의 조화요
잠시 쉬다 다시 활발하니 흙의 신령이여.

비와 이슬 능히 받아 꽃 항상 붉고
풍상 무서워 않고 잎 또한 푸르다.

그림 주인도 내 편애 뜻을 알고서
여덟 폭 늙은 매화 병풍 제품을 허락했네.

詠四季花　　　(영 사계 화)

兩三直幹立亭亭　(양삼직간립정정)
隨節香心始吐形　(수절향심시토형)
旣落旋開春造化　(기락선개춘조화)
暫休復旺土神靈　(잠휴부왕토신령)
能承雨露花常紫　(능승우로화상자)
不畏風霜葉又靑　(불외풍상엽우청)
畵士知吾偏愛意　(화사지오편애의)
品題許八老梅屛　(픔제허팔노매병)

【 주 】 * 사계화(四季花) : 장미 일종. 월계화(月季花). 장춘화(長春花). 옛말은 계화, 곗곳. 줄기가 곧아 꼿꼿하고 깐깐한 기골 선비의 화품(花品) * 정정(亭亭) : 늙은 몸이 꾸정꾸정한 모습. (나무 따위가) 우뚝하게 서 있는 모습 * 능승(能承) : 충분하게 이어 받음 * 화사(畵士) : 그림을 가지고 있는 선비 * 품제(品題) : 제품(題品). 사물의 가치를 문예적으로 평가하는 일. 여기서는 여덟 폭 매화병풍 속의 월계화 그림을 보여주고 시를 써 달라 부탁하는 일

○ 압운(押韻)은 평성(平聲)인 청운(靑韻)이다.

【 감상 】 여덟 폭 매화 병풍의 주인인 선비는 시인이 사계화를 좋아하는 줄 잘 안다. 사계화에 대해 시 한 수 지어 달라 부탁한다. 그래서 병풍 속의 월계화를 보고 지은 시다. 월계화의 모습과 꽃의 기품이 잘 그려져 있다. 꼿꼿한 그 기상은 곧 군자의 표상이다. 늘 변치 않고 4계절 능히 붉은 꽃을 피운다. 온갖 풍상도 무서워 않고 잎은 푸르다. '소쇄원 48영'을 읊은 하서 김인후는 35영에서 '사계화'를 이렇게 노래한다. 곧은 사계화가 처마밑에 비스듬히 피어 더 좋다 한다.

처마밑 비스듬히 핀 사계화	斜簷四季
스스로 꽃 중의 꽃이 됨은	定自花中聖
사계절 청화함이러니	淸和備四時
지붕 비껴 피니 디 좋아라	茅甍斜更好
매화, 대와 서로 알리.	梅竹是相知

시인은 이 사계화를 특히 좋아한다. 그 "곧음" 때문이다. 그 "정정"함 때문이다. 능히 비와 이슬을 맞고 항상 붉은 향기를 토한다. 잎은 풍상도 무서워 않고 이겨내고 푸르다. 그토록 특히 좋아함은 사계화가 시인 자신의 기개를 닮은 선비의 화품(花品)이어서 그렇지 않을까?

66. 생일에 속마음을 이야기함

세상 사람들 모두 오래 살기 바라나
내 생각하기로는 안 그렇다고 하네.

오복 고루 갖춤이 바로 장수함이요
만 시름 오고가면 왜 신선이라 하리.

이리 제 몸 밟으면 장차 못 나아가고
나누어 주둔하면 옮기기 어렵도다.

내 마음 속 걱정은 남 알아줄 리 없고
오늘 푸른 하늘에 하소연 하고 싶다.

晬辰述懷　　　　(수신술회)

世人皆願永餘年 (세인개원영여년)
自我思之却不然 (자아사지각불연)
五福俱存當曰壽 (오복구존당왈수)
萬愁交感豈云仙 (만수교감기운선)
身爲狼跋將難進 (신위낭발장난진)
分定雷屯可莫遷 (분정뇌둔가막천)
我有心憂人不識 (아유심우인부지)
今朝試欲訴蒼天 (금조시욕소창천)

【 주 】 * 수신(晬辰) : 수일(晬日), 생일 * 술회(述懷) : 마음에 품은 생각을 말함. * 오복(五福) : 수(壽), 부(富), 강녕(康寧 : 몸이 건강하고 마음이 편함), 유호덕(攸好德 : 도덕 지키기를 낙으로 삼는 일), 고종명(考終命 : 제 명대로 살다가 편안하게 죽음) * 낭발(狼跋) : 이리가 제 몸을 밟음. 발치(跋疐). <시경>의 '낭발기호 재치기미(狼跋其胡 載疐其尾)'에서 유래. 곧 늙은 이리의 턱밑살이 처져 앞으로 가면 턱밑살을 밟아 넘어지고, 뒤로 물러서면 꼬리를 밟아 넘어 진다의 뜻. 진퇴양난 * 분정뇌둔(分定雷屯) : 군대를 함부로 나누어 주둔시킴 * 금조(今朝) : 오늘 아침. 생일날 아침이니 5월 23일 아침 * 창천(蒼天) : 맑게 갠 푸른 하늘. 봄하늘.

○ 압운(押韻)은 평성(平聲)인 선운(先韻)이다.

【 감상 】 생일날 속마음을 털어내고 있다. 사람들은 그저 어떻게 해서라도 오래 살기만 바라지. 나는 그렇지 않아. 몸과 마음이 건강하고 덕 지키기를 낙으로 삼고 편안하고 넉넉하게 사는 게 더 중요해. 오만가지 근심걱정에 싸여 있으면 어찌 도를 닦는 신선이라 할까? 늙은 이리가 턱밑살과 꼬리가 늘어지듯 몸이 그렇다면 밟혀서 나아갈 수 없다. 군대도 함부로 이리저리 주둔시켜 놓으면 옮기기 힘들다.

자신을 위해 욕심을 많이 부려 내 것으로 하면 외려 그것이 나를 옭아맨다. 내가 좋아해 여기저기 일을 벌려놓으면 이제 다시 바꾸려하거나 수습하려면 힘들다. 세상 살기 힘 드는 것도 대부분은 자기 자신이 만드는 것. 내가 복되게 살려면 욕심을 줄이는 일일 것이다. 나를 비우는 일일 것이다. 나는 세상사의 일을 크게 보지 않는다. 오로지 도를 닦고 덕을 쌓고 복을 짓는 일이 중요하다. 그러나 내가 가지는 마음 속 걱정은 다른 사람이 알아 줄 리 없다. 생일을 맞아 아침에 푸른 봄 하늘을 바라보며 하소연을 하고 싶다. 내가 가는 길은 다른 사람과 다르니 그들이 이해할 리 만무하고 오로지 하늘만이 알아주리.

67. 정자천을 지나 장제수를 바라보며

정자천은 석호산 머리 돌아들고
나그네 작은 배 띄워 건넌다.

한나라 옹성은 새지 않고
우나라 도끼구멍 먼 흐름 있는 것 같다.

붉은 연꽃 캐는 아가씨 가을 노래 부르고
하얀 대낚시 드리우는 할아비 시름 잊는다.

오늘밤 손님 만나거든 퉁소를 불고
달 밝은 긴 강에서 술을 차고 놀세.

過程子川望障堤水 (과정자천망장제수)

程子川回石湖頭 (정자천회석호두)
行人渡此小舟浮 (행인도차소주부)
韓囊甕上無有漏 (한낭옹상무유루)
禹斧通中有遠流 (우부통중유원류)
女採紅蓮秋送曲 (여채홍련추송곡)
翁垂白竹日忘愁 (옹수백죽일망수)
今宵若遇吹簫客 (금소약우취소객)
明月長江携酒遊 (명월장강휴주유)

【 주 】 * 정자천(程子川) : 보성읍 용문리에서 미력면 도개리로 흐르는 작은 내. 보성읍 북쪽을 흐름. 죽천(竹川)이라고도 함 * 장제수(障堤水) : 보성강 발전소 건설을 위해 댐을 막은 보성강 저수지의 물. 보성강 저수지는 예당 간척지와 함께 1927년 착공하여 1937년에 준공 * 한낭옹(韓囊甕) : 한나라(韓 : BC 453 ~ BC 230)의 주머니 모양의 옹성(甕城). 한나라는 전국칠웅(戰國七雄) 중 하나로 BC 355년경 부국강병책으로 중원의 강자로 부상. 저수지 댐 * 우부통(禹斧通) : 치수(治水)에 성공하여 순임금으로부터 임금을 물려받아 하(夏)왕조를 세운 우(禹)의 도끼 구멍. 발전소로 통하는 수로. 지명이 바늘골[針洞], 실밭등으로 수로를 암시

○ 압운(押韻)은 평성(平聲)인 우운(尤韻)이다.

【 감상 】 석호산 머리 둔터에서 바라보는 풍광은 한 폭의 수채화다. 보성읍내 쪽에서 정자천을 따라 보성강 저수지에 이른다. 정자천은 석호산 머리를 돌아간다. 한나라 옹성이 새지 않듯 저수지는 물을 잘 막았다. 우임금이 물을 잘 다스렸듯 물은 멀리서 흘러와 여기 모였다. 이곳은 태평하구나. 붉은 연꽃 캐는 아가씨의 가을 노래가 퍼진다. 할아버지는 흰 낚싯대 드리우고 시름을 잊는다. 오늘밤 여기서 손님을 만나거든 달 밝은 긴 강에서 술을 마시고 퉁소를 부르며 놀세.

추석 맞아 이 곳 둔터로 성묘 온 증손이 둔터나루에서 대실(大實)을 바라보며 운을 맞추며 감상에 젖는다.

둔터나루 屯基津

석호산 청룡 아래 石湖靑脈下	조옹은 낚시 하고 翁釣垂竿至
선산 묘는 가을 빛 先塚色秋浮	아낙 연 아니 캐네 姐採莫蓮愁
둔터진가 물결치고 屯津際相濤	이제 건널 이 없어 當現無人渡
학 벗 서로 사귄다 鶴朋交互流	빈 배만 매었구나 只空舟繫遊

68. 작천역을 지나며

지관이 비결을 남겨 사람들 서로 말하고
흰 까치는 냇가로 날아오르려 한다.

역길 먼지는 비에 젖었고
바다 장기는 구름 증기된다.

배와 차 같이 모이니 장사하기 좋고
논밭이 새로 열리니 농사가 일어난다.

그 밖에 산 깊어 사적을 남기고
옛 스님 은거가 많이 전한다.

過鵲川驛　　(과작천역)

地師遺訣世相稱 (지사유결세상칭)
白鵲向川飛欲登 (백작향천비욕등)
驛路塵光因雨濕 (역로진광인우습)
海天瘴氣化雲蒸 (해천장기화운증)
舟車並聚商功大 (주차병취상공대)
田野新開農利興 (전야신개농리흥)
別有山深留寺蹟 (별유산심류사적)
多傳元晦舊居僧 (다전원회구거승)

【 주 】 * 작천역(鵲川驛) : 현 득량역. 1930.12.25 경전선 개통과 함께 영업. 2001년 관광공사 추천 역으로 선정. 현재는 단일 규모론 세계 최대 공룡알 화석지인 득량면 비봉리 해안가가 있는 추억의 체험 관광역으로 유명. 현재 득량역 부근은 역전(驛前)마을(오봉5리), 까치내[鵲川] 마을은 오봉6리 * 백작(白鵲) : 오봉산에 백작포란 지굴이 있어, 7월 7석이면 까치 다리를 놓는다는 고사가 있음 * 장기(瘴氣) : 축축하고 더운 땅에서 생기는 독기 * 산심(山深) : 작은 오봉산(284m)와 칼바위가 있는 큰 오봉산(392m) 사이에 용추폭포로 이르는 깊은 계곡이 있음 * 사적(寺蹟) : 인근에 오봉사(오봉리 산98)와 고려 초기에 건립한 개흥사(開興寺)가 있음. 일제 말 개흥사에서는 돌 도가니, 철마 2개, 불상 3개, 석장승(벅수 : 현 조양마을로 이전) 등이 발견됨

○ 압운(押韻)은 평성(平聲)인 증운(烝韻)이다.

【 감상 】 득량역과 그 주변을 읊고 있다. 득량역 뒤엔 크고 작은 두 오봉산이 있다. 이 산은 원효대사도 신비로운 산이라 감탄했다 한다. 이렇게 작은 산에 기암괴석과 명승지가 많은 보성의 명산이다. 지금은 인근 비봉리 해안가 선소 부근에서 세계 최대의 공룡알 화석지가 발견되어 주목을 끌고 있다. 이곳은 임진왜란 때부터 백의종군하던 이순신 장군에게 군량미를 대어 '양식을 얻었다'고 "득량(得糧)"이라 부르게 되었다 한다. 득량만을 끼고 있어 바다와 산이 만나고, 득량 예당 간척지가 1937년 만들어지니 농사가 새로 시작되었다. 이름 그대로 다시 간척지 좋은 쌀을 얻게 되니 또 근세에 이르러 이름값을 하게 되나 보다. 개흥사 석장승을 이전해 세워 놓은 조양마을은 해창(海倉)으로 바다 안전을 기원하여 국사당제를 지냈다한다. 또한 이곳 득량은 왜적을 방비하기 위해 고려 공민왕 때 이성계가 정지 장군 등과 오봉산성을 쌓았고, 선소에서는 거북선을 건조하고, 군량미를 대었던 유서 깊은 곳이다.

69. 산앙정에 대해 지음 - 박죽천

천봉산은 높고 물 절로 흐르고
선생은 모습은 천추에 남는다.

하늘이 내림 원액 그 글 중하고
귀신이 보호하는 바위 글 고적으로 남는다.

달빛 아래 다듬이 소리에 마을이 가깝고
구름 속 종소리에 절문이 그윽타

해마다 향리 선비들 시를 짓고
녹음방초 좋아해 함께 노닌다.

題山仰亭　　　（제산앙정）　　　　　朴竹川(박죽천)

天鳳山高水自流 (천봉산고수자류)
先生風義想千秋 (선생풍의상천추)
天降院額斯文重 (천강원액사문중)
鬼護巖銘古蹟留 (귀호암명고적류)
月下砧鳴村戶近 (월하침명촌호근)
雲中鍾落寺門幽 (운중종락사문유)
年年鄕士來修禊 (연년향사래수계)
偏愛芳陰伴憂遊 (편애방음반우유)

【 주 】 * 산앙정(山仰亭) : 보성군 문덕면 죽산리 감각동 마을 대원사 아래 박죽천을 기리는 정자. 1929년 , 송운회, 이교천 등이 수축 * 박죽천 (朴竹川 : 1526.1.16. ~ 1597.11.18) : 호 죽천(竹川), 이름은 광전(光前). 이 퇴계 문인. 왕자 사부 등 각종 관직 역임. 임진, 정유재란 때 의병장 역임, 전란 중 순직. 겸백 사곡리 양지마을에 사당 화산재(華山齋), 노동면 광곡리 광탄 광곡역 위 죽천정(竹川亭), 미력면 덕림리 우와실에 '용산서원유허비' 등에 유적 있음 * 천강원액(天降院額) : 1707년(숙종33년) 용산서원(龍山書院)의 액호를 하사받음 * 암명(巖銘) : 구암(龜巖)에 "우계(遇溪)" 라고 새긴 각자(刻字) * 수계(修禊) : 시인들이 모임을 갖고 시를 지음
○ 압운(押韻)은 평성(平聲)인 우운(尤韻)이다.

【 감상 】 시인은 산앙정을 수축한 송운회(담은정팔경시 14번), 이교천 (15수, 59수 : 1930년 덕산정사 건립)과 교유하였다. 1929년 이들이 죽천 선생이 1559년 대원사 계곡 우계(遇溪)에서 놀던 것을 기려 산앙정을 짓는다. 이 때 문인들이 시문을 주고받는 가운데 지은 시로 보인다.

죽천 선생은 올곧은 선비의 표상이었고 위급한 나라를 구하기 위해 의병장으로 앞장섰다. 그 선생의 기풍과 의절은 천년을 두고 두고 남아 기린다.

천봉산 계곡에 산앙정을 지으니 죽천 선생의 그 선비정신과 의로움이 천년을 두고 내려온다. 이곳 계곡을 만나 우계(遇溪)라 하였으니, 사람이 시내를 민나고[人遇溪], 시내가 사람을 민닌다[溪遇人]다 히였다. 후세에 이 자연과의 만남을 알리기 위해 거북바위 위에 글을 새기니 고적으로 남는다. 해마다 향리에 선비들이 여기 와서 계곡에서 시를 지으며 논다.

죽천이 우계에서 놀던 당시와 달리 지금, 대원사는 번창하여 많은 방문객을 부르고 있다. 봄이면 대원사 들어가는 길 벚꽃이 장관인데, 계곡 한 쪽 이 산앙정의 옛일을 깊이 돌아다보는 이 얼마인가?

70. 벗을 만나 마시다

노인이 즐기는 땅 남은 해가 아까워
오늘 정자서 노니 비 오니 고마워라

71. 국화를 꺾어 임성오에게 주며

동울에 작은 국화 가을 모습 띠는데
따는 남은 향기에 손 절로 마주하네.

특별히 그대 곁에 보내는 뜻 있으니
이 꽃피는 날이면 서로 즐겨 만나세

右人會飮　　(우인회음)

老人行樂地 (노인행락지)　　自惜有餘年 (자석유여년)
今日遊亭事 (금일유정사)　　知應頌雨天 (지응송우천)

採菊寄贈任聖五 (채국기증임성오)

東籬小菊斂秋容 (동리소국렴추용)
爰採餘芳手自對 (원채여방수자대)
特送君邊應有意 (특송군변응유의)
此花開日好相逢 (차화개일호상봉)

【주】 70. 벗을 만나 마시다
* 우인회음(右人會飮) : 마침 비가 와서 정자에서 벗과 술을 마시며 즐김.

○ 압운(押韻)은 평성(平聲)인 선운(先韻)이다.

【감상】 유일한 5언 절구다. 이제 나이가 들어 살 날이 많지 않으니. 하루하루 사는 게 아깝다. 그래도 그대와 함께 이 정자 올라 마시고 노니 얼마나 좋은가. 마침 비가 내리니. 마땅히 비에 고마움을 알겠구나.

【주】 71. 국화를 꺾어 임성오에게 주며
* 동리소국(東籬小菊) : 도연명의 시 "음주"에서 '동쪽 울타리밑 국화 따서 / 유연히 남산을 보다'(採菊東籬下 攸然見南山)와 같이 울타리는 늘 '동쪽 울'임 * 수자대(手自對) : (꽃 향기에) 손이 절로 코에 대게 됨

○ 압운(押韻)은 평성(平聲)인 동운(冬韻)이다.

【감상】 유일한 7언 절구의 시다. 대표적인 전원시인 도연명이 '동쪽 울다리에서 국화를 땄다'는 데서, 한시에 나타나는 대부분 국화는 다 "동쪽 울타리"에서 꺾어야 맛이다.
국화 한 송이가 가을을 다 수렴하였다. 국화는 가을의 얼굴이다. 국화꽃 봉우리는 아직 다 피지 않았다. 꽃향기가 나니 손이 절로 가네.
이 꽃을 그대에게 보내는 뜻이 있네. 우리 꽃피는 날 서로 만나세. 꽃이 활짝 피면 우리 얼굴에도 웃음꽃이 피겠지.

72. 병석에서 아이더러 운을 떼라 하고

병들어 정신이 어지러워 약을 씀이 밝으니
세상에 있는 내 몸 중하지 어찌 가벼우리.

아는 벗들 일찍이 산으로 가 은거하고
때 못 만난 어진 이들 물러나 밭을 간다.

고기는 물을 만나야 그 진성이 펄떡이고
꿩은 숲이 개어야 좋은 때 만나 울리.

청운의 뜻 못 펴고 늙어
이 때를 당해 찬 선비 이름 부끄럽구나.

病枕呼兒拈韻 (병침호아념운)

病枕迷精用藥明 (병침미정용약명)
此身在世重何輕 (차신재세중하경)
早知朋黨歸山採 (조지붕당귀산채)
不遇賢君退野耕 (불우현군퇴야경)
水活魚因眞性躍 (수활어인진성약)
林晴雉得好時鳴 (임청치득호시명)
白頭未展靑雲志 (백두미전청운지)
愧有當年寒士名 (괴유당년한사명)

【 주 】 * 병침(病枕) : 병이 들어 자리에 누움. 와석(臥席), 병석(病席)
* 염운(拈韻) : 운을 들어 줌. 각운으로 '경(庚)운'을 들음 * 미정(迷精) :
정신이 혼미함 * 귀산채(歸山採) : 일찍이 백이숙제는 상(은)나라를 친 주
나라를 거부하고 수양산에 들어가 고사리를 캐먹고 살다 죽었으니 충신의
사표가 됨. (일제 때 나라를 뺏기니) 충신은 초야에 묻힘 * 백두(白頭) :
흰머리, 곧 나이가 들어 늙음 * 한사(寒士) : 가난한 선비
○ 압운(押韻)은 평성(平聲)인 경운(庚韻)이다.

【 감상 】 병이 들어서도 아이를 불러 운을 띄우며 시를 짓는다. 병이 들어 약을 쓰는 것이 맞다 한다. 정말 약을 복용하는 지. 이 시 한 수를 약으로 대신하는 지. 시인은 병이 들어도 시를 지으며 스스로 달랜다.

세상에 있는 몸이 중하다는 것은 몸만을 위하자는 것이 아니다. 몸은 영혼을 담는 그릇. 그 그릇이 금이 가고 새서는 안 된다. 병이 나서는 안 된다.

같이 수학하고 어울렸던 벗들이 나라를 뺏기니 다 초야에 묻혔다. 어진 이들도 출사하지 못하고 밭을 갈고 산다. 세상은 일제의 압제 아닌가?

고기는 물을 만나야 그 진가가 발휘된다. 물속에서 펄떡이는 물고기라 야만 그 진실한 생명성이 나온다. 꿩은 숲 속에서 맑게 갠 날씨에 운다.

다 제자리에 있고 시절과 때가 맞아야 한다. 그러나 선비가 때를 만나지 못하니. 청운의 푸른 뜻을 펴지 못했다. 세월이 흘러 늙고 보니 해놓은 것도 없는 쓸쓸하고 가난한 선비. 선비라 하나 그 이름이 부끄럽구나.

73. 가뭄을 걱정함

임계 양년에 가뭄이 드니
생령 운맥이 꺾이어 지고

넘치던 것이 궁하니 백성 항산이 비고
모든 선비는 걱정되어 불안하게 산다.

탕 임금 정성 없이 기도가 무슨 소용이랴?
주나라 외로움 없건만 탄식이 일어날 뿐

전쟁이 난데다가 흉년까지 드니
하늘의 도수 다 그러하니 인력으론 어렵다.

憫旱　　　(민한)

壬癸之間日旱乾 (임계지간일한건)
生靈運脈始摧殘 (생령운맥시최잔)
民虛恒産窮斯濫 (민허항산궁사람)
士切憂心居不安 (사체우심거불안)
靡有湯誠何用禱 (미유탕성하용도)
庶無周孑可興嘆 (서무주혈가흥탄)
荒年又値兵塵起 (황년우치병진기)
天數皆然力以難 (천수개연력이난)

【 주 】 * 임계지간(壬癸之間) : 임오년(壬午年 1942년), 계미년(癸未年 1943년) 사이   * 최잔(摧殘) : 꺾여서 손상을 입음. 나무가 꺾여 쓰러짐. ~고목   * 항산(恒産) : 살아갈 수 있는 일정한 재산이나 생업. 맹자는 '항산이 없으면 항심(恒心)도 가질 수 없다'고 함   * 미유탕성하용도(靡有湯誠何用禱) : 탕(湯)은 이윤(伊尹)의 보필을 받아 상(商)나라[후에 은(殷)으로 고침)]를 세우나 천하폭군 주(紂)가 나와 멸망   * 서무주혈가흥탄(庶無周子可興嘆) : 문왕(文王)은 외롭지 않아 강태공(姜太公)의 도움으로 주를 세우고 아들 무왕은 은의 주(紂)를 멸함. 봉건제도를 완성하여 고대국가의 기반을 확립. 주 유왕은 포사에게 빠져 웃지 않는 그를 위해 거짓 봉화를 올리다 멸망당함

○ 압운(押韻)은 평성(平聲)인 한운(寒韻)이다.

【 감상 】 가뭄을 걱정하고 있다. 세상이 난리로 어지러운 데 하늘까지 버려 가뭄이 드니. 쇠잔한 나무가 꺾이듯 생령들의 운맥이 꺾인다. 백성들이 먹고 살 항산이 비니 선비들은 불안해 할 뿐.

옛 탕왕이 은나라를 세웠으나 폭군 주(紂)가 나와 망하니 기도가 무슨 소용인가? 문왕도 강태공의 도움으로 주나라를 세워 무왕에게 이었으나 유왕은 포사에게 빠져 망하고 마니 탄식이 일 뿐

전쟁 통에 가뭄까지 드니 하늘의 도수가 그러하는가? 그러하니 인력으로 어찌하기 힘 들어라.1942년 1943년이면 1945년 해방되기 2 ~ 3년 전. 동이 뜨기 전에 가장 어둡디했던기? 가장 추워야 봄이 오고 가장 어두워야 동이 튼다. 하늘의, 자연의 이치가 그러하니 이 가뭄이 드는 것도 그런 이치인가? 그러나 실제 당하는 당시의 어려움은 크다. 2 ~ 3년 뒤 해방이 되리라 그 당시 어찌 짐작했으랴? 전쟁은 계속되고 가뭄이 들어 먹을 것이 부족하니 그 고통이 오죽했으랴.

이 시의 주제는 바로 마지막 글자 한 자에 응축되니 '어려움'[難]이다.

74. 병석에 정양이 찾아와 기뻐서 - 안종남

그대 어찌 왔노? 하늘도 맑구나.
병중 푸른 눈 기쁘게 맞이한다.

지난 날 오래 떨어져 항상 꿈만 같더니
오늘 서로 만나 못 만난 정 물리친다.

도가 멀어지자 선비는 당의 외우는 학문 좇고
악이 무너지자 세상은 정음의 소리만 좋아한다.

회포 풀지 못하는 한이 없도록 말하자면
다음에 마지막 보고 곡을 하는 게 낫겠네.

病枕喜靜養來訪 (병침희정양래방)　　　　　　安鍾南(안종남)

君自何來天又晴 (군자하래천우청)
病中靑眼喜開迎 (병중청안희개영)
昔年久別常知夢 (석년구별상지몽)
此日相逢却有情 (차일상봉각유정)
道遠士從唐記誦 (도원사종당기송)
樂崩世好鄭音聲 (악붕세호정음성)
請言莫恨空懷寶 (청언막한공회보)
終見他時利哭成 (종견타시이곡성)

【 주 】 * 안종남(安鍾南) : 호는 정양(靜養). 담은정시집에 13번째로 그의 화답시가 실려 있다. 안규용(安圭容)과 함께 의병장 안계홍(安桂洪)의 담산실기(澹山實記) 편찬에 참여 * 청안(靑眼) : 중국 진서(晉書) 완적전(阮籍傳)에 나오는 말로 죽림 칠현 중의 한 사람인 완적이 반갑지 않는 손님은 백안(白眼 : 눈 흰자위)으로 대하고 반가운 손님은 청안(靑眼)으로 대한데서 유래 * 기송(記誦) : 기송지학(記誦之學). 실천하지 않고 경전을 읽고 외우기만 하는 학문 * 정음(鄭音) : 중국 춘추전국시대 정나라에서 유행한 음란한 음악

○ 압운(押韻)은 평성(平聲)인 경운(庚韻)이다.

【 감상 】 병석에 벗이 찾아옴은 다른 어떤 것보다 기쁘다. 어려울 때 힘들 때 힘이 되어주는 벗이 참 벗이다. 그대 어찌 이리 갑자기 왔는가? 하늘도 반기는 듯 푸르고 맑구나. 내 눈도 푸르게 반긴다. 죽림 칠현인 완적이 반기는 손님을 청안으로 대했으니, 청안의 속 뜻에서는 은자인 자신을 죽림 칠현에 비김도 은근히 들어있는가? 지난 날 너무 오래 떨어져 있었다. 만나지 못하고 늘 만나기만을 꿈꾸어 왔다. 이제 오늘 이렇게 병석에서 만나서 그 꿈을 이룬다. 못 만나 안타까운 정을 물리친다. 요즘 세태는 어떠한가? 선비들은 당나라 선비들처럼 그저 경전을 외우려고만 할 뿐, 실천의 도와 멀리 떨어져 있으니, 도를 닦고 실천하려 하지 않는다. 세상 사람들은 정나라 사람들이 음란한 음악만 좋아하듯, 퇴폐적인 음악소리만 좋아하구나. 진정한 도의 즐거움을 모르니 말초적인 음악에만 빠져 있다. 지금의 대중음악도 거의 그렇지 않나 싶다. 회포가 없도록 한이 없기로 하자면 끝이 없으니 다른 날 마지막 만나 곡을 하는 게 낫겠네. 우리네 삶의 회포가 끝이 있는가? 한이 없을 수 있는가? 이제 우리 이 만남이 죽기 전엔 마지막 같네. 다시 마지막 만날 때는 곡을 하겠지. 만나는 기쁨으로 시작된 시는 마지막으로 헤어지는 슬픔으로 이어져 담담히 끝을 맺는다.

75. 낚시터 주인에게 장난삼아 지어줌 - 염병석

하늘 가득 눈이 어지러이 흩날리고
오직 외론 배 홀로 낚시하는 그대

깊은 골 꾀꼬리 서로 벗과 노닐고
서산 백로는 절로 무리 짓는다.

옛 부터 인생은 다 물과 같다는데
지금의 세태는 반은 뜬구름이라

그 사이 물가의 선비 따로 있어
나무하는 노래 한 곡조 대낮에 듣는다.

戱贈釣臺主人 (희증조대주인)　　　　　廉秉奭(염병석)

滿天風雪正紛紛 (만천풍설정분분)
惟見孤舟獨釣君 (유견고주독조군)
幽谷黃鸝相嗅友 (유곡황리상후우)
西山白鷺自成群 (서산백로자성군)
人生從古皆如水 (인생종고개여수)
世態于今半是雲 (세태우금반시운)
別有斯間延瀕士 (별유사간연빈사)
薪歌一曲日中聞 (신가일곡일중문)

【 주 】 ＊ 희증(戲贈) : 장난삼아 줌 ＊ 분분(紛紛) : (눈이) 어지럽게 뒤섞여 흩날림 ＊ 황리(黃鸝) : 황조(黃鳥), 꾀꼬리 ＊ 상후우(相嗅友) : 서로 벗의 냄새를 맡음 ＊ 인생종고개여수(人生從古皆如水) : 인생은 예로부터 다 물과 같다고 했음. 남명(南冥) 조식(曺植)은 그의 민암부(民巖賦)에서 '백성은 물과 같다는 소리, 예부터 있어 왔네'[民猶水也, 古有說也]라고 했음. 공자는 물을 군자에 비유했고, 노자는 가장 좋은 것은 물과 같다[上善若水]고 했음. ＊ 빈사(濱士) : 물가의 선비. 물가에서 낚시하는 선비로 군자를 비유

○ 압운(押韻)은 평성(平聲)인 문운(文韻)이다.

【 감상 】 19수 동강조대의 염병섭(파주염씨 21세손)과 관련이 있는 듯하나 상고(相考)하기가 어렵다. 여기서 조대가 동강조대인 듯하나 확실치 않고 동강유고를 남긴 염병섭과 이 시의 염병석의 관계가 밝혀져야 할 것 같다. 염병석에게 희증(戲贈 : 장난삼아 줌)한다 했는데 통상 약간은 허튼 소리나 점잖지 못한 말을 하고자할 때 통상 면책의 뜻으로 사대부들이 즐겨 쓴 희증(戲贈)의 예와는 사뭇 다르다. 놀리거나 장난을 하기보단 진지하게 은사인 염병석을 '빈사'라고 높이고 있다.

때는 겨울. 어지러이 흩날리는 눈. 이에 아랑곳하지 않고 홀로 낚시하는 그대. 깊은 골에 꾀꼬리가 서로 냄새를 맡으며 부비고 살든, 해오라기가 무리를 짓든 '물가의 선비'는 따로 논다. 흐르는 물이 인생과 같다고 옛 부디 그랬던가? 쉼 없이 낮은 곳으로 바다로 기듯 우리네 삶도 그러히던가? 물의 겸손함을 닮듯 군자의 삶을 살아가야 하는 것.

그러나 지금의 세태는 어떤가? 뜬 구름처럼 그렇게 살지 않는가? 헛된 영화에 매달려 근본을 저버리고 살지 않는가? 오직 그대만이 낚시터 물가에서 물처럼 살고자 하지 않는가? 무욕의 삶은 한가로워라. 대낮에 멀리서 나무하는 노래 한 곡조 들려온다.

76. 산촌의 일을 바로 읊음

산 아이 내게 와서 들이 아름답다 하니
쉬는 날 향기 찾아 거리를 걸어본다

서리가 마른 뒤 늙은 나무는 꽃과 같고
눈 쓸어간 벼랑에 새 부들 잎 먼저 난다.

때가 오매 만물은 이치 따라 돌아드는데
나이 든 사람은 탄식과 회한뿐이라

지금 풍욕하는 벗이 매우 드무니
저무는 봄 이 즐거움 누구와 함께 할까?

山村卽事　　(산촌즉사)

山童告我野容佳 (산동고아야용가)
暇日尋芳試步街 (가일심방시보가)
老樹猶花霜盡後 (노수유화상진후)
新蒲先葉雪消涯 (신포선엽설소애)
時來物有還生理 (시래물유환생리)
年老人多減嘆懷 (연노인다감탄회)
今世最稀風浴伴 (금세최희풍욕반)
暮春樂意與誰同 (모춘락의여수동)

【 주 】 * 즉사(卽事) : 어떤 것에 대하여 즉흥적 감회를 읊음. 즉흥시
* 신포(新蒲) : 새 부들. 부들은 강가 진흙 밭에 잘 자라는 수초. 줄기는 곧게 자라며, 끝에 갈색을 띤 암꽃이 소시지 모양으로 달림. * 풍욕(風浴) : 산림 속에서 옷을 벗고 하는 바람 목욕. 요즈음은 산에서는 옷을 간단히 입고 노출을 많이 한 상태의 삼림욕이 일반적이고, 집에서는 나체로 있다 이불 덮기를 반복하는 풍욕법을 씀
○ 압운(押韻)은 평성(平聲)인 문운(文韻)이다.

【 감상 】 유사한 느낌을 갖게 하는 왕유(王維)의 산거즉사(山居卽事) 한편을 감상해 보자

사립 닫고 적막해서 寂寞掩柴扉　　대순에 새 가루 나고 嫩竹舍新粉
멀거니 지는 해 본다 蒼茫對落暉　　붉은 연꽃 꽃잎 지네 紅蓮落故衣
솔 여기저기 학 둥지 鶴巢松樹偏　　나룻가 등불 켜지고 渡頭燈火起
찾아오는 이 드무네 人訪蓽門稀　　곳곳 마름 따서 온다 處處採菱歸

둘 다 산촌에 은거하는 선비의 삶의 단편이 그려져 있다. 지은이는 오루굴 담은정에서 은거하였다. 담은정은 바로 산 속에 있으니 앞에는 인가가 없다.

시인은 산 뒤로 깃발이[旗亭] 마을로 향한 것 같다. 바로 인가가 있고 자그마한 내가 있고 그 내는 큰 절벽 밑으로 흘러든다. 절벽엔 눈이 다 녹았고 냇가에 새 부들잎이 나기 시작한다.

봄이 오매 만물이 다시 움튼다. 자연은 때가 되매 이렇듯 다시 환생하는데 우리네 인생만 한번 가면 다시 못 오구나.

산속에서 풍욕(風浴)하는 도반(道伴)도 지금은 없으니 산 속에서 사는 이 즐거움을 누구와 함께 할까?

77. 세상을 한탄함

사해로 나누어진 육대주에서
각기 기치 내걸고 서로 싸운다.

진가는 사슴 잃고 강산은 저물고
초장은 봉기하였으나 배 노가 떠 있다.

기름 빠진 생령 살 방도가 없고
도를 잃은 현철 모사만 꾸미도다.

시인이 힘써 지으나 기장 떨어져 한이요
힘써 가도 안 되나 일을 쉴 수가 없다.

嘆世　　　　(탄세)

四海分爲六大洲 (사해분위육대주)
各張旗幟戰春秋 (각장기치전춘추)
秦家失鹿江山暮 (진가실록강산모)
楚將起蜂舟楫浮 (초장기봉주즙부)
膏渴生靈無活計 (고갈생령무활계)
道喪賢哲用奇謀 (도상현철용기모)
詩人堪作黍離嘆 (시인감작서리탄)
行邁靡靡事不休 (행매미미사불휴)

【 주 】 * 사해(四海) : 사방의 바다. 온 세상. 오대양(태평양, 대서양, 인도양, 남빙양, 북빙양) * 육대주(六大洲) : 여섯 대륙. 아시아, 유럽, 아프리카, 북아메리카, 남아메리카 * 전춘추(戰春秋) : 춘추 전국시대를 이뤄 싸움 * 진가실록(秦家失鹿) : 진시황 사후 환관 조고(趙高)는 '사슴을 말이라 가리키라[指鹿爲馬]'고 하여 국정을 농락하여 멸망 * 초장기봉(楚將起蜂) : 초나라 장수 항우가 봉기를 함. 결국 한신에게 패함 * 서리탄(黍離嘆) : 기장이 떨어져 한숨 * 미미(靡靡) : 쓰러짐. 안 됨

○ 압운(押韻)은 평성(平聲)인 우운(尤韻)이다.

【 감상 】 일본은 대동아전쟁이라고 일으키고 세계는 제2차 세계대전을 치른다. 근세에 이르러 온 세상이 2번의 큰 전쟁을 치르니 온 천하의 패권을 다투는 춘추전국 시대 아닌가? 어지러운 시대. 세상을 한탄하지 않을 수 없다. 옛 춘추전국시 대 때는 어찌했나? 진나라 시황은 천하를 통일했다하나 불과 15년 만에 망하지 않았나? 온 천하를 평안케 한다고 제 각기 내세우고 세력을 다투나 얼마나 허망한 일인가? 중국을 처음 통일한 진나라도 그러했다. 천하의 패권을 다투던 초나라도 사면초가에 몰려 눈물을 흘려야 했다.

다 백성을 잘 살게 한다하나 실제 피해는 백성들만 보는 게 아닌가? 전쟁에 지친 백성은 살 방도가 막막하다. 먹고 살기가 힘든 세상이다. 좀 배우고 안다는 이들은 이를 해결하기보다 명리에 급급하다. 도를 잃고 모사민 꾸민다.

시인은 시를 지으나 쌀이 나오는 것은 아니다. 그래도 시를 짓는 것만은 쉴 수가 없구나. '사불휴(事不休)'가 이 시의 주제를 말해준다. 어려운 시대에 어려운 일이 많다. 평안히 쉴 수가 없다. 다사다난(多事多難)한 시대에 태어나 시대를 한탄한다. 그 언제나 태평성대가 오려나. 지금껏 선천의 세상에서 태평성대란 없었다. 인간은 정말 평안히 쉴 수 없었다.

78. 봄을 보내며

청제가 덕을 펴서 성공하고 가노니
시인은 술에 취해 잘 가라고 보낸다.

향기 찾은 나비춤 담장 너머로 가고
꽃술은 씨 맺으려 세월을 기다린다.

풀 향기 바람따라 삼복 더위는 오고
뇌전은 능히 다시 양기를 일으키리.

강남의 계집 아이 홍안이 아까워라
옥장막 깊은 등의 한이 길기도 하다.

餞春　　　　(전춘)

布德成功靑帝行 (포덕성공청제행)
詩人餞別醉壺觴 (시인전별취호상)
尋香蝶舞過墻去 (심향접무과장거)
結子花心待歲藏 (결자화심대세장)
風薰應亦來三伏 (풍훈응역래삼복)
雷復方能起一陽 (뇌부방능기일양)
江南兒女紅顔惜 (강남아녀홍안석)
玉帳深燈恨最長 (옥장심등한최장)

【 주 】 * 전춘(餞春) : 봄을 보냄. 전(餞)은 '헤어질 때 잔치하여 먹여서 보낸다.'는 뜻이 있음 * 청제(靑帝) : 푸른 제왕 곧 봄을 이름. 봄, 여름, 가을, 겨울 각 사계는 음양오행 색으로 보면 청, 적, 백, 흑색에 해당함 * 전별(餞別) : 잔치를 베풀어 작별함 * 호상(壺觴) : 술병과 술잔 곧 술을 먹는 일 * 강남(江南) : 원래 중국 양쯔강 남쪽 지방을 가리키나 여기서는 일반적인 의미로 따뜻한 남쪽 지방 * 옥장(玉帳) : 옥으로 장식한 장막. 여기서는 강남 여인의 방

○ 압운(押韻)은 평성(平聲)인 양운(陽韻)이다.

【 감상 】 세월이 어김없이 오고 간다. 봄이 오는가 하면 어느덧 간다. 푸른 봄의 제왕은 성공적으로 그 덕을 펼치고 이제 스스로 물러선다. 잘 가라 전별 잔치를 벌이니 시인은 술에 취한다. 봄내 향기를 찾아 날아다니던 나비는 담장 너머로 사라졌다. 봄꽃이 지니 나비도 보이지 않는다. 그러나 꽃은 져도 꽃술은 씨를 맺기 위해 세월을 기다린다. 이제 기다리고 기다려 열매를 맺겠지. 이제 꽃향기, 풀 향기 바람따라 삼복더위가 오겠지. 우레가 울고 여름비가 내리겠지. 세월은 그렇게 무상하게 흘러가느니 어린 아이 홍안이 아깝구나.

2연과 3연은 봄을 보내고 여름을 맞이하는 질서가 그려진다. 2연의 대구는 나비와 꽃술의 행태에서 극명하게 대비된다. 나비는 꽃을 따라 가버린다. 그러나 꽃술은 제자리를 지키며 기다린다. 그 자리에서 결실을 맺기 위해 세월을 기다린다. 4연은 세월 따라 덧없는 인생이 그려진다. 아리따운 어린 붉은 얼굴이 엊그제인가 싶은데. 깊은 방 등 아래에서 보니 어느새 얼굴은 늙어 그 한이 길고 길구나. 봄을 보내며 술잔을 마주하며 자신을 보니 세월만 가나니 그 한이 길다. '한최장(恨最長)'이라. 우리네 삶은 덧없으니 영원을 약속받지 못한 땅의 삶은 언제나 그 한이 길어라.

79. 세계지도에 대해 지음―규화가 만주에 있을 때 부쳐 옴

붉은 비단 한 폭에 온 세계가 그려져 있어
깊은 근거지가 떠 있어 눈으로 거두어 보게 된다.

온 나라는 비단에 잡혀 하나라 산이 그려져 있고
천리의 고른 도로는 주나라 도시에 이어졌네.

하늘을 도는 해와 달은 원래 운행도수가 있고
별자리에 그려진 별은 처음부터 나뉘어졌다.

이 큰 보물 이름이 중한 것처럼
이 곳에서 어찌 구하는 마음 없으리오.

題世界圖 (제세계도) - 圭華在滿洲時奉送(규화재만주시봉송)

一幅紅綃畵六洲 (일폭홍초화육주)
深根浮在眼中收 (심근부재안중수)
萬邦執帛塗山夏 (만방집백도산하)
千里均程洛邑周 (천리균정낙읍주)
日月行天元有度 (일월행천원유도)
星辰畵野始分區 (성신화야시분구)
如斯大寶名尤重 (여사대보명우중)
巢許何心不願求 (소허하심불원구)

【 주 】 * 홍초(紅綃) : 붉은 무늬의 비단 * 육주(六洲) : 지구의 여섯 대륙. 곧 아시아,아프리카,유럽,오세아니아,북아메리카,남아메리카. 온 세계 * 심근(深根) : 깊은 근거지, 본바탕. * 부재(浮在) : 떠 있음. (지도에) 나타나 있음 * 안중수(眼中收) : 눈 가운데에 그침. (근거지가 지도에 표현되어) 눈에 보임 * 집백(執帛) : 비단에 써짐 * 도산하(塗山夏) : (온 나라가)하나라 산에 칠하여져 있음 * 균정(均程) : 고른 도로 * 낙읍주(洛邑周) : (고른 도로가)주나라 도읍에 이어져 있음

○ 압운(押韻)은 평성(平聲)인 우운(尤韻)이다.

【 감상 】 55수 '벽시계'를 노래한 것과 같은 영물시(詠物詩)다. 그림을 보고 읊은 65수 '월계화'를 노래함과 83수 금강산 전도를 보고 난 뒤에 이어 이 수는 세계지도를 보고 노래한 것이다.

당시에 얻기 어렵고 귀한 비단에 그려진 세계지도를 보면서 그 소회를 그리고 있다.

붉은 비단 한 폭에 전 세계가 그려져 눈앞에 펼쳐진다. 지도에 그려진 세계의 모습을 보는 것을 재미있게 독특하게 노래한다. 지도가 있어 깊은 근거지[深根]가 표면에 나타나니 떠 있고[浮在] 그 떠 있는 것을 보는 사람의 눈은 이를 거두는[眼中收] 것으로.

2연은 나라, 산, 도로, 도시가 나타난 지도의 모습이 좀 더 상세가 그려지고 3연은 지도를 보고난 소감이 나타난다. 이렇게 땅이 서로 나뉘어 점하고 있는 것은 원래 해와 달도 그 도수에 따라 운행되고 별들이 제가기 그 자리가 있는 것과 같지 않은가?

원래 처음부터 제각기 자리가 있고 서로 나뉨이 있다. 하늘이 먼저 그러하니 땅도 당연하다. 그리고 그 땅의 나뉨은 지도로 나타나 있다.

귀하고 소중한 이 세계지도를 여기서 어찌 구하는 마음이 없었겠는가? 때마침 손자가 멀리서 이를 보내오니 그 얼마나 기쁜 지 모르겠다.

80. 장수 수첩에 대해 지은 뒤 - 김형호

세월이 먼저 지나 다시 후천 오니
계림 봄빛이 해마다 푸르다

회봉맥에 살아 좋은 집 차지하고
용머리 운으로 복전을 짓는다.

끝없는 백발은 신선과 비길만하고
오래된 푸른 물건은 세상에 전한다.

눈 속 매화 오늘 아침 피어 약조를 남기고
좋은 날 만나 마시니 또 두 현인이라.

題壽帖後　　（제 수첩 후）　　　　金榮浩(김형호)

星壽過先更後天 (성수과선갱후천)
鷄林春色綠年年 (계림춘색녹년년)
居回鳳脈占仁宅 (거회봉맥점인택)
運自龍頭作福田 (운자룡두작복전)
白髮無疆仙可擬 (백발무강선가의)
青氈有舊世相傳 (청전유구세상전)
雪梅留約今朝發 (설매류약금조발)
對酌良辰又兩賢 (대작량신우량현)

【 주 】 * 제수첩(題壽帖) : 장수를 기리는 수첩(시집)에 제목을 달음. * 성수(星壽) : 우주의 시간. 세월. 나이 * 후천(後天) : 우주적으로는 새로운 하늘. 천도교에서는 1860.4.5 이후를 말함. 여기서는 부모영향에서 벗어나 자신이 개척한 인생 후반기(장노년기) * 계림춘색(鷄林春色) : 계림은 신라 즉 우리나라를 가리킴. 은유적으로 후천을 이끌어갈 성인들. 닭이 우는 숲의 봄빛은 곧 후천세상이 도래함을 일컬음. 여기서는 장 노년기를 젊고 푸르게 살아옴을 뜻함 * 복전(福田) : 복을 거두는 밭이라는 뜻으로, 삼보(三寶)·부모·가난한 사람을 비유적으로 이르는 말. 삼보를 공양하고 부모의 은혜에 보답하며 가난한 사람에게 베풀면 복이 생긴다고 함 * 청전(靑氈) : 대대로 내려오는 오래된 물건

○ 압운(押韻)은 평성(平聲)인 선운(先韻)이다.

【 감상 】 장수를 기리는 수첩에 글을 쓰고 나서 지은 시다. 김형호라는 벗과 노년의 삶을 노래하고 있다. 김형호는 담은정시집에서 그 이름이 보이지 않는다.

세월은 금방 지나가 인생이 후반기에 이른다. 그러나 노년을 해마다 푸르게, 젊게 살아간다. 그 노년이 계림 봄빛처럼 해마다 푸르다 한다.

봉이 돌아드는 좋은 집터에서 복을 짓고 산다. 그 집은 복을 거두는 밭이다. 좋은 집에서 복을 짓고 사니 더 이상 비길 데가 있을까?

오래된 보물은 푸르러 세상에 전할 만 하고, 백발은 계속 자라 신선 같구나.

우리 이렇게 만나 새벽에 술을 같이 마시는데 눈 속에 매화가 피어 봄을 약속하구나.

보통 인생 후반기라 할 수 있는 노년을 쓸쓸하다. 그러나 시인과 그 벗은 푸르게 살아가고 있다. 그대와 나는 어질게 살아가는 두 현인이로고.

81. 가을밤 책읽기

낙엽 지는 작은 집 찬 등불 아래에서
서남쪽으로부터 가을소리 먼저 느낀다.

가을 바람 쓸쓸이 불어 마른 풀에 서리 내리고
하나님 궁전은 높디높고 달은 하늘 가득 찼다.

만 가지 얽힘 모두 사라져 마음 바름 얻고
뭇 말씀 오래 새겨 맛이 달구나.

세상 사람들 모두 다른 길을 가나니
내 도는 의지 없으니 누구와 이야기할까?

秋夜讀書   (추야독서)

落木寒燈一小菴 (낙목한등일소암)
秋聲先感自西南 (추성선감자서남)
金風蕭颯霜乾草 (금풍소삽상건초)
玉宇崢嶸月滿潭 (옥우쟁영월만담)
萬累皆消心得正 (만루개소심득정)
群言久嚼味生甘 (군언구작미생감)
世人摠是他岐往 (세인총시타기왕)
吾道無依誰與談 (오도무의수여담)

【 주 】 * 서남(西南) : 서남쪽. 여름(남쪽)에서 가을(서쪽)로 넘어가는 방위임 * 금풍(金風) : 오행으로 보면 금(金)은 가을이니 가을바람 * 소삽(蕭颯) : 바람이 차고 쓸쓸함 * 옥우(玉宇) : 천제(天帝)께서 사는 집. 곧 '하늘'. 하나님의 궁전 * 쟁영(崢嶸) : 산이 높고 가파름. 여기서는 하늘이 높고 높음

○ 압운(押韻)은 평성(平聲)인 담운(覃韻)이다.

【 감상 】 가을밤에 책을 읽으며 느낀 감상을 노래하고 있다. 바람이 차고 쓸쓸한 밤. 땅은 마른 풀에 서리가 내리고 그 위에 가을바람이 불고 있다. 하나님께서 계신 하늘은 높디높고 달빛만 가득 찼다. 모든 것을 다 털어내고 천지간이 텅 빈 것 같다. 이내 마음도 만 가지 얽혔던 것이 다 사라지고 바르게 된다. 시인은 가을 밤 천지를 대하면서 하늘이 준 영(靈)과 통하고 있다. '심득정(心得正)'의 경지다. 원래 하늘은 사람을 바른 마음을 갖도록 창조했다. 그러나 선천에선 악신의 세상이라 이들이 사람 마음을 지배하니 바른 마음을 갖기 어렵다. 영적인 순수한 마음을 가질 때만 바른 마음을 가질 수 있다.

그 '심득정(心得正)'을 가능하게 한 것은 다름 아닌 하늘이니 옥우(玉宇)다. '만 가지 얽힘 다 사라지는' '만루개소(萬累皆消)'에서 마음은 비로소 그 바름을 얻는 것이다. 이는 곧 하늘의 길을 따라 가고자 하는 것인데 이 땅의 사람들이 어디 그런가? 다 다른 길을 가고 있으니 곧 땅의 길이다. 하여 시인만 홀로 이 땅에 함께할 사람이 없으니 누구와 더불어 같이 이야기할까? 하고 한탄하고 있다. 이제 지천명(知天命)의 나이에 하늘의 명과 뜻을 알았으나 이 땅에서는 외롭고 외로워라. 먼저 깨달아 외로운 그 뜻을 진정 헤아리나이다. '수여담(誰與談)'을 걱정하지 마소서. 이미 시공을 초월하여 만나 한 몸 한 뜻으로 함께함을 알지 않습니까? 2세대가 지나 21세기를 맞고 후천이 열리는 이 때를 맞이하여 그 한을 풀어 나가리.

82. 담양으로 돌아가는 임수재를 보내며

그대가 삼 기르려 몸소 멀리 가니
양쪽 소식이 비로소 통한다.

효성으로 가래나무 살펴 고인의 말을 잘 지키고
대밭에서 울던 마음 마땅히 다하지 않네.

달뜨는 밤이면 늘 쳐다보고
이별은 진정 괴로운데 가을 바람까지 불구나

고인이 삼산 아래 종옥을 심어
해 따뜻한 가운데 모두 빛을 보구나.

送任秀才歸潭陽 (송임수재귀담양)

君曳褒麻遠進躬 (군예양마원진궁)
兩邊消息始相通 (양변소식시상통)
省楸孝思能言繼 (성추효사능언계)
泣竹哀心應不窮 (읍죽애심응불궁)
瞻望每多常夜月 (첨망매다상야월)
別離正苦況秋風 (별리정고황추풍)
故人種玉三山下 (고인종옥삼산하)
庶見光輝日暖中 (서견광휘일난중)

【 주 】 * 양마(蘘麻) : 삼[麻]을 기름 * 성추(省楸) : 가래나무를 살핌. 29수에 석호산에 가래나무 살피러간 시가 있음 * 효사(孝思) : 효를 생각하며. 효성으로 * 능언계(能言繼) : (고인의)말을 잘 지켜 이어감 * 첨망(瞻望) : 높은 곳을 멀거니 쳐다 봄 * 고인(故人) : 돌아가신 사람 * 종옥(種玉) : 옥을 심음. 수신기(搜神記)에 나온 말로 옥을 심어 아름다운 아내를 얻는다는 말. 이름난 효자 한(漢)나라 양공옹백(楊公雍伯)이 부모를 무종산(無終山)에 장사지내고 우물을 파서 물을 나그네에 보시한 대가로 옥을 얻음. 그 옥을 산에 심어 자란 옥을 캐서 아름다운 아내를 맞이함. 옥을 심어 나중에 아름다운 여인을 아내로 맞듯 여기서는 고인이 가래나무를 산에 심어 후손이 이를 가꾸게 된다는 의미로 쓰임 * 삼산(三山) : 삼신산(三神山). 삼신산은 봉래산, 방장산, 영주산 우리나라에서는 금강산, 지리산, 한라산을 이름. 여기서는 그저 특정한 산을 이른 것으로 보임

○ 압운(押韻)은 평성(平聲)인 동운(東韻)이다.

【 감상 】 별리의 시인데 이별의 고통과 효성을 그리고 있다. 임수재는 담은정 팔경시의 89명의 시인 중에는 보이지 않는다. 그가 누구인지 구체적으로 알 수 없다. 그러나 이 시에서 보면 같이 지내다가 담양으로 간 것 같다.이 시에서는 담양으로 삼을 기르려고 갔다 한다. 담양 인근 보성에서도 삼을 기르고 삼베를 많이 짰다. 엮은이가 어렸을 때만 해도 삼을 기르고 옷감을 짜던 것을 많이 보아왔다. 임수재는 효성이 지극하여 고인이 남긴 가래나무를 돌보고, 삼을 키우려고 담양으로 갔다. 지은이가 석호산에서 가래나무를 살피는 것이 29수에 나와 있는데 여기의 가래나무와 관련이 있는 지는 정확히 알 수 없다. 임수재를 떠나보내며 고인에 대한 고마움도 생각한다. 옛 한나라 양공옹백이 부모를 장사지내고 샘을 파서 물을 나눠 준 덕에 옥을 심어 아름다운 부인을 얻듯, 고인이 삼산아래 가래나무를 심으니 후손이 덕을 본다.

83. 금강산 전도에 대해 짓고 난 뒤

일만 이천 풍악이 그림 중에 떠있다.
백두부터 기맥이 서로 연결되었다.

높이 서서 있어서 하늘 북극 받치고
넓은 고원은 능히 한반도 압도한다.

귀로만 듣고 나서 늘 보기 원했는데
이제 눈으로 보니 사마상여 노는 듯

봉래산 신선 여기 응해 살아 있으니
한진이 무슨 일로 그릇되게 구하리?

題金剛山全圖後 (제금강산전도후)

萬千楓岳畵中浮 (만천풍악화중부)
氣脈相連自白頭 (기맥상련자백두)
高立可支天北極 (고립가지천북극)
廣盤能鎭海東洲 (광반능진해동주)
耳聞恒有子瞻願 (이문항유자첨원)
眼接方成司馬遊 (안접방성사마유)
蓬島仙人應在此 (봉도선인응재차)
漢秦何事誤深求 (한진하사오심구)

【 주 】 ＊ 만천(萬千) : 금강산 1만 2천의 봉우리 ＊ 풍악(楓岳) : 단풍 든 산악. 금강산을 가을에 부르는 이름. 금강산을 4계절 아름다워, 봄에는 금강산(金剛山), 여름은 봉래산(蓬萊山), 가을은 풍악산(楓嶽産), 겨울은 개골산(皆骨山)이라 부름 ＊ 천북극(天北極) : 하늘의 북극성 ＊ 해동주(海東洲) : 한반도의 땅과 바다 ＊ 사마(司馬) : 사마상여(司馬相如). 중국 전한(前漢)의 문인. 그의 사부(辭賦)는 화려한 것으로 유명함 ＊ 봉도선인(蓬島仙人) : 신선의 땅 한반도의 선인, 여기서는 시인 자신을 가리킴 ＊ 한진(漢秦) : 중국을 통일한 한나라, 진나라. 세상을 제패함 ＊ 하사오심구(何事誤深求) : 무슨 일로 그릇되게 깊이 (세상 명리를) 구하리?

○ 압운(押韻)은 평성(平聲)인 우운(尤韻)이다.

【 감상 】 79수에 세계도를 보고 지은 시에 이어 금강산 지도를 보고 지은 시다. 1연과 2연은 금강산 지도를 자세히 설명하고 있다. 금강산은 사철 아름다워 봄, 여름, 가을, 겨울로 다른 이름을 가지고 있다. 그 중에서 가장 화려하고 아름다운 것은 역시 가을 단풍이 든 금강산. 풍악산이다. 금강산 1만 2천봉이 아름답게 단풍으로 물들었다. 우리 민족 영산인 백두산으로부터 그 기맥이 서로 연결되었다. 하늘 북극을 받치고 서 있으면서 한반도의 땅과 바다를 압도하고 있다. 북극으로부터 하늘 기운을 받아 백두산과 연결되어 있는 금강산의 기맥은 곧 우리나라의 기운이다.

3연은 화려한 금강산의 비유를 문인답게 화려한 문체로 유명한 사마상여가 노니는 듯 화려하다고 히고 있다. 말로만 듣던 금강산을 과연 눈으로 보니 아름답기 그지없구나. 예로부터 신선의 땅이라 불리는 한반도는 범상치 않다. 이 땅에 신선이 응해 있으니 세상사의 일을 어찌 그릇되게 깊이 구하리?[誤深求]

이미 우리 한반도에서는 하늘의 역사가 이루어지고 있으니, 봉도선인이 여기 금강산 기운에 응해 있도다.[應在此]

84. 중양절에 만나 마시며

노란 국화 한 움큼 비로소 손에 쥐니
술동이 앞에 벗들 술잔이 늦어진다.

옛 제도는 공맹의 학문에 넘쳐 나고
새 시편은 다시금 한당의 시를 잇네.

늙어도 다 못 이뤄 어찌 낫다 하리오.
오래 단전 지켜서 진정 떠나지 않네.

오직 강남의 봄풀 푸름을 꾀하나니
그대 청한 오늘에 멀리 서로 그리워.

重陽會飮　　(중양회음)

黃花一掬始今時 (황화일국시금시)
會友當樽盃到遲 (회우당준배도지)
古制猶餘鄒魯服 (고제유여추노복)
新篇更續漢唐詩 (신편갱속한당시)
同爲白首何堪別 (동위백수하감별)
久守丹田正不移 (구수단전정불이)
惟有江南春草綠 (유유강남춘초록)
請君此日遠相思 (청군차일원상사)

【 주 】 * 중양(重陽) : 중양절. (음력) 9월 9일은 가장 큰 양의 수인 9가 겹치니 중양(重陽) 또는 중구(重九)라 함. 시인, 묵객들이 교외로 가 풍국(楓菊)놀이를 하는데, 주식을 마련하여 황국(黃菊)을 술잔에 띄워 마시며 시를 읊거나 그림을 그리며 하루를 즐김 * 황화(黃花) : 노란 꽃 곧 국화를 이름 * 일국(一掬) : 두 손으로 한 번 움킴. 한 움큼 * 추노복(鄒魯服) : (공자는 노나라, 맹자는 추나라 사람으로 그 타고난 지역을 이르니 곧) 공자 맹자의 예와 학문을 이름 * 신편(新篇) : 새로운 시. 편은 완성된 시를 세는 단위 * 백수(白首) : 머리가 세어짐. 백수공귀(白首空歸 : 머리털이 하얗게 세어지도록 늙어도 학문을 성취하지 못함) * 하감별(何堪別) : 어찌 (무엇이 나은 지) 헤아리리? * 유유(惟有) : 꾀함이 있음

○ 압운(押韻)은 평성(平聲)인 지운(支韻)이다.

【 감상 】 지금으로 치면 가을 소풍, 단풍놀이로 중양놀이, 풍국놀이를 가서 지은 시다. 지금은 차로 가서 단풍을 휘익 둘러보면 그 뿐이나 옛 중양절 나들이는 정말 단풍과 국화와 술과 함께 시를 읊고 참 풍류를 즐겼음을 알 수 있다. 한 움큼 노란 국화를 움켜쥐니 진향 국화 향기에 술잔이 더디다. 옛 제도는 공맹의 학문의 예로 오히려 넘쳐나고, 새 시편은 한나라 당나라 시를 다시 잇는 듯하다. 그러나 이 모든 것이 한도 끝도 없으니 머리털이 허옇게 세어져도 다 이룰 수 없다. 학문을 궁구해도 다 이룰 수 없고 오로지 나는 오랫동안 단전만 지키고 있다. 단전에 주(住)하여 진정 떠나지 않는다. 깅남에 봄이 와 봄풀이 푸르기를 꾀한다.

시인은 선도를 닦고 있으니 21수의 술회에서도 "오직 단전 지킨다."하고 있고. 42수에서는 "음양호흡으로 원기를 키운다."라고 하고 있다.

오랫동안 단전을 지켜 25수에 보면 '기운이 빠지지 않고 비로서 이뤘다' 하고 있다. 유교의 학문은 나이가 들어도 다 이루지 못하고 있으나 선도의 수도는 자기 것이 되어 있음을 이야기한다.

85. 조성역을 지나며

학과 같은 맑은 노인 지팡이에 의지하여
겨우 십리를 갔는데 정오 종소리가 운다.

산을 깎아 도로 내어 돌아가니 저자 뵈네.
밭에 물을 끌어대어 배나 수확을 올린다.

어진 선비 이름 숨겨 마땅히 지나지 않고
어리석은 백성들은 이끗 따라 서로 좇네.

우리 나라는 언제나 들레지 않고
집집마다 태평성대 즐겨 맞으리.

過鳥城驛　　(과조성역)

鶴骨淸襄信一筇 (학골청양신일공)
繞行十里午鳴鍾 (재행십리오명종)
斬山通道回開市 (참산통도회개시)
導水灌田倍得農 (도수관전배득농)
賢士避名應不過 (현사피명응불과)
愚珉見利自相從 (우민견리자상종)
吾東何日囂塵斷 (오동하일효진단)
烟月千家樂歲逢 (연월천가낙세봉)

【 주 】 * 조성역(鳥城驛) : 전남 보성군 조성에 있는 철도역 * 학골청양(鶴骨淸襄) : 학처럼 맑은 풍모. 도골선풍(道骨仙風) * 신일공(信一筇) : 지팡이 하나에 의존하고 * 참산통도(斬山通道) : 산을 깍아 도로를 냄 * 회개시(回開市) : 돌아 저자가 열림. (산을 깎은 도로를) 돌아가면 저자가 보임 * 도수관전(導水灌田) : 밭에 물을 끌어 댐 * 오동(吾東) : 우리나라 * 효진(囂塵) : 진효(塵囂). 속세의 소란스러움과 번거로움. 들렘(소란스럽게 떠들음) * 연월(烟月) : 태평연월, 강구연월. 세상이 태평한 모양 * 연월천가낙세봉(烟月千家樂歲逢) : 집집마다 태평한 세상을 만나 즐거움을 누림

○ 압운(押韻)은 평성(平聲)인 동운(冬韻)이다.

【 감상 】 조성역을 지나며 읊은 시다. 1연은 조성역을 찾아가는 모습. 학과 같은 풍모를 지닌 선비가 지팡이 하나 짚고 가고 있다. 겨우 10 리밖에 못 갔는데 벌써 정오를 알리는 종소리가 들린다.

2연에서는 가고 있는 길과 주위의 논의 풍경이 대조적으로 그려진다. 산을 깎아 길을 내었다. 깎은 산모롱이를 지나면 확 트이면서 저자의 모습이 보인다. 도수로로 물을 대어 곱으로 수확을 올린다.

어지러운 시대. 어진 선비는 다 숨고 세상에 나타나지 않는다. 그래서 이 길을 지나지 않는다. 어리석은 백성들만 서로 이곳을 좇아 몰려다닌다. 세상의 명리를 좇아 무리지어 이리저리 휩쓸려 다니며 세상은 늘 시끌벅적하다. 속세는 차분하게 안정되어 있지 않고 소란스럽고 번거로우니 들렘뿐이다. 아 동쪽의 우리나라 언제나 태평성대를 맞아 집집마다 즐거움을 누릴까?

연월(烟月)은 연기와 달로서 연기에 어린 은은한 달빛을 말하는 시어다. 세상이 태평하고 평화로운 모습을 나타낸다. 조용하고 안락한 세상으로 들렌 효진(囂塵)이 끓어진 상태다.

86. 존제산에서 약초를 캠

저 존제산 산봉우리 맑고 또한 기이하여
때때로 오를 때마다 여기 올라 캐고 캔다.

어스름저녁 집 오면 푸른 개가 짖어 대고
골짜기에 들어서면 흰 사슴이 알아본다.

어느 바다 연진 속에 답답하게 헤매나요?
이 산에서의 세월은 느릿느릿 고요하다.

오색구름 깊은 곳을 그 누가 쓸어 가리오?
미인 보지 못하고는 괜히 혼자 생각한다.

帝山採藥　　　(제산채약)

絶彼帝岑淸且奇 (절피제잠청차기)
登斯採採各隨時 (등사채채각수시)
歸家薄暮靑尨吠 (귀가박모청방폐)
入谷頻年白鹿知 (입곡빈년백록지)
何海烟塵迷漠漠 (하해연진미막막)
此山日月靜遲遲 (차산일월정지지)
五雲深處誰能歸 (오운심처수능귀)
不見美人空自思 (불견미인공자사)

【 주 】 * 제산(帝山) : 존제산. 높이 704m로 보성에서 2번째로 큰 산. 담은정은 존제산 기슭에 있음 * 절피(絶彼) : 저리 건너감 * 박모(薄暮) : 어스름 해질 무렵 * 청우폐(靑尨吠) : 푸른 삽살개가 짖음 * 입곡(入谷) : 골짜기 들어서면. 원문은 팔(八)자처럼 보이나 귀(歸)의 대구(對句)로는 입(入)이 맞음 * 빈년(頻年) : 해마다 * 하해(何海) : 어느 바다. 곧 이 산[此山]과는 다른 세상 * 연진(烟塵) : 연기와 먼지, 병진(전쟁). 어지러운 세상 * 미막막(迷漠漠) : 꽉 막혀 답답하게 헤맴 * 일월(日月) : 해와 달, 세월 * 정지지(靜遲遲) : 느릿느릿 (여유가 있고 가만히 있어) 고요함 * 오운(五雲) : 오색구름 * 미인(美人) : (재덕을 겸비한) 이상향의 사람. 신선

○ 압운(押韻)은 평성(平聲)인 지운(支韻)이다.

【 감상 】 산 속에서 은둔 생활을 그리고 있다. 저 존제산 봉우리 건너가면 그 기운이 참 맑고 뛰어난다. 시시때때로 여기 올라 약초를 캐고 또 캔다. 산골짜기 들어서면 흰 사슴이 알아보고, 어스름한 저녁 집에 돌아오면 푸른 개가 짖어댄다.

은둔하는 이 산을 벗어난 저 세상은 어지럽고 꽉 막혀 답답하게 헤맨다. 이 산에서 사는 세월은 할 일 없이 느릿느릿하고 조용하기만 하다.

오색구름 일어나는 저 깊은 숨어 지내는 곳을 누가 다 없앨 수 있으리오. 이상적인 군자는 보지 못하면서 괜스레 혼자 그리워만 한다.

60수의 '봄날 대원사에서 놀며'에서 '은사피명조채약'(隱士避名朝採藥)의 구절과 같이 약초를 캐는 일은 산에 사는 은사의 흔한 일이다.

시인은 이상적인 군자인 미인을 그리워한다. 찾지 못했고 공연히 혼자 생각만 한다. 사실 자신이 신선이 되고 싶으나 마음뿐이니 "괜히 스스로 그리워한다.[空自思]"

87. 영벽정에 대해 지음 - 능주에 있는

능주성 좋은 기운 이 정자에 있고
영롱한 푸른 물이 맑아 텅 비인 듯

위아래 하늘빛에 가을 달은 희고
뜨고 앉는 산 그림자에 석양이 붉구나.

강가 제비는 늦게 와 벗이 되고
모래톱 갈매기는 다가와 주인옹 묻는다.

흘러오는 적벽이 멀지 않으니
당시 이름이 지금 같이 떨친다.

題暎碧亭　　（제영벽정）　　　　　在綾州（재능주）

綾城佳氣此亭中（능성가기차정중）
碧水玲瓏淸若空（벽수영롱청약공）
上下天光秋月白（상하천광추월백）
浮沈山影夕陽紅（부침산영석양홍）
晩隨江鷰來賓友（만수강연래빈우）
近向沙鷗問主翁（근향사구문주옹）
赤壁源流知不遠（적벽원류지불원）
當時名價與之同（당시명가여지동）

【 주 】 ＊ 영벽정(暎碧亭) : 능주 8경 중 1경. 1,500년경 능주목에서 건립한 것으로 추정되는 정자 ＊ 재능주(在綾州) : 능주에 있음. 전남 화순군 능주면 관영리 산1번지에 있음 ＊ 능성(綾城) : 백제 때 '이릉부리'로 불리다 신라 경덕왕 때 능성현으로 불림 ＊ 적벽(赤壁) : 디들강의 상류

○ 압운(押韻)은 평성(平聲)인 동운(東韻)이다.

【 감상 】 영벽정은 광주에서 순천행 기차를 타고 화순역, 만수역을 지나 능주역 바로 못 미쳐 영벽강 철교 대밭에 있다. 연주산(聯珠山) 밑 지석강(砥石江) 상류 영벽강 변에 운치 있게 자리 잡고 있다. 엮은이는 남평 사는 친구 안내로 중학교 때 처음 가 보았는데 증조부의 시를 보고 아버지를 모시고 2006년 다시 가 보았다. 보를 막은 탓인 지 물은 깨끗하지 않다. 푸르른 물에 비친 산 그림자도 제비도 갈매기도 찾을 길 없었다. 이제 와서 창녕 조세현(昌寧 曺世鉉)의 다음 노래가 무색하다. "산 머금은 물 함께 푸르니 / 비친 것이 정자보다 더 푸르러라 / 만천상이 둘러 푸르니 / 합한 이름 이 정자로다[水舍山共碧 映者碧於亭 環碧萬千像 合而名此亭]"

증조부께서 찾던 그 곳이 세월 따라 이렇게 혼탁해 졌는가? 그나마 다행인 것은 관리 주체가 개인이 아니다보니 누구나 쉽게 찾을 수 있다는 점이다. 이 정자를 찾았던 사람은 학포 양팽손, 점필재 김종직, 정암 조광조, 송강 정철, 하서 김인후, 소치 허유, 서재필, 박영효 등에서 충무공 이순신에 이르기까지 다양하다. 이 곳은 토끼가 엎드려 먹이를 구하는 혈[伏兎穴]인데 정자를 축조할 때미디 계속 무너졌고, 칡뿌리를 기둥으로 하여야 한다는 현몽에 따라 강물에 떠내려 온 칡 기둥을 세우고야 축조되었다는 전설이 있다. 그 기둥만은 1872년 불날 때에도 불타지 않아 있다고 하는데, 이번 탐방 때는 그 전설을 몰라 자세히 살피지 못했다.

이 축조 전설은 이 강인 디들강 보를 막지 못해 디들이라는 처녀를 바치고야 보를 막았다는 디들강 전설과 유사함이 있다.

88. 대곡을 지나 숨어사는 종인을 찾아 - 병익

해는 지려는데 먼 저자 종소리 운다.
대숲 깊이 숨어사는 그대 찾아간다.

가끔 올 때마다 푸른 삽살개 짖고
좋은 만남에 꾀꼬리 운다.

선조 뿌리 같고 종친 우의 도타운데
편지가 막히니 그리는 정 더한다.

산간에서 사는 일 그대와 같으니
여기 숨어살며 어찌 비와 눈이 차다 걱정하리.

過台谷訪宗人幽居 (과대곡방종인유거)　　　　秉翼(병익)

遠市鍾鳴日欲西 (원시종명일욕서)
竹林深處訪幽捿 (죽림심처방유서)
稀來每被青犹吠 (희래매피청우폐)
好遇相關黃鳥啼 (호우상관황조제)
先世根同宗誼多 (선세근동종의다)
年書阻故情迷重 (연서조고정미중)
山間活計於君是 (산간활계어군시)
隱此何愚雨雪凄 (은차하우우설처)

【 주 】 * 대곡(台谷) : 태(台)는 대(臺)의 약자. 전남 보성군 조성면 대곡리 * 병익(秉翼) : 조병익. 호는 석하(石荷). 담은정시집에 담은정 화답시가 27번째로 나옴 * 희래(稀來) : 가끔 오니 * 매피(每被) : (올) 때마다 (개 짖는 일을)당함 * 상관(相關) : 서로 관련됨 * 선세(先世) : 선대(先代) 윗 조상 * 근동(根同) : 뿌리 즉 조상이 같음 * 종의(宗誼) : 종친으로서의 우의, 정의 * 연서(年書) : 해마다 보내는 서간 * 산간활계(山間活計) : 산간에서 사는 일. 은거하는 생활 * 어군시(於君是) : 그대와 같음. * 하우(何憂) : 어찌 걱정하리 * 우설처(雨雪凄) : 비와 눈이 차가움. 자연에 묻혀 사는 쓸쓸함

○ 압운(押韻)은 평성(平聲)인 제운(齊韻)이다.

【 감상 】 석하 조병익은 담은정시집 90인 중 1인으로 그의 시는 담은정시집에 27번째로 수록되어 있다. 그는 종친으로서 같은 항렬이고 벗이었던 것 같다. 석하가 은거하여 사는 집은 '대곡리를 지나'[過臺谷]로 표현한 것으로 봐서 대곡리는 아니다. 하지만 먼 저자의 종소리가 들리는 정도라면 '저자'는 조성이었던 것 같다.

은자가 사는 곳은 대밭 깊은 곳. 가끔 찾아오니 개가 알아보지 못하고 올 때마다 짖어댄다. 좋은 만남을 기리듯 꾀꼬리가 운다.

1연은 해질 무렵 종소리가 멀리서 은은히 들리며 한적하다. 그러다 방문자가 있으니 2연에서는 개기 짖고 꾀꼬리가 울어댄다.

산간에서 은거하는 삶이 그대와 같으니 어찌 비와 눈이 차다며 산간에서 사는 불편함을 걱정하리. 생활은 불편하고 문명의 편리함은 조금 못 누린다 해도 자연 속에서 마음 편하고 산다.

그대와는 선대가 같은 종친으로 같은 뿌리이고 숨어사는 것도 같아 산간에서 산다.

89. 작천으로 돌아가는 임태영을 보내며

오봉산 아래에 작천이 열려서
홀로 재주 안고 그대 숨어 산다.

흐르는 물의 노래는 누가 풀어 주는가
가는 구름의 부(賦)는 세상에 못 전하리.

옛 정원 매화 학 사람 따라 가고
깊은 골 봄 꾀꼬리 벗 냄새에 온다.

방문하는 내 마음 다른 밤에 있으니
눈 내린 산 달밤에 그림자와 두루 걷네.

送任泰泳歸鵲川 (송임태영귀작천)

五峰其下鵲川開 (오봉기하작천개)
隱市君平獨抱才 (은시군평독포재)
流水曲成誰有解 (유수곡성수유해)
凌雲賦惜世無媒 (능운부석세무매)
故園梅鶴隨人去 (고원매학수인거)
幽谷春鶯嗅友來 (유곡춘앵후우래)
訪戴我心他夜在 (방대아심타야재)
山陰雪月共徘徊 (산음설월공배회)

【 주 】 * 임태영(任泰泳) : 호는 남애(南崖). 이 시집에 102번째로 그의 호에 대한 시가 있음. * 작천(鵲川) : 득량면 오봉5구. 까치내. 마을 뒷산인 오봉산 상봉에 '노디돌'(뜀돌)인 오작교가 있어 붙여진 이름 * 오봉(五峰) : 오봉산. 작천 뒤에 작은 오봉산(305m)이 있고 칼바위산이라 불리는 큰 오봉산(345m)이 있음 * 능운(凌雲) : 지나가는 구름 * 부(賦) : 직접 묘사한 서사를 주로 한 시의 일종 * 고원매학(故園梅鶴) : 옛 정원 매화나무 학 * 방대(訪戴) : 찾을 생각이 있음 * 배회(徘徊) : (아무 목적도 없이)어슬렁거리며 왔다 갔다함. 어슷거리며 두루 걸음

○ 압운(押韻)은 평성(平聲)인 회운(灰韻)이다.

【 감상 】 남애 임태영은 오봉산 아래 작천 마을에 산다. 이 작천 마을 곧 까치내 마을은 양천 허씨 허익 공이 강골 마을에서 약 340년 전에 정착하였다 한다. 작천에 대한 시는 68수에 '작천역을 지나며'라는 시가 있다.

남애를 작천으로 돌려보내는 송별시다. 오봉산 아래 작천 마을에서 홀로 숨어 사는 임태영. 재주가 뛰어나나 그 누가 알아주나? 흐르는 물을 노래해도 그 누가 풀어 알아주며, 지나가는 구름의 시부도 세상에서 전할 길 없으니 안타까워라.

옛 정원 매화나무의 학은 사람 따라 가 버렸다. 임태영을 보낸 쓸쓸함을 나타내고 있다. 매학(梅鶴)은 남애를 은유하고 있다. 깊은 골 봄 꾀꼬리는 벗의 냄새를 맡고 찾이든다.

내 마음도 다른 날 밤에 찾아 가고파서 눈 오는 밤 산 그림자와 함께 여기저기 왔다갔다 두루 걷고 있다.

벗을 보내고 그리는 마음이 마지막 구에 잘 그려져 있다. '산음설월공배회(山陰雪月共徘徊)' 눈 내리는 산 달 밤, 그대는 가고 없고 그림자와 함께 어정거린다. 내 마음은 다른 날 밤에 그대를 찾아 헤맨다.

90. 영산홍

향기어린 뿌리 꺾꽂이로 곱절로 좋아져라
비단꽃술 비로소 어울려 화목함 뿜어낸다.

비록 남아 오래 푸르게 물들이지 못하나
꽃술은 피어 만 꽃송이 온통 붉게 삼킨다.

바람 불어 향기가 시 벼루 위에 뜨고
비낀 해 그림자가 술잔 속에 거꾸러진다.

아름다운 이 쉽게도 연지 바르며 늙어가도
이름난 꽃과 마주하니 원망이 같지는 않다.

映山紅　　　（영산홍）

扶植芳根倍有功 (부식방근배유공)
錦心始吐氣和融 (금심시토기화융)
雖殘不染千秋綠 (수잔불염천추록)
心發全呑萬朶紅 (심발전탄만타홍)
風動香浮詩硯上 (풍동향부시연상)
日斜影倒酒盃中 (일사영도주배중)
佳人易得臙脂老 (가인이득연지로)
應對名花怨未同 (응대명화원미동)

【 주 】 * 영산홍(暎山紅) : 남부지방에 많이 심는 진달래과 상록관목. 4~5월에 붉은 꽃이 핌. 품종에 따라 흰색과 분홍색도 있음. 종자나 삽목으로 잘 자람   * 부식방근(扶植芳根) : 향기론 뿌리를 박아 심음. 꺾꽂이하여 심음   * 금심(錦心) : 비단 같은 꽃술[花心]   * 화융(和融) : 융화. 어울려 섞여 화목함   * 수잔(雖殘) : 비록 남아서 ~ 못하더라도   * 천추(千秋) : 오래고 긴 세월   * 만타(萬朶) : 만 꽃송이   * 연지(臙脂) : 화장할 때 입술이나 뺨에 찍는 붉은 빛의 염료. 자주와 빨강의 중간색

○ 압운(押韻)은 평성(平聲)인 동운(東韻)이다.

【 감상 】 65수 사계화를 노래한 데 이어 담은시집에서 꽃을 노래한 두 시중의 하나다. 진달래가 산에 많이 피어있는 것에 비해 주로 들이나 집 가까이서 볼 수 있다. 따사한 햇볕에 그 자줏빛 붉은 빛은 매혹적이다.

꽃이 피기 시작하니 화사하다. 봄에 피는 성급한 꽃들은 잎보다도 꽃이 먼저 피어난다. 비록 꽃잎이 남아서 오래토록 푸르게는 못해도 꽃술은 붉게 피어나 온 꽃송이를 다 삼킨다.

1연과 2연에서 영산홍 자체에 대해 읊다가 3연에서 영산홍의 향기는 자연스레 바람 따라 시 쓰는 벼루까지 떠 온다. 시인은 영산홍을 바라보며 붓을 들어 시를 쓰고 있다. 어느덧 해도 비끼어 가니 영산홍 그림자가 술잔 속에 거꾸러져 온다.

3연의 대구가 아름답다. 해가 저물어 가는데 시인은 아직도 영산홍의 향기를 맡으며 술잔을 기울이고 있다. 저 영산홍처럼 붉고 아름다운 여인도 세월이 가면 쉽게 늙어간다. 나이가 들면 영산홍처럼 붉은 볼도 사라져가니 (젊음을 유지하기 위해) 붉은 연지를 바르면서.

이렇듯 쉽게 늙어가나 오늘 아름다운 영산홍과 함께 하니 젊음을 되찾은 듯 원망함이 적어지구나. 시인은 붉은 영산홍에서 젊음을 느끼며 위안을 얻고 있다.

91. 만주에 있는 손자 아이를 그리며

처음엔 평안북도로 다음엔 남만주로
어린 나이 무슨 일로 일이 쉬지 않느냐?

우리 자연의 경치는 새 모습 보이는데
여러 나라의 어지러움은 옛 춘추시대 같다.

먼 꾀꼬리 잠 깨워 잠 이루기 어렵고
찬 기러기 편지에 걱정 풀리기 시작한다.

돌아올 때 압록강서 배를 같이 탔다는데
숙부 행장 머무름이 이미 오래 돼버렸다.

憶滿洲孫兒　　(억만주손아)

初從平北又南洲 (초종평북우남주)
何意童年事不休 (하의동년사불휴)
千里江山新面目 (천리강산신면목)
萬邦風雨古春秋 (만방풍우고춘추)
幽鶯警枕難成夢 (유앵경침난성몽)
寒鴈傳書始解憂 (한안전서시해우)
叔父行裝留已久 (숙부행장류이구)
歸時鴨綠與同舟 (귀시압록여동주)

【 주 】 * 손아(孫兒) : 손자 아이. 엮은이의 큰아버지 규화(1927.11.23 ~ ?). 행방 불명되어 생사를 모르고 제사를 지내고 있음 * 동년(童年) : 어린 나이 * 천리(千里) : 삼천리 우리나라 * 강산(江山) : 강과 산. 자연의 경치 * 춘추(春秋) : 춘추전국시대처럼 어지러운 세상 * 전서(傳書) : 편지 * 숙부(叔父) : 엮은이의 작은 아버지. 조경환(1917.3.19 ~ 1947.6.29). 만주에 가서 돌아왔으나 결혼도 못하고 31세에 세상을 뜨고 맘 * 행장(行裝) : 여행할 때 쓰는 물건과 옷차림

○ 압운(押韻)은 평성(平聲)인 우운(尤韻)이다.

【 감상 】 만주로 간 손자를 그리워하고 있다. 조규화(曹圭華)는 일찍이 후미진 율어에서 만족하여 살지 못했다. 재주가 남달랐고 불평등한 세상에 대해 사회주의적인 사상을 가지고 있었다한다. 이 시집에서 그의 행적을 보면 10살에 되어 이름을 떨쳐 괄목상대하고(4수) 평안북도로 떠난다(35수). 만주에서 세계도를 부쳐 오기도 하는데(79수) 이 수에서와 같이 압록강에서 같이 배를 탔다는 것이 마지막 행적이다.

만주에서 올 때 같이 압록강에서 배를 탔으니 분단 전에 북한으로 넘어 온 것 같은데, 행방불명되어 지금까지 소식이 없다. 동족간의 전쟁을 치루고 분단되어 소식을 알 수 없었지만 살아계셨다면 고향을 찾아보지 않았을까? 남만주에 있을 때는 편지가 오고 갔음을 알 수 있는데 해방이 되어도 고향에 돌아오지 않고 해방을 맞이한 해 12월 15일에 운명하고 마니 영영 만나지 못한다.

35수에서 보면 '갈대에 서리가 내리기 전에 빨리 돌아오너라.' 라고 당부하고 있는데, 60년 이상의 세월이 흘러버렸다.

숙부가 돌아와서 행장을 놓아둔 것이 이미 오래되어 버렸다는 4연에서 만나지 못한 안타까움이 짙게 배어 있다. 압록강에서 같이 배를 탔다는데 같이 돌아왔으면 얼마나 좋았을까?

92. 고흥군을 지나 숨어사는 송계은을 찾아 - 외삼촌 아들

옛 부터 동강은 군의 옛터라서
백년 산 나무 늙고 그대 살고 있다.

옛 관을 쓰지 않음을 마음 먼저 느꼈지만
새 얼굴 오랜만에 보니 정이 서먹한 것 같다.

바다 빛은 널 푸르고 해는 지려 하는데
또 바람 불어 눈꽃 흩날린다.

세월은 물같이 흘러 내 머리 희고
셈해 보니 지금 온 것이 십 여 년 만이로구나

過高興郡訪宋啓殷攸居 (과고흥군방송계은유거)　　外從(외종)

自昔東江是郡墟 (자석동강시군허)
百年樹老定君居 (백년수로정군거)
舊冠已歿心先感 (구관이몰심선감)
新面稀逢情若疎 (신면희봉정약소)
海色蒼茫將日暮 (해색창망장일모)
雪花亂散又風噓 (설화난산우풍허)
光陰如水吾頭白 (광음여수오두백)
追筭今行十載餘 (추산금행십재여)

【 주 】 * 동강(東江) : 전남 고흥군 동강면 * 자석(自昔) ~ 군허(郡墟) : 예로부터 ~ 군의 옛터. 동강지역은 백제의 비사현, 고려 때는 태강현으로 불렸으며 동강면 대강리 중뫼산성이 있어 옛터임을 말해 줌 * 백년수로(百年樹老) : 수 백 년된 나무 늙고. 동강면 대강리 느티나무 2 그루는 수령이 약 400년으로 추정되어 지방기념물 214호로 지정되어 있음 * 구관이몰(舊冠已歿) : 옛날 쓰던 관을 이제 쓰지 않음. (개화함에 따라) 관을 벗어버림 * 창망(蒼茫) : 넓고 멀어서 푸르고 아득함 * 풍허(風噓) : 바람 불음 * 광음(光陰) : 세월. 시간 * 추산(追筭) : 추산(推算)하니. 셈을 해 보니 * 십재(十載) : 십 년
○ 압운(押韻)은 평성(平聲)인 어운(魚韻)이다.

【 감상 】 동강은 예로부터 도읍지였던 곳. 백제 때부터 비사현으로 불리우다 고려 때는 태강현으로 조선시대에는 흥양현이었던 곳이다.
선사시대 때부터 살기 시작했던 곳이다. 청동기유물인 고인돌이 고흥군 2,055기 중 동강면에 433기로 제일 많이 분포하고 있음은 이를 입증한다. 고인돌은 대부분 바닷가에서 많이 발견되니 전남지역 중 장흥이 2,509기로 가장 많고, 다음은 고흥, 그 다음이 보성(1,606기)이다.
이 옛터에 수 백년 나무가 늙어가듯 그대가 은거하며 고고하게 늙어가는 곳이다.
2 연은 십 여 년 만에 만날 때의 감회다. '옛날의 갓은 이제 쓰지 않겠지'하고 먼지 생각했지만 오랜만에 얼굴을 보니 서먹서먹한 것 같다. 3 연은 우리가 만나는 동강의 바닷가의 정경과 날씨가 그려져 있다. 해는 지려하는데 바닷가는 넓고 푸르고 아득하다. 바람 불으니 눈꽃이 어지럽게 휘날리네.
참 세월은 덧없이 물 흐르듯 빨리 흐르는구나. 지금 여기 그대를 만나러 온 것이 헤아려보니 십 년이 넘었구나.

93. 청류재에 대해 지음

어릴 적 이 산 사립 드나들 때마다
멀리서 돌아 온 좋은 벗 있었네.

겁난 해외 세월에 인사는 무섭게 변하고
비바람 치는 어두운 거리 도 찾는 마음 미미하다.

따뜻한 연꽃 피는 못에 고기 처음 뛰고
한가론 봄 띳집에 제비 또 날아든다.

흰머리 시 지을 기둥 다시 찾건만
부끄럽게 난원엔 푸른 비단 빛낼 곳 없어라

    題聽流齋　　（제청류재）

    童年出入是山扉 (동년출입시산비)
    每有良朋自遠歸 (매유량붕자원귀)
    怯海星霜人事變 (겁해성상인사변)
    昏衢風雨道心微 (혼구풍우도심미)
    蓮塘日暖魚初躍 (연당일난어초약)
    茅屋春閒鷰又飛 (모옥춘한연우비)
    白首重尋題柱處 (백수중심제주처)
    愧無蘭院碧紗輝 (괴무난원벽사휘)

【주】 * 청류재(聽流齋) : 시인이 살던 율어 부근이라 추정되나 이 시에서 나타난 것 이외에는 알 수 없음　* 산비(山扉) : 산에 있는 사립문. * 겁해(刦海) : 겁난 바다(해외)　* 성상(星霜) : 세월. 별은 1년에 한 번 돌고 서리도 1년에 한 번 내린다는 데서 세월을 뜻함　* 혼구(昏衢) : 어두운 거리. 정의가 꽃피우지 못한 어지러운 세상　* 풍우(風雨) : 비바람. 어려운 재난　* 연당(蓮塘) : 연못. 연꽃을 심은 못　* 난원(蘭院) : 난꽃 피는 집. 여기서는 청류재.　* 벽사(碧紗) : 푸른 깁. 시를 쓸 얇은 비단
　○ 압운(押韻)은 평성(平聲)인 미운(微韻)이다.

　【감상】 어릴 적 자주 찾던 청류재에 가서 회상에 잠긴다. 청류재가 어디에 있는 것이며, 멀리서 돌아온 좋은 벗이 누구인 지는 관련 자료가 있어야 파악될 것 같다.
　이 시에 의하면 청류재는 산 골 물이 흐르는 시인이 산 율어 부근이고 연못이 있는 곳인 데 그 곳은 어디인가?
　여러 해 동안 해외 문물이 겁나게 밀려들었다. 사람 사는 일과 인정이 많이 변했다. 어지러운 세상에 재난도 많다. 어진 사람은 드물고 도를 찾는 마음도 미미하다.
　도를 찾는 마음은 예나 지금이나 참 찾기 힘들다. 그 도심은 양심이며 하늘에서 준 마음이다. 세상에 양심대로 살아가지 못한 이가 많다. 천성대로 살아가지 않음이라. 그 참마음을 찾으려는 이도 적음이라.
　그런데 자연은 어떠한가? 연꽃 피어나는 못엔 고기가 처음 뛴다. 한가한 봄에 제비는 날아오른다. 다 하늘이 준 천성대로 살면서 그 천성을 즐긴다.
　사람이 시를 짓는 것도 천성을 따르는 것일레라. 이제 다 늙어 다시 시를 지으려 시 지을 기둥 주련(柱聯)을 찾건만 찾을 수 없어라. 이 난꽃 피는 집 푸른 깁에 시를 써서 빛나게 할 수 없으니 부끄러워라.

94. 대흥리 지나 홍순학을 찾아

좁은 길 깊어 풀바구니 엮은 듯 하고
인가 먼 깊은 곳에 흰 구름 떠 있다.

산이 높아 보름달은 늘 작아 보이고
물이 차서 늦은 가을 늘 많아 보인다.

스님은 외진 땅 사는 것 못 벗고
세상 난리 듣지 못해 걱정이 없다.

이 문 인연 그 어찌 짧으리?
옛 빛이 그대로이니 옛 시름 일어난다.

過大興里訪洪淳鶴 (과대흥리방홍순학)

草樹蔥籠陜路幽 (초수총롱협로유)
人家深在白雲頭 (인가심재백운두)
山高每小全輪月 (산고매소전륜월)
水冷常多晚節秋 (수랭상다만절추)
未免僧居緣地壁 (미면승거연지벽)
不聞世亂解時憂 (불문세란해시우)
此門姻誼其何短 (차문인의기하단)
古色蒼然生遠愁 (고색창연생원수)

【 주 】 * 대흥리(大興里) : 순천시 송광면 대흥리 * 초수총롱(草樹葱籠) : 풀과 나무가 푸른 대바구니를 엮은 듯 서 있음 * 인가심재(人家深在) : 인가로부터 깊이 떨어져 있음 * 백운두(白雲頭) : 흰구름이 머리맡에 떠 있음. 앞에 흰구름이 떠 있음. * 전륜월(全輪月) : 보름달 * 연지벽(緣地壁) : 궁벽한 땅에 사는 인연 * 인의(姻誼) : 인연을 논하여 말하건대 * 창연(蒼然) : 물건 따위가 오래되어 예스런 느낌이 은근히 남 * 생원수(生遠愁) : 먼 옛날의 시름이 생각남

○ 압운(押韻)은 평성(平聲)인 우운(尤韻)이다.

【 감상 】대흥리는 지금 순천시 송광면에 있다. 홍순학을 찾아가는 길에 느낀 소회를 노래하고 있다.

1연에서 3연까지 가는 길에 대해 묘사하고 있다. 1연은 깊은 산골길의 정경이다. 푸른 풀과 나무가 마치 바구니를 엮어 놓은 듯. 길은 좁고 길게 나 있다.

2연은 산에 뜨는 달, 추운 계곡물 들 주위 환경이다. 높은 산 멀리 서 달이 뜨니 달은 작아 보인다. 물도 늘 차니 마치 늦은 가을이 계속되는 것 같다. 대흥리 주위로는 송광천의 지류가 흐르고 있다. 높은 산골의 개울물은 여름에도 찰 수 밖에 없다. 그러니 늘 가을 맛이 난다.

3연은 이 산골에 사람 사는 이야기다. 절의 스님은 궁벽한 이 땅을 떠나지 않는다. 그리고 여기까지 병진의 먼지가 들어오지 않는다. 그래서 근심걱정 없이 산다.

4연은 문밖에 까지 도착하여 느낀 소회다. 이 문 인연이 오래 되었다. 그 어찌 짧다 할 것인가? 빛도 옛 그대로 은근히 옛 맛을 내고 있다. 그러니 그 옛날 품었던 근심이 다시 생각난다.

95. 덕암재에서 자고

뭇 바위 에워싸 한 집을 열고
석호산 줄기 나뉘어 천마산 자락 내려온다.

이 세계 아닌 별유천지요
세월 잊으니 신선대로다.

거문고 소리 오래 끊기니 태평한 연기구름 잠기고
마룻대와 처마를 다시 고치니 북두칠성님 돌보아 준다.

늙은 몸 지금도 그저 시구 해석에 능할 뿐인데
은근히 내게 마당 이끼를 쓸고 예를 갖추게 하네.

宿德巖齋　　（숙덕암재）

萬岩環抱一堂開 (만암환포일당개)
石虎分枝天馬來 (석호분지천마래)
別有乾坤非世界 (별유건곤비세계)
却忘日月是仙臺 (각망일월시선대)
絃歌久斷烟雲鎖 (현가구단연운쇄)
棟宇重修星斗回 (동우중수성두회)
老嫗猶能詩句解 (노구유능시구해)
慇懃禮我掃庭苔 (은근예아소정태)

【 주 】 * 덕암재(德巖齋) : 보성군 복내면 유정리 덕촌부락 뒤에 있음. 증호조참판 윤겸(尹謙) 세움. 1936년 후손들이 중수하고 근년에 중수. 현재는 칠원 윤씨 재각으로 사용   * 만암환포(萬岩環抱) : 뭇 바위 에워쌈. 많은 이 바위는 덕촌(德村)과 덕암재(德巖齋)의 명칭 유래로 보임   * 석호(石虎) : 석호산(425m)   * 천마(天馬) : 천마산(407m). 덕암재가 있는 덕촌 마을 뒷산   * 현가(絃歌) : 거문고 소리. 태평성대의 상징   * 연운쇄(烟雲鎖) : 연기구름이 잠김. 곧 태평한 세월이 오지 않음   * 동우(棟宇) : 마룻대와 처마   * 성두회(星斗回) : 북두칠성이 돌아듦. 두성(斗星)은 '복록'과 '수명'을 관장하는 별로 알려짐. 대한의 별   * 노구(老嫗) : 늙은 몸. '몸' 구(軀) 대신 '할미' 구(嫗)를 쓴 것은 잘못 쓰인 것이 아니라 운을 맞추기 위해 측성(仄聲)을 사용..   * 예아(禮我) : 나에게 예의를 갖추게 함

○ 압운(押韻)은 평성(平聲)인 회운(灰韻)이다.

【 감상 】 덕암제는 윤겸이 현종 때인 1666년 덕촌 부락 뒤 천마산 기슭에 후손과 제자 양성을 위해 세웠다. 1862년에는 검옹 윤징삼(儉翁 尹徵三)을 추앙하여 서원과 사당을 지었으나 대원군 때 철폐되었고, 정희량 모반사건에 큰 공을 세운 차군헌 윤동교(此君軒 尹東郊 : 1676 -1731) 등 많은 인물을 배출했다. 3 연에서는 1936년 칠현 윤 씨 후손들이 중건한 것을 읊고 있다. 마룻대와 처마를 다시 고치니 북두칠성이 돌보아 복을 내리리.

이 북두칠성에 관하여 꼭 알아야 할 사항이 하나 있다. 우리 민족은 이 북두칠성에 왔다고 믿고 있다. 그래서 죽을 때는 그리로 돌아가야 하니 칠성판(七星板)을 짊어지는 것이다. 이 늙은 몸 지금도 그저 시를 짓고 푸는 것을 잘할 뿐인데, 은근히 나에게 마당의 이끼를 쓸게 하여 예를 갖추게 한다. 이 예를 은근히 갖추게 하는 주체가 무엇일까? 이가 바로 바른 마음, 양심으로 하나님께서 주신 원래 마음이리라. '성두회(星斗回)'하니 여기서 받은 천기(天氣)에 응하는 마음일레라.

96. 박초남 호운에 화답 – 장흥군 남쪽으로 돌아감

남쪽 보며 나무할 제 도끼 동쪽으로 가지 않듯
관산 가서 노래 그치니 마음 저절로 통한다.

틈나면 달 아래 호미 메고 가니
혹시 흰 구름 속에서 약초 캐려는가?

세밑의 귀뚜라미 우는 대청에 밭 수레 쉬고
소와 말의 공이 크나 벼슬과 녹이 없다.

와룡동 속에서 때를 기다리는 옹
몇 칸 띳집이 즐길만 하여라.

和朴樵南號韻 (화박초남호운)　　왕남 장흥군(迋南 長興郡)

向南樵斧不于東 (향남초부불우동)
歌罷冠山心自通 (가파관산심자통)
餘暇荷鋤明月下 (여가하서명월하)
惑時採藥白雲中 (혹시채약백운중)
蟋堂歲暮田車息 (실당세모전거식)
牛突功深爵祿空 (우돌공심작녹공)
茅屋數間堪可樂 (모옥수간감가락)
臥龍洞裏待時翁 (와룡동리대시옹)

【 주 】 * 박초남(朴樵南) : 장흥 남쪽 관산읍 용전리 와룡마을에 은둔. 이름은 정남(廷南), 자는 치도(致道) * 가파(歌罷) : 노래를 그만 둠. 곧 은둔함 * 관산(冠山) : 장흥군 관산읍. 호남의 5대 명산 중 하나인 천관산(723m)이 있음 * 하서(荷鋤) : 호미 메고 * 채약(採藥) : 약초를 캠. 선도 수련에서 연단의 단계로 채약과정이 있어 그 뜻도 겸함 * 실당(蟋堂) : 귀뚜라미 우는 대청 * 세모(歲暮) : 세밑. 연말 * 전거(田車) : 밭수레 * 우돌(牛突) : 소와 사나운 말. 밭수레를 끄는 소와 말 * 작녹(爵祿) : 벼슬과 녹봉 * 와룡동(臥龍洞) : 관산읍 용전리 와룡마을. 관산에서 칠량 방면으로 837번 지방도로로 2.5km정도에서 천관산 쪽에 있는 마을
  ○ 압운(押韻)은 평성(平聲)인 동운(東韻)이다.

【 감상 】 1 연은 박초남의 호의 뜻을 취해 은둔하는 초남의 절개와 서로 마음이 통함을 그리고 있다. 각운은 동(東)운으로 운은 동(東), 통(通), 중(中), 공(空), 옹(翁)으로 주어졌을 것이다. 남쪽으로 향하는 그대의 나무하는 도끼 어찌 동쪽으로 가겠는가? 관산에 가서 은둔하는 그 마음 저절로 통함일세. 2 연은 은둔하는 선비의 전원생활 신선같은 삶을 은유적으로 노래한다. 틈이 나면 밝은 달빛 아래 호미 메고 있으니 혹시 흰 구름 속에서 약초 캐려는가?
  3 연 역시 벼슬없이 지내는 박초남을 이야기한다. 소와 말은 여름 내내 밭갈이 하였지만 세밑엔 귀뚜라미 울어대는 대청마루에서 쉬고 있다. 소와 말의 공이 컸지만 누기 그 공을 알이 벼슬을 주고 녹봉을 주는가? 마치 그대와 같다. 몇 칸 띳집에서 견디며 즐거워하니, 가난하지만 도를 즐기며 [安貧樂道] 와룡동 속에서 살면서 때를 기다리는 노인이 그대로다. 각 연에는 은유적인 중심 사물 들이 등장하니, 1 연은 도끼(절개의 상징), 2 연은 호미(전원생활, 은둔의 상징), 3연은 소와 말(공이 큼), 4연은 할아버지(때를 기다림)로 나온다.

97. 만주에서 온 아들을 기쁘게 만나

서리 높고 낙엽 지고 기러기 올 때가
만주에서 8년이 시작될 때였다.

천륜의 정은 강산으로 막을 수 없고
운과 복은 인력으로 하기 어렵다.

지혜론 선비는 낌새 보고 먼저 용감히 물러나고
어리석은 이는 이끗 탐해 천천히 머뭇거린다.

육대주의 비바람이 해마다 커지니
이 마당에 다시 헤어지자 어찌 말할 수 있으리

喜逢滿洲遊子 (희봉만주유자)

八載他邦始有期 (팔재타방시유기)
霜高木落鴈來時 (상고목락안래시)
倫情不以江山阻 (윤정불이강산조)
運福難將人力爲 (운복난장인력위)
智士見微先勇退 (지사견미선용퇴)
愚夫貪利故徐遲 (우부탐리고서지)
六洲風雨連年大 (육주풍우연년대)
際此何言更別離 (제차하언갱별리)

【 주 】 * 유자(遊子) : (만주에서) 떠도는 아들. 경환(璟煥 : 1917.3.19. ~ 1947.6.27). 역자의 작은 할아버지. * 타방(他邦) : 다른 나라. 여기서는 만주국 * 상고(霜高) : 서릿발이 높이 서고 * 목락(木落) : 나무에서 낙엽이 떨어지고 * 난장(難將) : (인력으로) 하기 어찌하기 어려움 * 견미(見微) : 조그마한 낌새를 알아차리고 * 서지(徐遲) : 천천히 꾸물대고 더딤 * 육주(六洲) : 육대주. 온 세상 * 제차(際此) : 이 마당에

○ 압운(押韻)은 평성(平聲)인 지운(支韻)이다.

【 감상 】 조경환은 지은이의 둘째 아들이다. 여기 34수에 '만주에 있는 경환에게'라는 시가 있고, 91수에 '손자를 그리면서'의 시에 숙부로 나온다. 만주에서 온 것이 해방 직전으로 보이는데 해방 후 2년만인 1947년에 나이 31세에 후손도 없이 세상을 뜬다.

1연의 2구에 '서릿발 높고(霜高)', '나뭇잎 떨어지고(木落)', '기러기 올 오는(鴈來)'는 모두 가을을 가리킨다. 2연의 대구는 천륜의 정과 운과 복을 대비한다. 서로 그리워 만나고 싶은 천륜의 정은 강산이 막을 수 없다. 운과 복도 인력으로 어찌 할 수 없다. 만주에 간 일이 잘 되지 않았으나 그것을 어찌 하리오? 그래도 빨리 물러나 돌아왔으니 참 다행이다. 지혜로운 선비는 그 기미를 보고 먼저 물러선다.

어리석은 사람은 끝까지 이끗을 탐해 미적거리며 물러나지 못하지. 그래서 잘못하면 큰 화를 불러들이지 않니? 온 세상이 제2차 세계대전으로 해마다 디해가는 불안한 세월이다. 그런 마당이니 이참에 쉬는 것도 좋으리. 어찌 욕심 부려 좀 더 잘 살아 보자고 다시 헤어지자 하겠니?

만주에서 돌아 온 아들에 대해 참 잘했다고 하면서 다시 헤어지지 말자고 한다. 그런데 해방되던 해를 못 넘기고 돌아가신다. 이 아들마저 이태 뒤 세상을 등지니, 영원히 이 시의 마지막 구인 "갱별리"(更別離 : 다시 헤어짐)가 된다.

98. 염진흥 만사

어릴 적부터 선비 옷 입고 평안히 지냈는데
어찌 이같이 온갖 복 다 따르지 않겠나?

하늘 공경하고 천명 기다려 마음 부끄러움 없고
세상 숨어서 어질게 사노니 이름 알아주지 않네.

옛날 스승 문하에서 같이 고생함을 기억하는데
지금 마을에서 영구차를 늦게 보내려 애쓴다.

돌아가니 비록 후손에 한을 남기지만
나무 한그루 분명하게 꽃과 열매 드리웠구나.

輓廉鎭洪　　（만염진홍）

儒服安居自少時 (유복안거자소시)
應全萬福豈如斯 (응전만복기여사)
敬天俟命心無愧 (경천사명심무괴)
隱世行仁名莫知 (은세행인명막지)
憶昔師門同硯苦 (억석사문동연고)
至今將洞送車遲 (지금장동송거지)
歸程雖有榮孫恨 (귀정수유영손한)
獨樹分明花實垂 (독수분명화실수)

【 주 】 * 유복안거(儒服安居) : 선비 옷을 입고 즉 선비 집안에서 편안히 지냄　* 경천사명(敬天俟命) : 하늘을 공경하고 하늘의 명을 기다림. * 심무괴(心無愧) : 마음에 부끄러움이 없음. 이 마음은 하늘이 주신 양심으로 하나님이 주신 마음대로 살면 양심에 거리낌이 없음　* 동연고(同硯苦) : 같은 벼루의 고통. 같이 벼루에 먹을 갈면서 공부하는 고통　* 영손(榮孫) : 많은 후손. 영(榮)은 나무위에 꽃이 많이 피어 화려한 모습. 나무는 후손을 상징　* 독수(獨樹) : 나무 한그루. 여기서는 자손 1명.　* 화실(花實) : 꽃과 열매

　○ 압운(押韻)은 평성(平聲)인 지운(支韻)이다.

【 감상 】 먼저 세상을 뜬 염진홍에 대해 그리고 있다. 참 일생을 평안히 어질게 하늘을 따르며 살다 간 것 같다. 같은 선생 밑에서 같이 고생하며 공부하던 벗이었다. 그대는 어릴 적부터 선비 집 안에서 평안히 살았지. 그러니 어찌 온갖 복들이 따르지 않겠어. 하늘을 받들고 공경하며 하늘의 명을 기다릴 줄 알았어. 인사를 다하고 하늘의 명을 기다린 것이지 [盡人事待天命] 사람의 할 도리와 노력을 다하고 하늘 곧 하나님을 공경함이 곧 하늘께서 주신 마음, 양심이 할 바를 다하는 것. 하늘의 명을 따르는 것이니 부끄러움이 없다. 양심을 따르지 않으면 하늘을 따르지 않는 것. 떳떳치 못하고 부끄럽다.

　우리나라는 하늘 민족으로 이 부끄럼의 문화를 가지고 있었다. 그러나 요즈음엔 그 부끄러움도 못 느끼는 이가 많다. 하늘을 배반하고 양심을 저버린 증거다. 세상에 드러내지 않고 어질게 사니 세상이 알아주지 않는다. 그러나 반드시 하나님께서는 알아준다. 3 연에서는 상여를 메고 동구 밖을 나서면서 읊는다. 옛날에 같이 먹을 갈고 고생하며 공부한 것을 생각하며 지금은 그대를 늦게 보내려 애쓰고 있다. 자네가 먼저 가니 후손들의 한은 많겠지만 한 자손은 그래도 분명하게 잘 되어 가고 있는 것이 보이네.

99. 이씨 화수계 자리에서 부름

한 그루 오얏꽃이 만 송이 드리워
춘삼월 저무는 봄 해가 느릿느릿

인륜 펼침에 다시 도원결의를 잇고
시사를 여니 난사의 일 같다.

각 파에서 나온 성금 이름이 장부에 오르고
나이 순서로 앉은 자리에 술이 넘칠까 무섭다.

바람은 시편을 걷어 올리고 주인은 이를 좋아하니
높은 누각 잔바람에 손님이 제비처럼 따른다.

李氏花樹禊席口呼 (이씨화수계석구호)

一樹李花萬朶垂 (일수이화만타수)
暮春三月日遲遲 (모춘삼월일지지)
敍倫更續桃園事 (서륜갱속도원사)
修禊曾同蘭社時 (수계증동난사시)
誠出派金名八簿 (성출파금명팔부)
序分齒席酒盈危 (서분치석주영위)
主人好是風篇捲 (주인호시풍편권)
高閣微風客鷰隨 (고각미풍객연수)

【 주 】 * 화수계(花樹禊) : 같은 성씨 씨족들이 족보편찬, 문헌편찬, 시사 등을 위해 조직한 모임 * 이화(李花) : 배 꽃. 이 씨를 상징 * 도원사(桃園事) : 도원결의(桃園結義)의 일. 삼국지에서 유래된 말로 도원에서 유비, 관우, 장비가 의형제를 맺은 일 * 수계(修禊) : 시사를 염. 시를 짓는 모임 * 난사(蘭社) : 353년 3월 3일 중국 절강성 소흥시 회계산(會稽山)에서 사안(謝安), 지둔(支遁) 등 41인이 난정에서 모여 제를 지내고 시를 짓고 문집을 만들고 왕희지가 서를 지음 * 성출파금(誠出派金) : 성금[誠金]이 각 파에서 나옴[出派] * 서분치석(序分齒席) : 나이순[序齒]으로 자리를 나눠 앉음[分席] * 풍편권(風篇捲) : 바람이 시편의 책장을 말아 올림

○ 압운(押韻)은 평성(平聲)인 지운(支韻)이다.

【 감상 】 이 씨 종친회 계에 참석하여 읊은 시다. 한 송이 오얏꽃이 만 송이로 피어나듯 이 씨 종친들이 번성하다.

이렇게 종친들이 모여 시를 지으며 다시 도원결의를 맺은 듯 우의를 다진다. 또 계를 치루는 데 먹고 마시는 일 뿐 아니라 시를 짓고 즐기니 일찍이 옛날 중국에서 난정(蘭亭)에서 모여 결사할 때와 같구나.

3연과 4연은 계를 치루는 모습이다. 종친 각 파에서 성금을 내서 계 장부에 이름을 올린다. 나이 많은 순으로 자리에 쭉 앉아 술을 돌리니 술잔에 넘칠까 무섭다.

흥이 니서 시를 읊으면 시편을 적는데 잔바람이 불어 시편을 말아 올린다. 높은 누각 따뜻한 봄바람이 잔잔히 불 제 제비 날아들 듯 손님들이 따라와서 시를 짓고 논다.

이 시에서 보듯 옛 화수계 들은 단순히 계를 치루고 먹고 마시고 노는데 그치지 않음 알 수 있다. 시를 쓰고 노는 낭만과 어른을 공경하고 예를 갖추는 예의가 있었다.

100. 조규심 만사

봉두산 아래는 종가터인 데
봉 떠난 빈 산 세월이 더디다.

봄이 와도 왕손은 돌아오지 못하니
고향에 늙은 아버지 잊을 날이 없구나.

좋은 밭에 옥을 심으면 뒷날이 있건만
거문고 끊긴 긴 밤엔 소식이 없구나.

동갑인 나와 헤어지니 더욱 아까워
아아! 슬픔을 참으며 상여 보내는 시를 짓는다.

輓曺圭心　　（만조규심）

鳳頭山下世宗基 (봉두산하세종기)
鳳去山空歲月遲 (봉거산공세월지)
父老鄕關難忘日 (부로향관난망일)
王孫春草不歸時 (왕손춘초불귀시)
斷琴長夜無消息 (단금장야무소식)
種玉良田有後期 (종옥양전유후기)
別我同庚尤可惜 (별아동경우가석)
嗚呼忍作送車詩 (오호인작송거시)

【 주 】 * 조규심(曺圭心) : 정축(丁丑)(1877년) 생. 지은이 담은 조병진(澹隱 曺秉鎭)과 동갑 * 봉두산하(鳳頭山下) : 봉두산(427m) 밑에 있는 보성군 조성면 은곡리 반곡마을로 추정됨 * 향관(鄕關) : 고향 * 종옥(種玉) : 수신기(搜神記)에 나온 말로 옥을 심어 아름다운 아내를 얻음 * 동경(同庚) : 동갑(同甲). 갑장(甲長). 선천은 갑(甲)으로 시작되지만[甲子 ~] 후천은 경(庚)으로 시작된다.[庚子 ~] 여기서 이미 후천이 되었다는 것을 알았다 여겨짐 * 송거시(送車詩) : 죽은 사람을 애도하는 만시(輓詩)
○ 압운(押韻)은 평성(平聲)인 지운(支韻)이다.

【 감상 】 조규심은 제 1 연에서는 봉(鳳)으로 비유되고 있다. 제 2 연에서 왕손이라 함은 조(曺)씨 시조 계룡(繼龍)이 신라 진평왕의 공주에 결혼했다는 것에 의하여 부르는 것 같다. 봄이 되어도 돌아오지 못하니 고향의 늙으신 아버님을 잊을 수 없어라. 종옥을 좋은 밭에 심으면 자라서 고운 아내를 얻은 좋은 일이 생기지만 거문고 끊긴 긴 밤에 소식이 없구나. 같은 종씨에다 동갑인데 먼저 가서 헤어지니 참으로 애석하구나. 아아 슬픔을 참으며 이 만시를 짓는다. 전은유고(田隱遺稿)에는 전은 양회수(田隱 梁會水 : 1876 ~ 1958.2.13. 보성군 득량면 송곡리 다전) 회갑에 답한 조규심(曺圭心)의 시가 한 편 전한다.

경을 읽고 사업하여 삼신을 단련하고	踏經事業鍊三身
경사와 복은 원래 덕이 있어서다	慶福元來德由因
신선 연회에 많은 손님 함께 축하하고	仙筵共賀應多客
정성스런 효성 집안 서로 전한다	家道相傳誠孝親
회갑 장수 축하주로 자손 번영하고	人間獻壽子孫榮
바다 선학 산가지 더해 신선된다	海屋添籌化翁神
봄바람에 앉으니 화기 오래 있고	長存和氣春風坐
끝없는 경치에 눈 아래 새롭다	無限景光眼下新

101. 남극정에 대해 지음

하늘 드리운 남극성으로 땅에 정자를 짓고
이리 오래도록 사니 장수에 또 평안하도다.

가랫골 깊고 맑으니 속된 기운 쌓이지 않고
덕산 길게 보호하니 신령스러움 있도다.

바둑으로 소일하며 신선 대국을 열고
그림 병풍 벌려있고 구름 속 시를 토한다.

속으로 백이를 바라 늙지 않고 푸르고
천년 남긴 풍속 사람을 각성케 한다.

題南極亭　　(제남극정)

天垂南極地因亭 (천수남극지인정)
接此龜年壽且寧 (서차구년수차녕)
楸洞深淸無俗累 (추동심청무속루)
德山長護有神靈 (덕산장호유신령)
碁消日月開仙局 (기소일월개선국)
詩吐烟雲列畵屛 (시토연운렬화병)
望裏伯夷靑不老 (망리백이청불로)
遺風千載使人醒 (유풍천재사인성)

【 주 】 * 남극정(南極亭) : 보성군 벌교읍 추동리 내추마을 안의 경사지에 있는 정자. 추동(楸洞)의 문사(文士) 선(宣), 신(申), 류(柳), 장(張), 이(李), 조(曺) 씨 등 6성(姓) 38공(公)이 계를 조직하여 양로(養老)의 목적으로 1914년 건립. 1984년 중수하여 현재는 마을 청년회 사무실로 사용. 좌우 재실(齋室)로 천량수각(天量壽閣) 북성대(北星臺)가 있음. 공조참의 이해관의 '남극정' 외에 30여개 시문, 시액이 걸려 있음 * 천수남극(天垂南極) : 춘분, 추분 전후로 남방에 보이는 별, 노인성(老人星). 수명을 맡아 보는 별[壽星] * 구년(龜年) : (오래도록 사는)거북의 나이 * 백이(伯夷) : 백이숙제(伯夷叔齊). 은(殷)나라 고죽국(孤竹國)의 왕자 형제. 서로 왕위를 사양하다 주(周) 무왕(武王)이 은의 주왕(紂王)을 토멸하고 주를 세우자 수양산에 숨어 고사리를 캐어먹다 굶어 죽음. 청렴한 선비의 표상

○ 압운(押韻)은 평성(平聲)인 청운(靑韻)이다.

【 감상 】 남극정은 지은이가 살던 율어에서 주릿재를 넘어 벌교로 가는 길에 있다. 하늘에는 사람의 수명을 맡아 보는 별이 있으니 남쪽에서 잠깐 보이는 남극성 곧 노인성이다. 노인들을 공경하기 위해 정자를 짓고 그 하늘의 별의 이름을 따니 남극정이다.

2 연은 남극정이 있는 추동과 덕산의 정경이 그려지고 3 연에서는 남극정에서 바둑 두고 시를 짓는 일을 노래한다. 가랫골은 깊고 맑다. 속된 것들이 쌓이지 않는다. 덕산이 길게 호위하여 신령스럽다. 그런 속에 남극정이 있어 바둑으로 신선놀이를 히고 그림병풍 쳐 놓고 연기구름 떠도는 정자에서 시를 읊는다. 지금도 이 정자에는 30여개의 시문과 시액 현판이 걸려 있다. 무슨 욕심이 있는가? 은나라 고죽국 왕자 백이와 숙제가 왕위를 서로 사양하다, 수양산에 들어가 고사리만 먹고 살다 죽었듯이 늙지 않고 푸르게 살기 바란다. 이런 유가(儒家)의 천년 남겨진 풍속이 사람으로 하여금 각성케 한다.

102. 임남애 호의 운 - 태영

은미하다는 뜻을 취해 선장(仙庄)이라 호를 붙임에
이 늙은이 마음 즐거우나 이해하는 사람 드물다.

울밑에 꽃을 꺾어 술을 마시고
산 속에서 칡을 캐 옷을 만든다.

대숲 속에 밝은 달 절로 나와 비추고
고갯마루엔 다만 흰 구름 날아오른다.

세상 먼지 묻지 않은 윗중방 현판 글씨
석양에 나머지 구절은 손으로 읽는다.

任南崖號韻　　(임남애호운)　　　　　- 泰泳(태영)

寓號仙庄取隱微 (우호선장취은미)
斯翁心樂解人稀 (사옹심락해인희)
採花籬下因供酒 (채화리하인공주)
治葛山中爰製衣 (치갈산중원제의)
篁裡自來明月照 (황리자래명월조)
嶺頭只有白雲飛 (영두지유백운비)
市塵不染扁楣字 (시진불염편미자)
手閱殘編對夕暉 (수열잔편대석휘)

【 주 】 * 임남애(任南崖) : 호는 남애(南崖), 이름은 태영(泰泳). 89수에 '작천으로 돌아가는 임태영을 보내며' 라는 시가 있음 * 선장(仙庄) : 신선 농막. 신선처럼 숨어사는 전원의 농부라는 뜻으로 여기 시에는 '묻히여 드러나지 않는 은미'의 뜻으로 썼다 함 * 은미(隱微) : 은미함. 겉으로 거의 드러나지 않음. 묻히거나 작아서 알아보기 힘듦 * 치갈(治葛) : (칡옷을 만들기 위해) 칡을 캐고 다듬어 * 원제의(爰製衣) : 이것으로 (칡)옷을 만듦. 갈의(葛衣 : 칡으로 베를 짜서 만든 옷)를 만들어 * 편미(扁楣) : 윗중방 현판. 윗중방은 주로 현판이 붙어있는 문 위에 가로지른 방(枋) * 수열(手閱) : 손으로 (더듬어) 읽음 * 석휘(夕暉) : 저녁 햇빛. 석양

○ 압운(押韻)은 평성(平聲)인 미운(微韻)이다.

【 감상 】 남애 임태영은 보성 득량 작천 사람이다. 현 득량역 부근이 작천이다. 작천(鵲川)은 "까치내"로 불리워 오봉산에 있는 까치 디딤돌의 전설에서 그 이름을 따왔다 한다. 이곳은 작은 오봉산 밑으로 남쪽 끝 바닷가다. '남애(南崖 : 남쪽 기슭의 뜻)'라는 호가 그가 사는 지역을 잘 설명해 주고 있다. 또 별호 '선장(仙庄)'은 신선처럼 드러내지 않고 숨어사는 남애를 잘 나타내는 호이다. 이러한 뜻의 호를 붙이는 뜻을 지은이는 잘 알고 이를 마음속으로 반기나 다른 사람은 이해하지 못한다. 2연은 은자의 삶이 나타나 있다. 울밑의 꽃은 필경 국화일레라. 이 꽃을 꺾어 술잔에 띄운다. 칡을 캐 갈포를 만들어 갈옷을 해 입고 산다. 운치 있고 검소한 삶이 나니니 있다. 산천은 어떠한가. 대숲 속의 밝은 달은 스스로 나와 비치고 산봉우리엔 흰 구름이 솟아오른다. 3연은 은둔을 하며 황혼을 맞이한 시인의 애착과 정감이 잘 표현되어 있다. 그 현판의 시구도 황혼에 보이지 않아 나머지는 손을 더듬어 손으로 읽어간다. 어둠도 인생의 황혼도 시를 사랑하는 시인의 마음을 막을 수 없다. 더 원초적인, 촉각에 의지하여 나머지 시를 읽어 나가는 데서 시를 사랑하는 노시인의 정이 느껴진다.

103. 대곡리 지나 종인 병식을 찾아 - 순천

산은 날개 드리워 서쪽으로 날고
또 긴 강이 있어 소매 띠 둘렀다.

토박이 뿌리 깊어서 능히 집을 지키고
종씨들 인심 좋아서 사립 닫지 않는다.

누운 개 꿈 깨어 짖어 대고
느른한 새 마음 알고 같이 돌아가려 한다.

이 땅은 군자 숨기에 마땅하지 않으니
그대 본디 마음을 그르칠까 두렵다.

過大谷里訪宗人秉湜 (과대곡리방종인병식)   - 順天(순천)

山容垂翼向西飛 (산용수익향서비)
又有長江襟帶圍 (우유장강금대위)
土種根深能守宅 (토종근심능수댁)
族人心厚不關扉 (족인심후불관비)
臥扰醒夢隋同吠 (와우성몽수동폐)
倦鳥知心伴欲歸 (권조지심반욕귀)
此地不宜君子隱 (차지불의군자은)
恐君亂代素心違 (공군난대소심위)

【 주 】 ＊ 대곡리(大谷里) : 전남 보성군 조성면 대곡리는 고씨, 조씨가 살아 고조리(高曺里), 중촌(中村), 중뜸, 큰뜸, 한실 등으로 불림 ＊ 산용(山容) : 산 모습. 대곡리에서 서쪽에 있는 산은 주월산(556.9m) ＊ 장강(長江) : 주월산을 둘러 대곡리를 지나 순천만으로 흘러가는 긴 냇가 조성천 ＊ 토종(土種) : 그 땅에서 나는 씨앗. 재래종. 여기서는 본토박이의 뜻. 대대로 그 땅에서 오래도록 살아 내려오는 사람 ＊ 족인(族人) : 같은 성씨와 같은 본 중에서 복제에 따라 복을 입은 가까운 친척 안에 들지 않는 일가붙이. 촌수가 먼 일가. 종인(宗人), 종씨(宗氏), 족친(族親) ＊ 불관비(不關扉) : 사립 빗장을 걸지 않음. (인심이 후하고 도둑이 없어) 대문을 열어 놓고 삶 ＊ 성몽(醒夢) : 꿈 깨어나 ＊ 수동폐(隨同吠) : (다른 개가 짖어대니 누워 잠자던 개가 꿈 깨어나) 함께 따라서 짖어 댐 ＊ 권조(倦鳥) : 느른한, 진력난 새 ＊ 소심(素心) : 본디 지니고 있는 마음. 어진 마음, 양심

　○ 압운(押韻)은 평성(平聲)인 미운(微韻)이다.

　【 감상 】 종인 조병식이 사는 순천 대곡리에 찾아가서 읊고 있다. 종인이 사는 대곡리 서쪽엔 첨산이 날듯이 날개를 드리우고 있다. 긴 강도 소매 띠 모양으로 둘레를 두르고 흘러가고 있다. 종인은 선대로부터 오래토록 이곳에서 살아온 토박이. 그 뿌리 깊으니 충분히 집을 지킨다. 또 종씨들 인심이 후해 남의 것을 탐내지 않고 서로 문을 열어 놓고 서로 주고 받고 오고가며 산다.

　2연에서 보면 참 좋은 마을이다. 그런데 그것도 지나치면 좋지 않다. 너무 사람 사는 것이 활발하니 3 연에서와 같이 개들이 짖어대고 새들도 날아가 버린다. 그래서 이 땅은 군자가 숨기에는 마땅하지 않으니 어지러운 세상에 본디 마음을 그르칠까 두렵구나. 사람들이 인심이 좋아 문을 닫지 않고 사는 좋은 마을이나 또 사람과 부대끼다보면 어지럽게 되니 역시 은사에게는 좋지 않다고 시인은 얘기한다. 군자가 숨기에 좋지 않는 땅이라고 노래한 것은 이 수가 유일한 것 같다.

104. 우산을 지나 은자 찾아갔으나 만나지 못함

등쑥 우거진 깊은 곳 위 산 정자에
오직 두루미 춤추고 매화나무 있다.

붉은 물 어지러워 도원 못 가리겠고
봉래섬 잘못 찾은 흰 구름 돌아든다.

몇 년 간 빈 골 사람 볼 수 없으니
어느 날 명당이 선비 기다려 열릴까?

내 살고파 알아보려도 이상하게 못 만나
오루굴로 오시라 그대에게 다시 청한다.

過牛山訪隱者不遇 (과우산방은자불우)

藤蘿深處上山臺 (등라심처산상대)
惟有仙禽舞在梅 (유유선금무재매)
不辨桃源紅水亂 (불변도원홍수란)
誤尋蓬島白雲廻 (오심봉도백운회)
多年空谷無人見 (다년공곡무인견)
何日明堂待士開 (하일명당대사개)
慾識我居奇絕處 (욕식아거기절처)
請君更問柳村來 (청군갱문류촌래)

【주】 * 우산(牛山) : 우산리. 순천시 송광면 우산리. 지금은 주암호 부근으로 주위에 고인돌 공원이 있음. 산세가 험하고 산이 깊음. * 등라(藤蘿) : 등나무와 쑥, 담장이 넝쿨 * 선금(仙禽) : 선계(仙界)의 영조(靈鳥). 두루미 * 불변도원홍수란(不辨桃源紅水亂) : 매화꽃이 떨어져 붉은 물이 어지럽게 흘러내리니 복숭아꽃 떠오는 무릉도원을 가릴 수 없음. 이 상향을 찾지 못함 * 봉도(蓬島) : 봉래섬. 이상향 * 욕식아거기절처(慾識我居奇絶處) : 내 그곳에 살고자 알아보려 해도 만나지 못해 기아하게 잘 되지 않는 곳 * 청군갱문(請君更問) : 다시 물어 부탁함 * 유촌래(柳村來) : 오루굴로 오라.

○ 압운(押韻)은 평성(平聲)인 회운(灰韻)이다.

【감상】 우산리에 은자를 찾아가갔으나 만나지 못한 부분이 전편에서 그려진다. 산이 깊은 곳이라 등나무 넌출과 쑥이 무성히 자라있다. 그 깊은 곳 위에 산 정자가 하나 있다. 사람은 없고 오로지 두루미가 날아다니며 춤을 추고 매화나무만 있다. 2연은 자연환경을 통해서 잘못 찾아 만나지 못함을 묘사한다. 복숭아꽃 흘러내리는 무릉도원을 찾고자 했는데, 매화꽃이 가득 떠서 붉은 물이 어지러워지니 어찌 복숭아꽃을 가리리. 흰 구름도 봉래섬을 못 찾았는 지 돌아오는구나.

이 골짜기는 몇 년 간 비었으니 사람을 볼 수 없다. 언제나 이 명당에 살 사람이 있어 열릴까? 그 땅은 아직 두루미와 매화에게만 열린 땅인 지 모른다. 내가 그 곳에 살고자 해도 이상하게도 잘 연결되지 않고 끊기기만 한다. 내가 그 땅에 살기가 쉽지 않겠지. 그대조차도 이 땅에 잘 머물지 않아 이렇게 못 만나는데.

내 그대를 만나야 이야기를 해 볼 텐데. 그대에게 다시 물어 청해보네. "그대가 한 번 오루굴로 날 찾아오면 어떻겠나?" 우산리 은자는 그야말로 꼭꼭 숨어 은자도 은자를 찾지 못하니 진정한 은자인가 보다.

105. 장인 묘를 이장하며 - 고흥군 대강리

선생이 심덕이 스스로 평화로워
4녀 3남 자식에 손자들도 많다.

몸이 흙이 되어야 사람은 반드시 좋고
운은 파도와 같은데 어찌 하늘에만 의지하리.

옛 언덕 무덤에 거친 풀과 숲 오래 되고
여러 세대 떨친 가성에 새 울고 지나간다.

흰머리 사위가 와서 눈물 흘리며
무덤을 고쳐 다시 봉하고 새 떼에 술 부어 제를 지낸다.

改葬外舅聘士 (개장외구빙사) - 高興郡 大江里(고흥군 대강리)

先生心德自平和 (선생심덕자평화)
四女三男孫又多 (사녀삼남손우다)
人必維祺身化壤 (인필유기신화양)
天何可恃運如波 (천하가시운여파)
古丘墳總荒林老 (고구분총황림로)
累世家聲啼鳥過 (누세가성제조과)
白首外甥來感淚 (백수외생래감루)
改封体魄酹新莎 (개봉체백회신사)

【 주 】 * 개장외구빙사(改葬外舅聘士) : 사위가 장인의 묘를 고치어 다시 장사 지냄. 외구(外舅)는 편지 따위에서 장인(丈人)을 이르는 말. 빙부(聘父)는 여산 송씨 송태호(礪山宋氏 宋太浩) * 심덕(心德) : 덕이 있는 마음 * 유기(維祺) : 평안하고 상서로움을 유지할 수 있음 * 천하가시(天何可恃) : 어찌 하늘에만 의지하리? * 분총(墳總) : 무덤 모두 * 황림로(荒林老) : 거친 풀과 숲이 오래되고 * 외생(外甥) : 편지글에서 사위가 장인 장모에게 자기를 이르는 1인칭 대명사. 사위 * 개봉(改封) : 봉한 것을 고치어 다시 봉함 * 체백(体魄) : 죽은 지 오래된 땅속의 송장 * 뢰(酹) : 술[降神酒]을 땅에 붓고 신에게 제사를 지냄. 터를 지키는 지신(地神)에게 제를 올리는 일임 * 신사(新莎) : 새 사초(莎草) 곧 무덤의 잔디

○ 압운(押韻)은 평성(平聲)인 가운(歌韻)이다.

【 감상 】 대강리 장인의 묘를 이장하며 쓴 시다. 장인 어른 심덕이 참고왔지. 스스로 평화로웠어. 다복하여 자손도 많았어. 우리네 몸이야 언젠가 땅으로 돌아가지. 죽은 몸은 땅으로 잘 되어야 후손이 좋지. 실제 명당의 육골(肉骨)은 잘 산화(散化)되어 흙으로 돌아간다. 백(魄)은 보통 '넋'으로 잘못 본다. 그러나 백(魄)은 송장의 뼈가 썩지 않아 생긴 '뼈골신'이다. 이것이 후손에 나쁜 영향을 준다. 곧 산화(山禍)다. 이를 막으려면 명당으로 이장하거나 화장을 해야 한다. 명당은 극소수이니 어렵고 안전하려면 화장이 백번 낫다. 운이란 파도처럼 출렁이는 것 어찌 믿으리. 운이 따라주기만 힐 것이 아니라 노력해야지. '뢰(酹)'리는 강신술[降神酒]을 땅에 부은 것은 터줏대감인 지신에게 제를 올리는 일이다. 그 땅엔 그 주인인 신(神)이 반드시 있다. 묘를 쓰려면 그 땅의 주인인 터신에게 먼저 신고하고 예를 올려 허락을 맡아야 한다. 터신은 조상신보다 훨씬 위력이 크니 조상만 위할 경우에는 해를 입을 수 있다. 터신에게 제를 올리는 일을 소홀히 해서는 안 된다.

106. 칠산리를 지나며 - 동복에 있는

오얏꽃 지는 늦봄에 어지러운 속세 떠나
칠산동 속에서 늘 진리를 찾는다.

밖으로 4군을 둘러 싸 기관이 모여 있고
안으로 모두 활발하여 공덕이 새로워라.

구름 골 아득 깊어 작은 집 감추고
논은 기름져 한가론 몸 기른다.

일찍이 이 땅을 얻었더라면
기장과 감자 심어 가난하지 않았으리.

過七山里　　　(과칠산리)　　　　　　- 在同福(재동복)

俗訣紛紜李暮春 (속결분운이모춘)
七山洞裏每尋眞 (칠산동리매심진)
外包四郡機關密 (외포사군기관밀)
內活千人功德新 (내활천인공덕신)
雲谷幽深藏小室 (운곡유심장소실)
水田甘滑養閒身 (수전감활양한신)
早年若得如斯地 (조년약득여사지)
種黍兼諸計不貧 (종서겸저계불빈)

【 주 】 * 칠산리(七山里) : 시의 내용으로 봐서는 동복면 면 소재지 부근이라 여겨짐. 현재 화순군 동복면에는 이 '칠산리'라는 마을은 발견되지 않음. 다만, 현 칠정리(漆井里 : 옻바물)의 옛 이름이 칠전리(漆田里 : 1896년), 칠전리(七田里 : 1789년)이라고 하여, 칠산리(七山里)라 유사함이 있음 * 속결(俗訣) : 속세 떠나 * 분운(紛紜) : 여러 사람의 의견이 일치하지 않고 세상이 떠들썩하고 어지러움 * 외포사군(外包四郡) : 밖으로 4군(화순군, 담양군, 곡성군, 보성군)을 싸고 * 기관(機關) : 사회생활에서 필요한 기구나 조직 * 수전(水田) : 논, 답(畓) * 감활(甘滑) : 기름짐 * 종서겸저(種黍兼藷) : 기장과 감자를 심음.

○ 압운(押韻)은 평성(平聲)인 진운(眞韻)이다.

【 감상 】 칠산동은 은사가 숨을 곳 같으나 동복에서 그 지명이 발견되지 않는다. 밖으로 화순군, 담양군, 곡성군, 보성군을 싸고 있고 기관들이 모여 있으니 동복면 소재지(所在地)인 것 같다. 1 연의 분운(紛紜)은 '속세의 어지러움'과 '오얏꽃이 어지럽게 날리는 모습' 두 가지를 함께 나타낸다. 칠산동에서 찾는 진리는 무엇인가? 곧 속세의 분분한 의견이 없고 어지러움이 없는 것이다. 진리란 오롯이 '명쾌'한 것이며, 본질적으로 '하나' 아닌가? 2 연과 3 연은 칠산동의 모습이다. 2 연은 활발하게 생업에 종사하여 사는 모습, 3 연은 반대로 숨어살기 좋은 환경이 그려진다. 논이 기름지고 좋으니 사람들이 모여 살고, 구름 피어나는 골짜기 깊으니 작은 집 숨겨진다.

3 연에서 '감활(甘滑)'은 논에 벼를 심어 수확하여 지은 '쌀밥이 달고 맛있고 윤기가 자르르 흘러 매끄러운' 모습을 잘 나타내고 있다. '기장과 감자'는 당시 배고픔을 면하는 대표적인 먹거리. 계불빈(計不貧)은 '가난하지 않는 계책'으로 여기서 '가난'은 '부유하지 않는' 의 뜻 보다는 '배고픔'의 뜻으로 새겨진다.

107. 며느리를 추도하며

이 종가에서 며느리가 먼저 죽으니
오호라! 온갖 재난을 만나구나

이 명을 다 따를 것은 아니로되
내 재앙 반드시 외려 남았다.

누워 깊이 생각하면 항상 꿈같고
익히 보던 얼굴 잊지 못한다.

행여나 남은 자식 그 제사 이을까
어린 아이 보며 생각이 많다.

追悼亡子婦 　(추도망자부)

次婦先亡又此宗 (차부선망우차종)
嗟呼八載百罹逢 (차호팔재백이봉)
吾殃必是猶餘在 (오앙필시유여재)
爾命皆然莫可從 (이명개연막가종)
枕上深思常做夢 (침상심사상주몽)
眼中熟見未忘容 (안중숙견미망용)
幸烏遺子承其祀 (행오유자승기사)
感慕應多三尺對 (감모응다삼척대)

【 주 】 * 자부(子婦) : 며느리. 엮은이의 할머니. 보성 득량 다전부락에 사는 다잠 양덕환의 둘째 양회선(梁會宣)의 장녀 양승남(梁承男)으로 1904.11.16. 출생하여 1944.8.25에 돌아가심 * 유자(遺子) : 죽은 뒤 남겨진 아들. 엮은 이의 선친 경파 조규호(炅坡 曺圭浩)

○ 압운(押韻)은 평성(平聲)인 동운(冬韻)이다.

【 감상 】 며느리를 먼저 보내고 읊은 시다. 담은공은 제 할머니의 큰 아버지인 1년 연상의 전은(田隱) 양회수(梁會水)(1876 ~ 1958.2.13)와 시를 서로 나누며 교유한다. 담은은 전은의 환갑에 시를 쓰고 전은은 담은정팔경시의 화답시를 건넨다. 호를 전은(田隱) 담은(澹隱)으로 "은(隱)"자를 같이 쓴 것도 우연이라 보여 지지는 않는다. 수많은 시를 남기는 두 문인은 서로 뜻이 잘 통하는 지음(知音)이 아니었을까 한다. 그리하여 전은의 조카를 며느리까지 맞이하게 된 것이 아닌가 하는 생각이 든다. 득량면 송곡리 다전에서 시집온 양씨 며느리는 가세가 기울어 가난으로 고생이 많았다 한다. 그러고 이렇게 먼저 40세 젊은 나이에 먼저 세상을 뜨니 어찌 안타깝지 않으리? 그 때 남겨진 아이의 나이가 겨우 11세. 제 아버지 조규호(曺圭浩 : 1933.2.23 ~ 2008.4.14)다. 큰 아버지인 조규화(曺圭華 1927.11.23 ~ ?)는 17세였으나 만주로 가고 없으니 어린 아이만 남아 있는 것이다. 담은공 할아버지[조병진(曺秉鎭) : 1877.5.23 ~ 1945.12.15]와 손자 둘의 생일이 모두 23일이니 그것도 참 기이한 인연이다. 2연에 '내 재잉 빈드시 외겨 남았네'의 부분은 머지않아 자신의 죽음을 알지 않았나 싶다. 그로부터 1년여 뒤 돌아가시게 되니. 또 남은 아이가 제사를 이을 것은 어찌 아셨는지? 그토록 조상을 위하고 빠지지 않고 정성으로 제사를 올리는 손자인 제 아버지가 계시니 담은공이 늘 바라보며 생각했던 것이 이루어진 것이다. 112수에서 남북으로 분단되어 어려워질 것을 혼자 알았듯 도가 깊은 담은공이기에 미래를 어느 정도 보지 않았나 싶다.

108. 꾀꼬리 소리를 들으며

신선 피리 분명히 어리석은 늙음 경계하고
초당이 빛이 나니 외롭지 않아라.

옛 의지하는 시 속에 마음 늘 고요하고
침상에서 새 소식 들으면 병이 나은 것 같다.

해 아래 누에치는 여자 발에 누에 먼저 올리고
산 앞 늦게 합쳐 흐르는 물소리 내어 병으로 들어간다.

창 앞 나무에서 울지 않고 돌아가고
느릿한 봄꿈에 멀리 지아비 그리워

聞鶯   (문앵)

仙笛分明警老愚 (선적분명경노우)
草堂生色不曾孤 (초당생색부증고)
詩中依舊心常寂 (시중의구심상적)
枕上聞新病欲蘇 (침상문신병욕소)
日下先治蠶女簿 (일하선치잠녀부)
山前晚佩韻入壺 (산전만패운입호)
莫啼征歸牕前樹 (막제정귀창전수)
春夢悠悠憶遠夫 (춘몽유유억원부)

【 주 】 * 선적(仙笛) : 신선이 부는 피리소리 * 초당(草堂) : 초가집. 여기서는 담은정 * 생색(生色) : 빛이 남. 햇빛을 받아 반짝임 * 부(簿) : 원문은 박(薄)이나 뜻으로 볼 때 누에치는 발[蠶具]을 나타내는 부(簿)가 맞는 것으로 보임 * 패(佩) : 노리개 등을 차다 뜻이나 여기서는 물이 함께 합쳐짐을 뜻함 * 운입호(韻入壺) : (물이) 소리 내어 호리병 같은 골짜기로 들어감 * 정귀(征歸) : 돌아옴 * 창(牕) : 창(窓). 창(窻)

○ 압운(押韻)은 평성(平聲)인 우운(虞韻)이다.

【 감상 】 꾀꼬리는 우리나라 시에서 많이 등장하는 새 중의 하나다. 일찍이 '황조가'가 있었다. 모습이 아름답고 울음소리가 맑고 다양하다. 황조가에서 보듯 암수가 함께 노닌다. 겁이 많고 높은 나무 위 나뭇잎 사이에 잘 숨어 보이지 않는다. 그래서 "못 찾겠다. 꾀꼬리. 꾀꼬리" 하는 노래까지 불린다. 또 우는 소리가 고와 '꾀꼬리 같은 목소리'라 한다. 시 제목은 분명 '꾀꼬리 소리를 들으며' 라고 했는데 '먼 지아비 생각해 창 앞 나무에서 울지 않고 돌아온다.'고 노래한다. 울지 않고 생각하니 더욱 더 간절히 우는 것 같다. 대성통곡보다 숨죽여 우는 것이 더 슬프듯.

1 연의 신선 피리소리는 꾀꼬리 소리였는가? 어리석게 늙지 말라 한다. 초당 담은정엔 빛이 나니 외롭지 않다. 그러나 병상에서 담담히 시에 의지하는 마음 고요함, 새로운 소식이라도 듣게 되면 병이 나은 것처럼 기뻐지는 것에서 노년의 외로움이 느껴진다.

2 언을 보면 이제 노쇠히여 병을 앓고 있음을 알 수 있다. 아버지의 말씀에 의하면 담은 할아버지는 늘 건강하셨다 한다. 담은시집에서도 보듯 선도수련을 오랫동안 해 오신 덕이라 보인다. 그런데 병이 나서 침상에서 꾀꼬리 소리를 들으며 위안을 삼는다.

외롭지 않다 하는데 외롭고, 울지 않는다 하는데 더 우는 것이 느껴지는 시다. 그리고 꾀꼬리에 의탁하여 사람을 그리워하고 있다.

109. 음국정 옛터를 지나며

예부터 시 벗은 이 정자에서 일어났는데
한 번 비바람 지나니 먼지로 어둡구나.

고깃배 달을 실어 강 한복판 희고
나무꾼 도끼 구름 뚫어 산색이 푸르다.

내 도는 날에 따라 잘 되었다 못 되었다하고
하늘의 때는 몇 주기 번갈음이 있었는가?

옆 사람에게 설명해도 마음 상하는 일이고
해 비끼는 밤 골에 나그네의 말이 머문다.

過飮菊亭故墟 (과음국정고허)

自昔詩朋起此亭 (자석시붕기차정)
一番風雨過塵瞑 (일번풍우과진명)
漁舟載月江心白 (어주재월강심백)
樵斧穿雲山色靑 (초부천운산색청)
吾道廢興應有日 (오도폐흥응유일)
天時代謝幾周星 (천시대사기주성)
傍人爲說傷心事 (방인위설상심사)
栗里斜陽客馬停 (율리사양객마정)

【 주 】 * 음국정(飮菊亭) : 1907년 설주 송운회(雪舟 宋運會 : 1874 ~ 1965)가 율어천(栗於川)가 선랑봉(仙郎峰) 아래에 세운 정자. 회봉 안규용에게 음국원운(飮菊原韻 : 亭上有山青 亭前有水碧 菊花酒一杯 醉臥庭前石, 소파의 차운은 亭山山獨青 亭水水空碧 飮菊亭之亭 皉山兼水石)을 지어 보낸다. 음국첩(飮菊帖)이 있음. 중양절에 형 소파 송명회(小波 宋明會 : 1872-1953) 등 여러 인사들과 시회를 열음 * 천시(天時) : 때에 따라 돌아가는 자연의 현상 * 주성(周星) : 일기(一紀), 별이 한 바퀴 돔. 12년 * 율리(栗里) : 밤갓. 현 율어면 소재지 부근 문양리, 율어리(栗於里)

○ 압운(押韻)은 평성(平聲)인 청운(青韻)이다.

【 감상 】 음국정 옛터를 지나며 회상에 젖는다. 일찍이 이 정자에서 설주와 벗들과 시를 많이 읊었지. 시사(詩社)도 많이 열었어.

그런데 한 번 정자가 허물어지고 나니 그 영광도 찾을 길 없어. 보성강으로 흐르는 율어천(栗於川)가에 지어져 있었지. 지금 정자는 무너져 없고 강 한가운데 달빛만 밝구나.

내 도는 세태가 그래 펼칠 수 없고 일어나지 않았다. 나라 없는 일제 때, 때에 따라 세상과 자연도 많이 바뀌었다.

'옆 사람에게 설명해도 마음 상하는 일'이다. 세상 사람들이 알아주지 못한다. 이해하지 못한다. 세상 사람과 전혀 다르다. 하니 설명한 들 뭣하리? 알아주지 못하고 외려 이상하게 생각할 것이다.

세상 사람들이 다 기는 길을 가지 않는 이는 외롭다. 땅에 있으되 하늘길을 가는 이는 고독하다. 누구에게 말하여 알아주길 바라서는 안 된다. 그 마음 또한 욕심이고 상처만 당하리. 그 모든 보상은 반드시 하늘께서 하리니.

해 비끼는 밤 골에 나그네 말이 머물듯 우리는 그저 잠시 머무는 나그네일 뿐이다. 벌써 해가 비끼니 발걸음을 멈추고 안식해야 하리.

110. 경치를 보며 바로 읊음

제비 돌아갈 때에 기러기 오려한다.
하늘 기운 따라 본성대로 각기 서로 재촉한다.

굳은 열매 맺은 기장 먼저 익었고
향기론 꽃술 머금은 국화 아직 못 피었다.

많은 창고 열어 배급하고 새 정치 펴니
옛 봄이 돌아와 만세 노래한다.

한 번 일으켜 못 잇고 일만 시끌시끌
오로지 시 읊고 가을 안개에 다시 술 한 잔

卽景　　　(즉경)

鷰欲歸時鴈欲來 (연욕귀시안욕래)
隨天物性各相催 (수천물성각상최)
黍垂堅實先成熟 (서수견실선성숙)
菊抱香心曾未開 (국포향심증미개)
配給千倉新政布 (배급천창신정포)
歌呼萬歲舊春回 (가호만세구춘회)
興已不係騷人事 (흥이불계소인사)
聊賦秋嵐更一盃 (료부추람갱일배)

【 주 】 * 즉경(卽景) : 그 자리에서 보는 눈앞의 경치 * 수천(隨天) : 하늘의 기운이 변함에 따라 * 물성(物性) : 물질의 성질. * 향심(香心) : 향기로운 꽃술 * 흥이불계(興已不係) : 일어남이 그치고 잇지 못함 * 소인사(騷人事) : 세상에서 벌어지는 일을 (공연히) 떠들썩하게 시끄럽게 함 * 요부(聊賦) : 애로라지(오로지) 시를 읊음 * 추람(秋嵐) : 가을 산 아지랑이

○ 압운(押韻)은 평성(平聲)인 회운(灰韻)이다.

【 감상 】 눈앞에 펼쳐지는 가을 경치를 바라보며, 바로 읊고 있다. 여름이 가니 제비는 강남으로 다시 돌아간다. 가을 철새인 기러기는 다시 돌아온다. 하늘의 기운이 바뀌니 그에 맞춰 서로 재촉하여 움직인다. 여름새는 날아가고 가을 새는 날아든다.

기장은 벌써 익었는데 국화는 아직 피지 않았다. 여름은 다 가고 굳은 열매를 거뒀으나 아직 가을은 완전히 오지 않았구나.

굶주린 백성을 위해 수많은 창고를 열어 나눠 주니 다들 즐거워 만세를 부른다. 그 옛날 좋았던 봄이 돌아온 듯

그러나 어쩌랴. 계속되지 못하니. 한 번 창고를 열어 구휼하더니 그쳐버린 걸. 사람들 일만 시끌시끌하게 요란법석 떨기만 하고 끝났다.

오로지 나는 시부(詩賦)를 읊으며 가을 산안개를 바라보며 다시 술 한 잔을 비운다.

자연은 하늘의 기운이 변함에 따라 어김없이 이에 따른다. 철새는 철 맞춰 오고 간다. 가을이면 곡식은 열매 맺는다. 그러나 사람의 일이란 늘 변하는 것. 좋은 일도 계속되지 못하고 떠들썩하기만 하다. 기대했던 백성들은 실망을 하고 나는 오로지 시와 함께 노닌다.

마지막 구절은 은거하는 전원시인의 삶이 잘 묘사되어 있다.

111. 부인 장례를 추도함

어찌하여 말년 운이 다해 매우 다급하여
부인 안장도 못하고 십년이 다 되었다.

정성스런 마음 부족해 이미 어린 자식이 없고
다만 이 늙은 이 한스런 눈물 계속되네.

베푼 정 갚고 싶어도 그 일이 커서
내 몸 재력으로 꾀하기 어려워라.

지관의 용결을 가슴에 오래 묻고
신령에게 의뢰하면 복당을 구하리.

追思夫人葬　　(추사부인장)

未葬夫人已十霜 (미장부인이십상)
如何晩運盡蒼黃 (여하만운진창황)
旣無賢子誠心少 (기무현자성심소)
只有裹翁恨淚長 (지유양옹한루장)
欲報恩情其事大 (욕보은정기사대)
難謀財力此身忙 (난모재력차신망)
地師龍訣胸藏久 (지사용결흉장구)
若賴神靈求福堂 (약뢰신령구복당)

【 주 】 * 추사(追思) : 죽은 사람을 생각하고 슬퍼함 * 부인(夫人) : 여산 송씨 송기영(宋其永 : 1873.7.30 ~ 1937.6.25). 엮은이의 증조할머니 * 창황(蒼黃) : 놀라고 다급하여 어찌할 바를 모름 * 양옹(襄翁) : 이 늙은 이 * 지사(地師) : 일반적으로 풍수(風水)라고도 부름. 풍수설에 따라 집터나 묏자리 따위의 좋고 나쁨을 가려내는 사람 * 용결(龍訣) : 풍수비결. 풍수에서 용은 곧 산을 말함. 여기서 용(龍)은 풍수를 대표하여 이름 * 약뢰(若賴) : 만약 힘을 얻으면 * 복당(福堂) : 복된 집. 여기서는 음택으로 명당

○ 압운(押韻)은 평성(平聲)인 양운(陽韻)이다.

【 감상 】 먼저 돌아간 부인에 대한 안타까운 정을 그리고 있다. 어찌 이리 말년 운이 다했나. 가세는 점점 기울어 묘도 제대로 쓸 여유가 없다. 부인이 먼저 간 뒤 제대로 묘를 써 주지도 못하고 십년이 다 되어 버렸다.

자식 농사가 제대로 안되어 이미 어진 자식이 없다. 자식은 집안을 일으키기는커녕 술과 잡기에 치중하니 전답과 산을 팔아치우고 가산은 자꾸 줄어든다. 한스런 눈물만 나는구나. 베푼 정을 조금이나마 갚고 싶어도 돈이 없어 묘 하나도 제대로 쓸 수 없구나.

그러나 풍수의 비결을 가슴에 오래 품고 만약 신령이 도와준다면 명당을 얻게 되겠지 하면서 위안을 한다. 개인이나 한 집안이나 다 흥망성쇠가 있다. 할아버지 대에서 어려워진 집안 형편은 아버지 대에서 극에 달한다. 이려시 부모를 잃고 맨 손으로 집안을 일으킨다. 그러나 성신과 노력으로 자수성가하는 모범을 보이니 3대에 가서는 빛을 발하리라 생각한다.

복된 집과 명당을 구하나 그 모든 것은 사람에게 매어 있다. 그 사람의 정성과 부지런함이 하늘에 닿으면 복을 내려 주신다 생각된다. 곧 덕을 쌓으면 그 복은 자신과 자식과 손자에게로 내려간다. 오늘 우리가 이렇게 잘 사는 것은 다 하늘과 조상의 은덕이로다.

112. 조선 독립

서풍이 급히 불어 먼지를 쓸어 내니
태극기 밝아지고 운이 열리려 한다.

섬나무 새 집 타니 까막까치 어지러이 날고
산림에 고삐 푸니 소와 말이 온다.

땅의 약조 또한 남북으로 나뉘고
하늘 큰 기운은 후천 개벽 돌아든다.

다른 이 즐거워하나 나 홀로 걱정하나니
지금부터 시일이 촉박함을 아나니

朝鮮獨立　　 (조선독립)

西風吹急掃塵埃 (서풍취급소진애)
太極旗明運欲開 (태극기명운욕개)
鳥樹焚巢烏鵲亂 (조수분소오작란)
山林放轡馬牛來 (산림방비마우래)
約條地亦巳亥割 (약조지역사해할)
泰氣天方午未回 (태기천방오미회)
我獨憂之人曰樂 (아독우지인왈락)
那知時日自今催 (나지시일자금최)

【 주 】 * 서풍(西風) : 서쪽 바람, 구미 열강 특히 미국의 바람 * 조수(鳥樹) : 섬나무로 곧 일본을 상징 * 분소(焚巢) : 새집이 탐. 곧 일본이 패망함 * 오작(烏鵲) : 까마귀와 까치. 해양 세력으로 미국과 영국을 상징 * 산림(山林) : 대한민국을 상징 * 방비(防轡) : 고삐 푸니. 조선의 해방을 뜻함 * 마우(馬牛) : 말과 소. 내륙 세력으로 소련과 중국을 상징 * 약조(約條) : 한국의 독립을 약속한 카이로선언(1943.11.27)과 이를 확정한 포츠담선언(1945.7.26) 등 미, 영, 중, 소 등의 약속 * 사해할(巳亥割) : 남북으로 나뉨. 사(巳)는 이화(二火)로 남방(南方), 해(亥)는 육수(六水)로 북방(北方)을 뜻함 * 오미회(午未回) : 후천 개벽이 돌아듦. 오(午)는 칠화(七火)로 선천말(先天末), 미(未)는 십토(十土)로 후천 세계를 열어갈 금화교역(金火交易)을 담당

○ 압운(押韻)은 평성(平聲)인 회운(灰韻)이다.

【 감상 】 조선의 독립과 남북 분단에 대해 비유적으로 잘 표현되어 있다. 세계 제2차 대전이 막바지로 치닫는 가운데 미, 영, 중, 소 등의 연합군이 카이로 선언(1943.11.27)과 포츠담 선언(1945.7.26) 등으로 일본의 항복을 요구하고 조선의 독립 등을 보장하게 된다. 그러나 1945.9.2 맥아더는 38도선을 경계로 미·소 양국 분할 점령책을 발표한다. 시인은 1945.12.15 세상을 떠났으나 이미 남북분단이 될 것이라는 것을 예측하고 있다.

1945.8.15. 해방을 맞아 다른 모든 사람들이 즐거워한다. 그러나 혼자 걱정을 하고 있는 것이다. 이제 시작이라는 것이다. 그 시일이 촉박하다 한다. 남북분단과 6.25전쟁 등 민족상잔이 기다리고 있었으니 시인은 이미 이를 알고 있었지 않은가 한다. 또한 도를 닦고 계셨으니 하늘 기운이 후천으로 접어드는 것을 알고 계셨던 것 같다. 주역에서 '지천태(地天泰)'를 '땅과 하늘의 기운이 화합한다.'고 새긴다. 그런데 실제 '하늘께서 지상에 오시고, 지상에 하늘사람이 나셔서 하늘로 가신다.'는 비밀의 뜻이 있다.

113. 건국후 벌교시 시사에서 추월시

밝은 등이 독서당에 와 비추고
높은 산 밤기운 은하도 길다.

걷는 그림자로 외론 손 돌아갈 생각하고
찬 다듬잇돌 방망이질 각기 빛 나뉜다.

금계 울고 난 뒤 별 처음 지고
서리 맞은 기러기 날아간 뒤 풀 더욱 향기롭다.

만 집이 티끌 없이 먼저 흰 빛을 받으니
우리나라가 동방에 있음이 최고 다행이구나.

建國後筏橋市詩社秋月詩 (건국후벌교시시사추월시)

明燈來照讀書堂 (명등래조독서당)
夜氣崢嶸河漢長 (야기쟁영하한장)
孤客思歸因步影 (고객사귀인보영)
寒砧亂搗各分光 (한침난도각분광)
金鷄叫罷星初落 (금계규파성초락)
霜鴈飛過草尤芳 (상안비과초우방)
萬戶無塵先受白 (만호무진선수백)
吾邦最幸在東方 (오방최행재동방)

【 주 】 * 건국(建國) : 대한민국 정부 수립(1948.8.15)이 아니라 1945.9.6. 조선건국위원회(건준)의 조선인민공화국(인공) 수립을 말함 * 시사(詩社) : 시를 짓고 즐기는 모임. 시계(詩禊), 수계(修禊)라고도 함. 요즈음의 시동인(詩同人). 시사는 양반층에서 시작, 조선 중반부터 중인을 주축으로 위항문학(委巷文學)을 형성 * 쟁영(崢嶸) : 산이 높고 험함. 여기서는 (밤기운이) 춥고 싸늘함 * 사귀(思歸) : 돌아갈 생각을 함 * 하한(河漢) : 은하수 * 난도(亂搗) : 어지럽게 방망이질함 * 금계(金鷄) : 꿩과 비슷한 닭 * 규파(叫罷) : 울고 난 뒤 * 백(白) : 서방색(西方色), 광명, 동이(東夷) 한겨레 상징 * 동방(東方) : 한국을 상징. 후천에 이 동방에 12,000 의인(義人)이 탄생하니 후천엔 우리나라가 최대 행운이다[吾邦最幸]

○ 압운(押韻)은 평성(平聲)인 양운(陽韻)이다.

【 감상 】 요즈음보다도 시문학동인들의 모임이 활성화된 것 같다. 지역 단위, 가문 단위로 시사를 열 정도다. 이 시도 광복 후 건준에서 건국을 한 뒤 벌교에서 가을에 시사를 연 것을 읊고 있다. 가을밤. 밝은 등불이 비추는 독서당. 밤기운이 싸늘하다. 미리내가 길게 이어져 있다. 달밤에 나와 걸어 본다. 외로운 손은 그림자를 보면서 돌아갈 것을 생각한다. 창호에 비치는 다듬잇돌 방망이질. 방망이질에 따라 그 빛이 나뉜다.

금계가 울고 동이 트니 별이 진다. 가을 찬 기러기 지나고 난 뒤 풀이 더욱 향기롭다. 이윽고 아침에 해가 뜨니 먼지 하나 없는 온갖 집들이 먼지 희게 빛난다. 고요한 아침의 나라, 우리나라가 동방에 있으니 그 얼마나 다행인가? 마지막 구절은 단순히 아침 해가 뜨는 광경을 넘어 앞으로 축복받을 우리나라에 대해 노래하고 있다고 생각된다. '만 집이 티끌 없으니'는 12,000명 의인(義人)의 탄생을 암시한다. 그들이 먼저 흰 빛을 받고 의인이 되고 이것이 퍼져 나가니, 우리 동방 대한민국이 가장 복 받는 행운의 나라가 된다는 것이다.

114. 가을비

대바람 우수수하고 빗소리 쓸쓸하다.
밤 적막하고 서쪽 상쾌한 기운 온다.

나그네 잠에 깨어 외론 베게는 차고
어린애 책 읽으려니 작은 등 흔들린다.

늦은 꽃 붙어 있으려도 향기 먼저 움직이고
올벼가 다 잘 영글어 나락이 다시 넉넉하다.

해 뜨자 안개 걷혀 맑아서 또 좋고
맑은 아침 시 지팡이 세우고 가을을 감상한다.

秋雨　　　　（추우）

竹風瑟瑟雨蕭蕭 （죽풍슬슬우소소）
爽氣西來夜寂寥 （상기서래야적료）
宿客自醒孤枕冷 （숙객자성고침랭）
稚兒方讀小燈搖 （치아방독소등요）
晩花欲着香先動 （만화욕착향선동）
早稻皆秀實更饒 （조도개수실갱요）
日出烟消晴且好 （일출연소청차호）
賞秋詩杖立淸朝 （상추시장입청조）

【 주 】 * 슬슬(瑟瑟) : (바람 부는 소리, 여기서는 대바람 소리가) 우수수하여 쓸쓸하고 적막함 * 소소(蕭蕭) : 바람이나 빗소리 따위가 쓸쓸함 * 적료(寂寥) : 적적하고 쓸쓸함. 적막함 * 욕착(欲着) : 붙어있고 싶어도 * 조도(早稻) : 올벼. 조생종 벼 * 개수(皆秀) : 다 빼어남. 여기서는 벼 이삭이 잘 영글음. 수(秀)는 화(禾) + 내(乃 = 孕)로 벼가 잘 익는 모습 * 실갱요(實更饒) : 열매가 다시 풍요롭다. 여기서 열매는 나락 * 시장(詩杖) : 시 쓰며 짚는 지팡이

○ 압운(押韻)은 평성(平聲)인 소운(蕭韻)이다

【 감상 】 가을의 이미지가 서정적으로 잘 그려져 있다. 가을밤의 쓸쓸함. 적막감. 우수수 흔들리는 대바람 소리, 쓸쓸히 내리는 빗소리. 적막하고 쓸쓸한 밤에 상쾌한 가을 기운.

1연은 집 주위의 가을 소리가 그려져 있다. 대밭에 가을바람이 부니 우수수 소리가 나오고 비까지 내리니 그 소리가 쓸쓸하다.

2연의 묘사는 동과 정이 잘 어울린다. 나그네는 외롭게 잠 깨어있고, 어린아이가 책을 막 읽으려는데 작은 등이 흔들린다. 대조된 묘사가 참 섬세하다.

3연도 대구도 역시 뛰어난다. 늦은 꽃, 가지에 매달려 있으려 해도 곧 떨어지겠지. 꽃은 딱 달라 붙으려하는데 향기가 먼저 꽃을 떠나 움직인다. 그런데 잘 영근 올벼의 나락은 잘 붙어 풍요한 가을을 약속하고 있다.

1연에서는 쓸쓸한 대바람과 빗소리에 밤이 되어 적막했는데, 4연에서는 맑은 가을 아침이 왔다. 해 뜨자 안개 걷혀 맑으니 좋다. 맑은 이 가을 아침 시 쓰는 지팡이 세우고 가을을 감상하고 있다.

맑은 가을 아침 서 있는 것은 지팡이가 아니라 시인의 맑은 마음이다.

115. 스스로 한이 되어

재산은 없어지고 사람은 죽고 운 또한 그래
쓸쓸한 방 하나에 작은 봄바람 분다.

애 날 근원 영영 끊긴 황망함 속에서
가르친 도도 서로 어긋나 중도가 아니다.

마구간에 있는 천리마 뛰려도 너무 늙었고
새장 속 벗어나려도 방도가 나지 않는다.

갑신에 있었던 일은 우뢰가 터진 것 같고
해가 동쪽에서 떠 하늘 개이기 기다린다.

自恨　　　　(자한)

財竭人亡運亦同 (재갈인망운역동)
蕭然一室少春風 (소연일실소춘풍)
産源永斷紛荒裡 (산원영단분황리)
訓道相違非是中 (훈도상위비시중)
櫪驥雖超年力老 (역기수초연력로)
籠禽欲脫智謀窮 (농금욕탈지모궁)
甲申往事如雷破 (갑신왕사여뇌파)
第待天晴日出東 (제대천청일출동)

【 주 】 * 재갈인망(財竭人亡) : 재산은 없어지고 사람은 죽음. 아들을 잘못 두었으니 가산은 탕진하여 버리고 며느리는 먼저 죽게 됨   * 소연(蕭然) : (눈에 보이는 모든 것이) 쓸쓸함. 만목소연(滿目蕭然)   * 소춘풍(少春風) : 적은 봄바람. 작은 손자 아이 하나에 기대를 거니 그 작은 손자가 곧 엮은이의 아버지   * 산원영단(産源永斷) : 며느리가 먼저 죽으니 애 낳을 근원이 아주 끊김   * 훈도상위(訓道相違) : 가르친 도가 서로 어긋남은 자식이 가르친 대로 제대로 바른 길을 가지 못함을 일컬음   * 비시중(非是中) : 중(中)이 아님. 곧 바르지 않음. 여기서 중은 바름[正]   * 역기(櫪驥) : 마구간에 있는 천리마   * 농금(籠禽) : 새장에 갇힌 새   * 지모궁(智謀窮) : 꾀가 막힘. 방도가 없음   * 갑신왕사(甲申往事) : 갑신년에 있었던 일. 1944.8.25일 며느리[梁承男]가 죽는 일

○ 압운(押韻)은 평성(平聲)인 동운(東韻)이다.

【 감상 】 담은시집의 마지막 시다. 말년 운을 한탄한다. 1년 전 갑신년에 있었던 며느리의 갑작스런 죽음에 상심이 크다. 사람이 죽음, 애낳을 근원 영영 끊김, 갑신년에 있었던 일 등이 모두 며느리의 죽음을 말한다. 며느리는 죽고 아들은 재산을 탕진하고 운도 안 좋다. 그러나 쓸쓸한 방 하나에 적은 봄바람 분다. 어린 손자 하나다. 그 손자가 집안을 일으키니 봄바람이 분 것이다. 해가 동쪽에서 뜨니 하늘이 갠 것이다. 2연은 며느리의 죽음과 아들이 가르침을 듣지 않고 방탕함을 안타까워한다. 3연에서는 시인의 이를 어찌지 못하는 안타까움이 나타나 있다. 마구간에 매어있는 천리마 같이 뛰쳐나가고 싶어도 늙어서 힘이 없다. 새장 속의 새가 탈출하고 싶어도 그 방법이 없다. 그러나 우레가 터지고 비가 와도 해가 동쪽에서 떠오르면 하늘이 개이리니. "희망의 동(東)"으로 대단원의 막을 내린다. 동(東)은 파자하면 '목일(木日)'로 생명이 약동하는 봄[春]을 상징한다. 또한 성 조(曺)도 '동녘 떠오르는 해(東日)'로 파자되어 동(東)과 관계된다.

시 제목 찾기(한글)

ㄱ

가뭄을 걱정함　(73수)	174
가을밤 유신정에서 벗과 자면서　(39수)	108
가을밤 책읽기　(81수)	190
가을비　(114수)	256
감람골 옛터를 지나며 감회에 젖어　(43수)	116
건국후 벌교시 시사에서 지은 추월시　(113수)	254
경치를 보며 바로 읊음　(110수)	248
고요하게 살며　(1수)	32
고흥군을 지나 숨어사는 송계은을 찾아 - 외삼춘 아들　(92수)	212
광주 충원에 부쳐 - 난국계　(13수)	56
국화를 꺾어 임성오에게 주며　(71수)	170
그 둘째 수　(32수)	94
금강산 전도에 대해 짓고 난 뒤　(83수)	194
김수재에게 줌　(8수)	46
김영학에게 드림　(41수)	112
꾀꼬리 소리를 들으며　(108수)	244

ㄴ

낚시터 주인에게 장난삼아 지어줌 - 염병석　(75수)	178
남극정에 대해 지음　(101수)	230
농가　(40수)	188

담은시집

눈 오는 밤　(5수)　　　　　　　　　　　　　　　　40
눈 오는 밤 벗을 만나 자면서　(6수)　　　　　　　　42

ㄷ

담양으로 돌아가는 임수재를 보내며　(82수)　　　　192
대곡리를 지나 종인 병식을 찾아 - 순천　(103수)　　234
대곡을 지나 숨어사는 종인을 만나 - 병익　(88수)　204
대흥리 지나 홍순학을 찾아　(94수)　　　　　　　　216
덕산정사　이락천　(15수)　　　　　　　　　　　　60
덕암재에서 자고　(95수)　　　　　　　　　　　　　218
동강 낚시터　염병섭　(19수)　　　　　　　　　　　68
되는대로 지음　(20수)　　　　　　　　　　　　　　70
두산을 생각하며　조병윤　(46수)　　　　　　　　　122
뜻하지 않게 지음　(11수)　　　　　　　　　　　　　52

ㅁ

만주에 있는 경환에게 부쳐　(34수)　　　　　　　　98
만주에 있는 손자 아이를 그리며　(91수)　　　　　　210
망미정에 대해 지음　박찬판 양정　(57수)　　　　　144
며느리를 추도하며　(107수)　　　　　　　　　　　 242
모후산에 올라　동복에 있는　(47수)　　　　　　　 124
물염정에 대해 지음　동복에 있는　(45수)　　　　　120

ㅂ

박초남 호의 운에 화답　장흥군 남쪽으로 돌아감　(96수)	220
박태규와 남당포에 가서 등룡도를 바라보며　(42수)	114
벌교포를 지나며　(62수)	154
벗을 만나 마시다　(70수)	170
벗을 모암으로 보내며　박규덕　(12수)	54
벗을 찾아 선둘을 지나며　임치선　(44수)	118
벽시계에 대해 읊음　(55수)	140
병석에서 아이더러 운을 떼라 하고　(72수)	172
병석에서 정양이 찾아와 기뻐서　안종남　(74수)	176
봄날 대원사에서 놀며　(60수)	150
봄비　(38수)	106
봄을 보내며　(78수)	184
부인 장례를 추도함　(111수)	240
비를 만나 복내장 약방에서 자며　손무열　(56수)	142
빙월정에 대해 지음　안두산　(51수)	132

ㅅ

산앙정에 대해 지음　박죽천　(69수)	168
산양문회안에 대해 지음　(52수)	134
산촌의 일을 바로 읊음　(76수)	180
생각나서　(3수)	36
생일에 속마음을 이야기함　(66수)	162
석호 시사 모임　(36수)	102
석호산 가래나무 살피고 오는 길에 느낌 있어　(29수)	88
석호산에 올라　(25수)	80

세계지도에 대해 지음　규화가 만주에 있을 때 부쳐 옴　(79수)	186
세상을 한탄함　(77수)	182
속마음을 이야기함　(21수)	72
송해광을 생각하며　영건　(24수)	78
수중산을 지나 와룡지에 기원하며　(30수)	90
스스로 힌이 되어　(115수)	258
시천 지나 정사주인 찾아　이교천　(59수)	148

ㅇ

아이를 가르치며　(4수)	38
안성거 만사　(64수)	158
양로당에 부쳐　(10수)	50
염진홍 만사　(98수)	224
영남으로 가는 장홍을 보내며　(7수)	44
영모제에 대해 지음　반곡리에 있는　(54수)	138
영벽정에 대해 지음　능주에 있는　(87수)	202
영산홍　(90수)	208
오루굴에 대해 지음　(48수)	126
우산을 지나 은자를 찾아갔으나 만나지 못함　(104수)	236
월계화를 노래한　(65수)	160
음국정 옛터를 지나며　(109수)	246
이병곤 만사　(37수)	104
이씨 화수계 자리에서 부름　(99수)	226
임남애의 호의 운　태영　(102수)	232
임태균 만사　담양에 사는　(58수)	146

ㅈ

작천역을 지나며　(68수)	166
작천으로 돌아가는 임태영을 보내며　(89수)	206
장수 수첩에 대해 지은 뒤　김형호　(80수)	188
적벽을 지나며　동복에 있는　(28수)	86
정월 대보름 임태영에 답함　(17수)	64
정자앞 감국　(49수)	128
정자에 올라 읊다　(2수)	34
정자천을 지나 장제수를 바라보며　(67수)	164
정재순 만사　(61수)	152
장인 묘를 이장하며　고흥군 대강리　(105수)	238
제야　(31수)	92
조규심 만사　(100수)	228
조병인을 생각하며　만주에 사는　(27수)	84
조병희 자리에서 만주의 벗을 만나　(50수)	130
조선독립　(112수)	252
조성역을 지나며　(85수)	198
존제산에 올라　(9수)	48
존제산에서 약초를 캠　(86수)	200
죽곡강회　(53수)	136
중양절에 만나 마시며　(84수)	196
지은당에 대해 지음　정재순호　(22수)	74
천석정에 대해 지음　임태정　(18수)	66
청류재에 대해 지음　(93수)	214
칠산리를 지나 동복에 있는　(106수)	240

ㅍ

평안북도로 떠나는 규화에게 줌　　(35수)　　　　　　　100

ㅎ

향교에 칭찬하는 시를 써 줌　박원수　(23수)　　　　76
향교의 가을 제삿날　(63수)　　　　　　　　　　　　156
환갑잔치　김경제　(33수)　　　　　　　　　　　　　96
환갑잔치　문용호　(26수)　　　　　　　　　　　　　82
환갑잔치　조병돈　(14수)　　　　　　　　　　　　　58

시 제목 찾기(한자)

ㄱ

講筵口呼　16		62
改葬外舅聘士　高興郡大江里　105		238
建國後筏橋市詩社秋月詩　113		254
過高興郡訪宋啓殷攸居　外從　92		212
過大谷里訪宗人秉湜　順天　103		234
過臺谷訪宗人幽居　秉翼　88		204
過大興里訪洪淳鶴　94		216
過筏橋浦　62		154
過水中山祈請臥龍地　30		90
過詩川訪精舍主人　李敎川　59		148
過牛山訪隱者不遇　104		236
過立石里訪友人　任治善　44		118
過鵲川驛　68		166
過赤壁　在同福　28		86
過程子川望障堤水　67		164
過鳥城驛　85		198
過七山里　在同福　106		240
過柿木里舊墟感古　43		116
寄光州忠院　蘭菊禊　13		56
寄滿洲國璟煥　34		98
寄養老堂　10		50

其二首　32	94
寄贈金永鶴　41	112

ㄷ

德山精舍　李樂川　15	60
東江釣臺　廉秉燮　19	68
登母后山　在同福　47	124
登石虎山　25	80
登尊帝山　9	48

ㄹ

留贈圭華赴平北道　35	100

ㅁ

輓安聖舉　64	127
輓廉鎭洪　98	224
輓李秉坤　37	104
輓任泰均　寓居潭陽　58	146
輓鄭在舜　61	152
漫題　20	70
輓曺圭心　100	228
聞鶯　108	244
憫旱　73	174

담은시집　　267

ㅂ

病枕呼兒拈韻　72　　　　　　　　　　　　172
病枕喜靜養來訪　安鍾南　74　　　　　　　176

ㅅ

山村卽事　76　　　　　　　　　　　　　　180
上元日答任泰榮　17　　　　　　　　　　　33
石湖禊會　36　　　　　　　　　　　　　　102
石虎山省楸歸路有感　29　　　　　　　　　88
雪夜　5　　　　　　　　　　　　　　　　40
雪夜友人會宿　6　　　　　　　　　　　　42
送友人歸帽巖　朴奎悳　12　　　　　　　　54
送任秀才歸潭陽　82　　　　　　　　　　　192
送任泰泳歸鵲川　89　　　　　　　　　　　206
送子讀書　4　　　　　　　　　　　　　　38
送張洪歸嶠南　7　　　　　　　　　　　　44
晬辰述懷　66　　　　　　　　　　　　　　172
晬宴　金敬濟　33　　　　　　　　　　　　96
晬宴　文溶鎬　26　　　　　　　　　　　　82
晬宴　曺秉敎　14　　　　　　　　　　　　58
宿德巖齋　95　　　　　　　　　　　　　　218
述懷　21　　　　　　　　　　　　　　　　72

ㅇ

憶滿洲孫兒　91	210
與朴泰珪往南塘浦望騰龍島　42	114
詠壁上時計　55	140
詠四季花　65	160
暎山紅　90	208
遇雨宿福市樂堂　孫武烈　56	142
友人會飮　70	170
偶題　11	52
幽居　1	32
有所思　3	36
李氏花樹禊席口呼　99	226
任南崖號韻　泰泳　102	232

ㅈ

自恨　115	258
田家　40	110
餞春　78	184
亭上吟　2	34
亭前甘菊　49	128
題金剛山全圖後　83	194
題南極亭　101	230
題望美亭　朴參判陽亭　57	144
題勿染亭　在同福用前韻　45	120
題氷月亭　安斗山　51	132
題山仰亭　朴竹川　69	168

담은시집　　**269**

題山陽文會案	52	134
帝山採藥	86	200
題世界圖　圭華在滿洲時奉送	79	186
題壽帖後　金榮浩	80	188
除夜	31	92
題永慕齋　在盤谷里	54	138
題暎碧亭　在綾州	87	202
題五柳村	48	126
題芝隱堂　鄭在舜號	22	74
題泉石亭　任泰禎	18	66
題聽流齋	93	214
曺秉喜席上逢滿洲國友人	50	130
朝鮮獨立	112	252
竹谷講會　安圭容	53	136
重陽會飮	84	196
卽景	110	248
贈校宮贊偈　朴源壽	23	76
贈金秀才	8	46

ㅊ

採菊寄贈任聖五	71	170
追悼亡子婦	107	242
追思夫人葬	111	250
秋夜讀書	81	190
秋夜與友人宿柳新亭	39	108

追憶斗山　曺秉倫　46	122
追憶宋海狂　榮健　24	78
追憶曺秉寅　寓滿洲國　27	84
秋雨　114	256
春雨　36	102
春日遊大原寺　60	150

ㅌ

嘆世　77	182

ㅎ

鄕校秋享日　63	156
和朴樵南號韻　迬南長興郡　96	220
喜逢滿洲遊子　97	222
戱贈釣臺主人　廉秉奭　75	178

인물 찾기

고경명		57
공자		39,49,109,132,133,135,147,126,179,197,200
기대승		57,133
기정진		63
김경제	金敬濟 33	96,97
김덕령		57
김성원		57
김영학	金永鶴 41	112,113
김인후		161,203
김종직		203
김종직		57
김형호	金瀅浩 80	188,189
나무송		121
나철		157
동중서		109,135
문용호	文溶鎬 26	82,83
박규덕	朴奎悳 12	54,55
박기동		155
박남현		77,115,135,145
박원수	朴源壽 23	76,77
박영효		203
박유전		157
박죽천	朴竹川 69	168,169
박참판	朴參判 57	115,144,145
박초남	朴樵南 96	220,221
박태규	朴泰珪 42	77,114,115
백아		42,43,79,119
사안석		121,227

서재필		157,203
소동파		87
손무열 孫武烈	56	142,143
송계은 宋啓殷	92	212
송면호		239
송순		57
송영건 宋榮建	24	79
송운회		157
송정순		121
안규동		61,149,157
안규용 安圭容	53	136,137,169
안규홍		157
안두산 安斗山	51	132,133
안방준		157
안성거 安聖擧	64	158,159
안종남 安鐘南	74	176,177
안회		147
양덕환		243
양수아		157
양팽손		203
양회선		233
양회수		229
열자		43
염병석 廉秉奭	75	178,179
염병섭 廉秉燮	19	68,69,179,213
염진홍 廉鎭洪	98	224,225
왕유		55,181
오압옥		123
유종원		69
윤겸		219
윤정삼		219
윤동교		219
이교천 李敎川	59	61,148,149,169

이규보	53
이락천 李樂川 15	60,61,63
이범재	157
이병곤 李秉坤 37	104,105
이순신	167,203
이태백	47
이해관	231
이회순	157
임계영	67,157
임두현	67
임성오 任聖五 71	170
임수재 任秀才 82	192,193
임억령	37
임치선 任治善 44	118
임태균 任泰均 58	146,147
임태영 任泰榮 17	64,65
임태영 任泰泳 89,102	206,207,233
임태정 任泰禎 18	66,67
장홍 張洪 7	44,45
장길	158,159
전상의	88
선우	61,63,149
정권진	157
정시림	61,63,89,103,149
정응민	157
정재근	157
정재순 鄭在舜 22,61	74,75,152,153
정지	57
정지준	87
정철	57,203
정충신	57
조경환 曺璟煥 34	99,211,223
조광조	203

조규심 曺圭心 100		228,229
조규호		243
조규화 曺圭華 35,79,91		100,101,186,211,243
조대관		97,139
조병돈 曺秉敦 14		58,59
조병윤 曺秉倫 46		122
조병익 曺秉翼 88		205
조병인 曺秉寅 27		84,85
조병진		229,243
조병희 曺秉喜 50		130,131
조부		57
조상현		57
조세현		203
조수문		57
조여심		57
조정래		155
주자		9
종자기		43,79,119
진계유		109
채동선		157
최대성		157
하지장		47
허소		157
허유		203
홍순학 洪淳鶴 94		216,217

지명 찾기

감람골	(보성군 율어면 시목리)	73,106,107
개흥사	(보성군 득량면)	167
고흥	(고흥군)	212,213
관산	(장흥군 관산읍)	220,221
광주	(광주직할시)	56,57,203
교남	(영남지방)	44
남극정	(보성군 벌교읍 추동리)	230,231
남당포	(고흥군 대서면 남정리)	114,115
능주	(화순군 능주면)	202,203
다전	(보성군 득량면 송곡리 차밭밑)	230,243
담양	(담양군)	146,147,192,193,241
담은정	(보성군 율어면 장동리 산3번지)	37,49,59,121,127,181,201,245
대곡(大谷)	(순천시 별량면 대곡리)	234,235
대곡(臺谷)	(보성군 조성면 대곡리)	204,205
대원사	(보성군 문덕면 죽산리)	150,151,170
대흥리	(순천시 송광면)	216,217
덕산	(보성군 벌교읍 추동)	230,231
덕산정사	(보성군 복내면 축치)	60,61,63,149,150
덕암재	(보성군 복내면 유정리 덕촌부락)	18,219
덕촌	(보성군 복내면 유정리)	220
동강	(고흥군 동강면)	212,213
동강조대	(고흥군 동강면)	68,69,180

동복	(화순군 동복면)	86,120,124,125,240,241
둔터	(보성군 미력면 화방리)	91,103,143,175
득량	(보성군 득량면)	167,207,243,244
득량만	(보성군 득량면 바닷가)	115,167
득량역	(보성군 득량면 오봉5리 역전)	167
등룡도	(남당포 앞바다 섬)	114,115
만주	(만주지방)	84,85,98,99,101,130,131,186,210,211,222,223
망미정	(보성읍)	144,145
모암	(보성군 율어면 선암리)	54
망미정	(화순군 이서면 장학리 노루목적벽)	86,87
모후산	(화순군 동복면)	24,125
물염정	(화순군 이서면 창랑리 물염적벽)	120,121
반곡	(보성군 조성면 은곡리)	97,138,139,229
백현촌		112,113
벌교	(보성군 벌교읍)	117,155,231,254,255
벌교포	(보성군 벌교포구)	154,155
보성강		75,81,125,165,247
보성향교	(보성읍 보성리)	76,135,145,156,157
복내	(보성군 복내면)	143,149,219
봉두산	(보성군 조성면 은곡리)	96,97,139,228,229
부용산	(보성군 벌교읍)	155
빙월정		132,133
산앙정	(보성군 문덕면 죽산리 감각동 밑)	168,169
산양군	(현 보성군)	135
석호	(보성군 미력면)	80,81,102,103,119,218,219
석호산		73,74,75,80,81,88,89,91,103,152,153,164,165,193,218,220

선둘	(보성군 겸백면 석호1리)	118,119
소쇄원	(담양군)	161
송곡리	(보성군 득량면)	230,243
수중산	(보성군 미력면)	90
시목리	(보성군 율어면)	216,217
순천	(순천시)	234,235,236
시천	(보성군 복내면 시천리)	60,61,62,63,148,149
영모재	(보성군 조성면 반곡리)	138,139
영벽정	(화순군 능주면 관영리 디들강변)	202,203
오루굴	(보성군 율어면 장동리 오류촌)	33,87,126,127,159,181,236,237
오류촌	(보성군 율어면 장동리 오루굴)	34,126,127
오봉산	(보성군 득량면)	167,206,207
와룡동	(장흥군 관산읍 용전리)	221
와룡지	(보성군 미력면)	90,91
우산	(순천시 송광면 우산리)	236,237
월빙정		158
유신정	(보성군 율어면 유신리)	108,109
율리	(보성군 율어면)	236,237
음국정	(보성군 율어면)	236,237
입석리	(보성군 겸백면)	118
작천	(보성군 득량면 오봉5구 까치내)	206,207,233
작천역	(현 득량역)	166,167
장제수	(보성군 보성강저수지 실바등)	164,165
적벽	(화순 적벽)	86,87,121,202,203
정자천	(보성군 보성강)	164,165
조성역	(보성군 조성면)	198,199

존제산	(보성군)	34,35,48,49,81,200,201
주암댐	(보성군)	61,125,143
죽곡	(보성군 복내면 진봉리 진척부락)	136,137
죽곡정사	(보성군 복내면 진봉리 진척부락 뒤)	137
죽천정	(보성군 노동면 광곡리 광탄 광곡역 위)	170
천마산	(보성군 복내면 유정리)	81,218,220
천봉산	(보성군 문덕면)	81,151,168,169
천석정	(보성군 조성면 귀산리)	66,67
청류재		214,215
추동	(보성군 벌교읍)	230,231
칠산리	(화순군 동복면)	240,241
평안북도		100,101,210,211
홍교	(보성군 벌교읍)	155
화산재	(보성군 겸백면 사곡리 양지마을)	170

주제별 찾기

그리운 가족들

4. 아이를 가르치며	送子讀書	38
27. 조병인을 생각하며 만주에 사는	追憶曺秉寅 寓滿洲國	84
34. 만주에 있는 경환에게 부쳐	寄滿洲國璟煥	98
35. 평안북도로 떠나는 규화에게 줌	留贈圭華赴平北道	100
54. 영모제에 대해 지음 반곡리에 있는	題永慕齋 在盤谷里	138
91. 만주에 있는 손자 아이를 그리며	憶滿洲孫兒	210
97. 만주에서 온 아들을 기쁘게 만나	喜逢滿洲遊子	222
107. 며느리를 추도하며	追悼亡子婦	242
105. 장인 묘를 이장하며 고흥군 대강리	改葬外舅聘士 高興郡大江里	238
111. 부인 장례를 추도함	追思夫人葬	250

그리운 사람들

22. 지은당에 대해 지음 정재순호	題芝隱堂 鄭在舜號	74
24. 송해광을 생각하며 영건	追憶宋海狂 榮健	78
27. 조병인을 생각하며 만주에 사는	追憶曺秉寅 寓滿洲國	84
46. 두산을 생각하며 조병윤	追憶斗山 曺秉倫	122

길을 가면서

28. 적벽을 지나며 동복에 있는	過赤壁 在同福	86
29. 석호산 가래나무 살피고 오는 길에 느낌 있어	石虎山省楸歸路有感	87
30. 수중산을 지나 와룡지에 기원하며	過水中山祈請臥龍池	90
43. 감람골 옛터를 지나며 감회에 젖어	過柿木里舊墟感古	116
62. 벌교포를 지나며	過筏橋浦	154
67. 정자천을 지나 장제수를 바라보며	過程子川望障堤水	164
68. 작천역을 지나며	過鵲川驛	166
106. 칠산리를 지나 동복에 있는	過七山里 在同福	240

도를 찾아서

5. 눈 오는 밤	雪夜	40
8. 김수재에게 줌	贈金秀才	46
11. 뜻하지 않게 지음	偶題	52
21. 속마음을 이야기함	述懷	72
25. 석호산에 올라	登石虎山	80
31. 제야	除夜	92
36. 석호 시사 모임	石湖禊會	102
41. 김영학에게 드림	寄贈金永鶴	112
42. 박태규와 남당포에 가서 등룡도를 바라보며	與朴泰珪往南塘浦望騰龍島	114
59. 시천 지나 정사주인 찾아 이교천	過詩川訪精舍主人 李敎川	148
81. 가을밤 책읽기	秋夜讀書	190
84. 중양절에 만나 마시며	重陽會飲	196
109. 음국정 옛터를 지나며	過飲菊亭故墟	246

만사

37. 이병곤 만사   輓李秉坤   104
58. 임태균 만사   담양에 사는   輓任泰均 寓居潭陽   146
61. 정재순 만사   輓鄭在舜   152
64. 안성거 만사   輓安聖擧   158
98. 염진홍 만사   輓廉鎭洪   224
100. 조규심 만사   輓曺圭心   228

벗과 함께

6. 눈 오는 밤 벗을 만나 자면서   雪夜友人會宿   42
17. 정월 대보름 임태영에 답함   上元日答任泰榮   64
22. 지은당에 대해 지음   정재순호   題芝隱堂 鄭在舜號   74
39. 가을밤 유신정에서 벗과 자면서   秋夜與友人宿柳新亭   108
42. 박태규와 남당포에 가서 등룡도를 바라보며 與朴泰珪往南塘浦望騰龍島   114
50. 조병희 자리에서 만주의 벗을 만나   曺秉喜席上逢滿洲國友人   130
56. 비를 만나 복내장 약방에서 자며   손무열   遇雨宿福市藥堂 孫武烈   142
60. 봄날 대원사에서 놀며   春日遊大原寺   150
70. 벗을 만나 마시다   友人會飮   170
71. 국화를 꺾어 임성오에게 주며   採菊寄贈任聖五   170
74. 병석에서 정양이 찾아와 기뻐서   안종남   病枕喜靜養來訪 安鍾南   176
75. 낚시터 주인에게 장남삼아 지어줌   염병석   戲贈釣臺主人 廉秉奭   178
80. 장수 수첩에 대해 지은 뒤   김형호   題壽帖後 金榮浩   188

84. 중양절에 만나 마시며 　　　　　　　　　重陽會飮 196
96. 박초남 호의 운에 화답　　장흥군 남쪽으로 돌아감
　　　　　　　　　　　　　　和朴樵南號韻　迲南長興郡 220

벗을 보내며

7. 영남으로 가는 장홍을 보내며　　　　　送張洪歸嶠南　44
12. 벗을 모암으로 보내며　박규덕　　　　送友人歸帽巖　朴奎悳 54
82. 담양으로 돌아가는 임수재를 보내며　　送任秀才歸潭陽 192
89. 작천으로 돌아가는 임태영을 보내며　　送任泰泳歸鵲川 206

벗을 찾아서

44. 벗을 찾아 선둘을 지나며　임치선　　　過立石里訪友人　任治善 118
59. 시천 지나 정사주인 찾아　이교천　　　過詩川訪精舍主人　李敎川 148
88. 대곡을 지나 숨어사는 종인을 만나　병익　過臺谷訪宗人幽居　秉翼 204
92. 고흥군을 지나 숨어사는 송계은을 찾아　외삼춘 아들
　　　　　　　　　　　　　　過高興郡訪宋啓殷攸居　212
94. 대홍리 지나 홍순학을 찾아　　　　　　過大興里訪洪淳鶴 216
103. 대곡리를 지나 종인 병식을 찾아　순천過大谷里訪宗人秉湜　順天 234
104. 우산을 지나 은자를 찾아갔으나 만나지 못함　過牛山訪隱者不遇 236

산에 올라

9. 존제산에 올라　　　　　　　　　　　　　登尊帝山　48
25. 석호산에 올라　　　　　　　　　　　　　登石虎山　80
47. 모후산에 올라　동복에 있는　　　　　登母后山　在同福 124

서정

5. 눈 오는 밤　　　　　　　　　　　　　　雪夜　40
20. 되는대로 지음　　　　　　　　　　　　漫題　80
38. 봄비　　　　　　　　　　　　　　　　春雨 106
40. 농가　　　　　　　　　　　　　　　　田家 110
49. 정자앞 감국　　　　　　　　　　　　亭前甘菊 128
76. 산촌의 일을 바로 읊음　　　　　　　山村卽事 180
78. 봄을 보내며　　　　　　　　　　　　餞春 184
110. 경치를 보며 바로 읊음　　　　　　　卽景 248
114. 가을비　　　　　　　　　　　　　　秋雨 256

선비의 길

3. 생각나서　　　　　　　　　　　　　　有所思　36
9. 존제산에 올라　　　　　　　　　　　　登尊帝山　48
10. 양로당에 부쳐　　　　　　　　　　　寄養老堂　50
15. 덕산정사　이락천　　　　　　　　　德山精舍　李樂川　60
16. 강론 자리에서 부름　　　　　　　　講筵口呼　62
17. 정월 대보름 임태영에 답함　　　　　上元日答任泰榮　64

담은시집

20. 되는대로 지음		漫題	70
23. 향교에 칭찬하는 시를 써 줌 박원수		贈校宮贊揭 朴源壽	76
31. 제야		除夜	92
32. 그 둘째 수		其二首	94
41. 김영학에게 드림		寄贈金永鶴	112
53. 죽곡강회 안규용		竹谷講會 安圭容	136
63. 향교의 가을 제삿날		鄕校秋享日	156
66. 생일에 속마음을 이야기함		晬辰述懷	162
73. 가뭄을 걱정함		憫旱	174
77. 세상을 한탄함		嘆世	182
81. 가을밤 책읽기		秋夜讀書	190
93. 청류재에 대해 지음		題聽流齋	214
95. 덕암재에서 자고		宿德巖齋	218
108. 꾀꼬리 소리를 들으며		聞鶯	244
112. 조선독립		朝鮮獨立	252
115. 스스로 한이 되어		自恨	258

숨어 살면서

1. 고요하게 살며		幽居	32
2. 정자에 올라 읊다		亭上吟	34
3. 생각나서		有所思	36
5. 눈 오는 밤		雪夜	40
11. 뜻하지 않게 지음		偶題	52
20. 되는대로 지음		漫題	70

21. 속마음을 이야기함 述懷 72
45. 물염정에 대해 지음 동복에 있는, 앞운을 따라
 題勿染亭 在同福用前韻 120
48. 오루굴에 대해 지음 題五柳村 126
49. 정자앞 감국 亭前甘菊 128
60. 봄날 대원사에서 놀며 春日遊大原寺 150
67. 정자천을 지나 장제수를 바라보며 過程子川望障堤水 164
76. 산촌의 일을 바로 읊음 山村卽事 180
77. 세상을 한탄함 嘆世 182
78. 봄을 보내며 餞春 184
86. 존제산에서 약초를 캠 帝山採藥 200
95. 덕암재에서 자고 宿德巖齋 218
108. 꾀꼬리 소리를 들으며 聞鶯 244
110. 경치를 보며 바로 읊음 卽景 248

시사모임에서 시를 지으며

13. 광주 충원에 부쳐 난국계 寄光州忠院 蘭菊禊 56
16. 강론 자리에서 부름 講筵口呼 62
36. 석호 시사 모임 石湖禊會 103
52. 산양문회안에 대해 지음 題山陽文會案 134
99. 이씨 화수계 자리에서 부름 李氏花樹禊席口呼 226
113. 건국후 벌교시 시사에서 추월시 建國後筏橋市詩社秋月詩 254

영물시(詠物詩)

55. 벽시계에 대해 읊음	詠壁上時計	140
65. 월계화를 노래함	詠四季花	160
79. 세계지도에 대해 지음 규화가 만주에 있을 때 부쳐 옴		
	題世界圖　圭華在滿洲時奉送	186
83. 금강산 전도에 대해 짓고 난 뒤	題金剛山全圖後	194
90. 영산홍	暎山紅	208

정자에서 읊음

15. 덕산정사　이락천	德山精舍　李樂川	60
18. 천석정에 대해 지음　임태정	題泉石亭　任泰禎	66
19. 동강 낚시터　염병섭	東江釣臺　廉秉燮	68
39. 가을밤 유신정에서 벗과 자면서	秋夜與友人宿柳新亭	108
45. 물염정에 대해 지음　동복에 있는, 앞운을 따라		
	題勿染亭　在同福用前韻	120
51. 빙월정에 대해 지음　안두산	題氷月亭　安斗山	132
57. 망미정에 대해 지음　박참판 양정	題望美亭　朴參判陽亭	143
69. 산앙정에 대해 지음　박죽천	題山仰亭　朴竹川	168
87. 영벽정에 대해 지음　능주에 있는	題暎碧亭　在綾州	202
93. 청류재에 대해 지음	題聽流齋	214
95. 덕암재에서 자고	宿德巖齋	218
101. 남극정에 대해 지음	題南極亭	230

풍속

10. 양로당에 부처	寄養老堂	50
14. 환갑잔치 조병돈	晬宴 曺秉敦	58
17. 정월 대보름 임태영에 답함	上元日答任泰榮	64
26. 환갑잔치 문용호	晬宴 文溶鎬	82
33. 환갑잔치 김경제	晬宴 金敬濟	96
63. 향교의 가을 제삿날	鄕校秋享日	156
105. 장인 묘를 이장하며 고흥군 대강리	改葬外舅聘士 高興郡大江里	238